浙商高质量发展系列丛书

数字变革的浙商实践

黄英　吴东　主编

ZHEJIANG UNIVERSITY PRESS
浙江大学出版社
·杭州·

图书在版编目（CIP）数据

数字变革的浙商实践 / 黄英，吴东主编. —— 杭州：
浙江大学出版社，2024.12. ——（浙商高质量发展系列丛
书）. —— ISBN 978-7-308-24617-0

Ⅰ. F727.55-39

中国国家版本馆 CIP 数据核字第 2025NA5563 号

数字变革的浙商实践

黄 英　吴 东　主编

策 划 编 辑	吴伟伟	
责 任 编 辑	陈思佳（chensijia_ruc@163.com）	
文 字 编 辑	付海霞	
责 任 校 对	陈逸行	
封 面 设 计	周　灵	
出 版 发 行	浙江大学出版社	
	（杭州市天目山路 148 号　邮政编码 310007）	
	（网址：http://www.zjupress.com）	
排　　　版	浙江大千时代文化传媒有限公司	
印　　　刷	杭州捷派印务有限公司	
开　　　本	710mm×1000mm　1/16	
印　　　张	18.5	
字　　　数	240 千	
版 印 次	2024 年 12 月第 1 版　2024 年 12 月第 1 次印刷	
书　　　号	ISBN 978-7-308-24617-0	
定　　　价	88.00 元	

浙商——时代浪潮中的商业传奇

在漫漫的历史长河中,改革开放无疑是中华民族一个光辉的起点,从此以后我国便踏上了波澜壮阔、历经 40 余载的变革征途,展现出多元共存、竞相发展的繁荣景象,以惊人的速度跃升为全球第二大经济体。我国在人工智能、大数据、云计算、新能源等前沿领域取得了举世瞩目的成就,不仅重塑了经济格局,更带动了金融、交通、通信及信息化建设等领域的深刻变革。

勇立潮头

在国家昂首挺胸、阔步向前的发展大势下,浙江紧跟国家发展步伐,与国家同呼吸、共命运,走在全国发展的前列。在国家政策指导下,浙江凭借其独特的地理位置、丰富的文化底蕴、勇于探索的创新精神和灵活的经济发展智慧,实现了从东海之滨的"资源小省"到我国经济版图上不可或缺且举足轻重的"经济大省"的华丽蜕变,开启了经济腾飞的辉煌篇章。

浙商作为浙江经济发展中的重要力量,一马当先,高举改革旗帜,彰显责任担当,为浙江乃至我国经济的发展做出了重要贡献。这一充满创新活力、敢为天下先、敢于闯天下的群体,不惧时代浪潮,干在实处、走在前列,带动浙江经济迈上了一个又一个台阶。

自改革开放的春风吹拂大地,浙江的民营经济便蓬勃发展起来。浙商坚持生产优质产品,推动自主创新、管理创新和商业模式创新。一方面,浙商立足国内外市场,从精密的机械零部件到高端的电子产品,从时尚的纺织服装到实用的家用电器,致力于将优质产品推向世界的每一处角落。另一方面,浙商还依托国家相关政策支持,在晶体生长设备、光伏及半导体等高科技领域,以及特高压电网技术、空分设备制造等关键领域展现出强大的创新能力,凭借卓越的技术实力和严格的质量控制,为我国自立自强贡献"浙江力量"。

浙商还充分发挥浙江的地域文化和资源优势,大力发展特色农业和旅游业,构建起多元化、特色化的地方经济体系。从承载着深厚历史底蕴的安吉白茶、山下湖珍珠等特色农产品,到以西湖为代表、集自然风光与人文底蕴于一体的旅游胜地,形成了庞大的旅游产业链,促进了金融、教育、文化等多领域的繁荣,推动了社会经济的全面协调发展。

伴随着大数据、区块链、云计算等信息技术的兴起与应用,数字经济时代到来。浙江企业紧跟"数字浙江"战略部署,积极融入发展潮流,前瞻布局,实现数字化、智能化转型。值得一提的是,作为中国电商发展的领军省份,浙江的电商规模持续扩大,增长势头强劲,跨境电商更是成为其亮点之一。当前,浙江正全力加速跨境电商的高质量发展步伐,致力于构建更加开放、高效的国际贸易生态。在这过程中,浙商功不可没。浙江企业抓住直播电商这一新兴风口,构建起"直播＋电商＋供应链"的闭环生态,实现了资源的高效配置与价值的深度挖掘。

当然,浙商也深知"打铁还需自身硬"的道理。他们始终秉持质量至上、创新驱动的发展理念,在时代浪潮中保持初心,不断追求卓越——以过硬的产品质量为基础,持续进行理念创新、产品开发、品牌延伸;推动组织变革,实现企业迭代升级,保证企业发展活力;以科技创新为引领,实现从传统制造向智能制造的华丽转身。未来,浙商将以更加坚定的步伐,走在高质量发展的路上,在谱写浙江奋进序曲的同时,也为我国社会主义现代化建设贡献浙商力量。

发展之痛

浙商的故事,是我国改革开放伟大实践的一个鲜明而生动的缩影。浙商作为我国经济发展的参与者、实践者,在实现自身跨越式发展的同时,亦推动我国经济不断迈向新的征程。然而,任何事物的发展都不可能一帆风顺,浙商也面临着各种纷繁复杂的问题与挑战。

在当今全球化和数字化浪潮的推动下,全球经济格局重塑,技术革命加速,消费者行为转型,市场竞争加剧……面对这一系列外在环境的巨变,浙商企业的转型之路该如何破局?

在浙江这片繁荣之地,曾经乘着政策与市场的东风扶摇直上的传统行业,眼看这块喂养了无数浙江企业的"蛋糕"在消费需求多元化、行业竞争白热化、市场同质化严重的当下,被挤压得越来越小。浙商们该如何破局,在困境中寻找新的增长点,重振旗鼓?

在浙江这片充满活力、创新涌动的土地上,每一家企业,无论是主动选择还是被动适应,都已投身于波澜壮阔的创新大潮。然而,创新之路绝非坦途,浙江企业该如何为创新赋能,以创新驱动发展,实现突围?

企业内部亦在经历深刻的内在需求变化,员工结构的多元化、管理模式的创新需求以及组织文化的迭代更新等,都对浙江企业提出了更高要求。面对这些内在需求,企业是否应主动拥抱变革,以应对日益复杂的管理挑战?变革之路应如何铺就?如何智慧地化解变革过程中的种种管理难题,确保变革的顺利进行?

破局智慧

为更好地解答上述问题,我们精心策划并编写了《创新发展的浙商实践》《组织发展的浙商实践》《数字变革的浙商实践》,旨在以更广阔的视野、更深刻的洞察,勾勒出一代代浙商在商业世界中书写的传奇篇章,让读者深切感受浙江蓬勃发展的强劲脉搏,深刻理解浙江精神的独特魅力,透彻领悟浙商智慧的深邃内涵。我们希望通过翔实的数据、生动的案例、深刻的剖析,走进浙商的内心世界,揭示浙商成功的密码,深入探索那些隐藏于辉煌成就背后的逻辑思维、管理困惑以及心路历程,为读者呈现一个更加立体、全面且真实的浙商形象。

《创新发展的浙商实践》如同一部创新驱动成长的史诗,记录了浙商群体如何以创新驱动引领企业高质量发展。书中精选宋茗白茶的品牌创新之路、万向集团之创新全球化、山下湖珍珠产业的包容性创新等众多具有代表性的浙商创新创造案例,再现了浙江企业面对转型升级的困境,以敢于冒险、敢于革新、敢于打破传统的精神,破釜沉舟凿出新路,撸起袖子加油干的拼搏画卷。从探索解决复杂环境下的转型之困、发展之困,到与政府携手、与同业合作、与利益相关者联结,建立起共生共荣的"朋友圈",一路走来,浙江企业不仅完成了自身的华丽蜕变,还以海纳百川的包容精神,带动更多企业冲破束缚,成功突围,开辟出一条条独具特色的发展道路。

《组织发展的浙商实践》聚焦浙江企业的组织发展与变革之路。书中详细记录了多家浙江企业在遭遇组织发展瓶颈时,如何通过精准施策,实施组织变革,突破发展桎梏,还深入剖析了这些公司在变革过程中遭遇的种种阻力及其应对策略,力图为其他企业发展提供宝贵的实战经验。同时,该书还敏锐地将视角转向未来职场的主力军——新生代员工,提出了一系列创新且实用的管理策略。通过对新员工如何快速融入组织、如何平衡工作与生活,以及如何有效管理和激励明星员工等热点话题的剖析,该书揭示了人才流失的深层原因,为企业破解员工扎根难题,变"流才"为"留才"指明了方向。

《数字变革的浙商实践》集中展现了浙商勇立潮头、进取开拓、敢于革新的精神风貌。随着数字经济蓬勃发展,浙商群体再次走在时代前沿,亲身入局推动"数字浙江"建设。圣奥集团作为办公家具的龙头企业,积极推动财务中台数字化建设,成功实现流程高度自动化、数据采集精细化,降本增效成效非常突出,为其他企业构建财务中台提供了重要借鉴;钉钉找准了用户的痛点,坚持以人为本的数字化管理思想,从通用型平台走向个性化平台,试图为不同群体和组织提供"千人千面"的数字化操作系统,从而成为群体组织数字化道路上的助力者;佳芝丰服饰推出共富工坊,在产业互联网平台赋能共同富裕建设的探索道路上率先迈出坚实一步……从顺势而为走上数字化转型之路,到挖掘数据价值、打造数字生态、铸就新的发展态势,再到以数字平台为基、以数字赋能产业实现价值共创,浙商在时代浪潮下,敏锐捕捉数字经济带来的发展机遇,勇于拥抱新技术、新业态、新模式,用数字技术赋能传统产业、催生新兴业态、提升管理效能。我们希望,浙商的成功实践不仅为浙江企业的长远发展注入强劲动力,更为中国乃至全球的数字经济发展提供一定的经验与启示。

浙江大学管理学院的 20 多名教师和 30 多名学生,以厚实的理论功底、前沿的学术知识为基础,深入研究了浙江企业的一流创新发展实践经验,总结了丰富的颇具实践启示的经典案例,为凝练甚至开创扎根中国大地的企业经营管理理论奠定了基础,也更加坚定了服务国家创新驱动发展战略的责任感和使命感。

系列图书相互呼应、相辅相成,共同构成了浙商高质量发展的画卷,不仅是对浙商群体发展历程的忠实记录与深刻反思,更是对浙江乃至全国商业未来发展方向的积极探索与前瞻布局。我们期待通过一系列图书,让广大读者更加深入地理解浙商精神的内涵与价值,从中汲取前行的力量与智慧,共同为中华民族的伟大复兴贡献力量。

本书编委会

2024 年 8 月

目　录

第一辑　顺势:数字转型谋新路

　　随着信息技术的飞速发展,以人工智能、区块链、大数据和云计算为代表的数字技术驱动数字经济蓬勃发展,并成为全球经济增长的重要引擎。世界经济的数字化转型已成为大势所趋,我国企业顺势而为,走上数字化发展之路。尽管在数字化转型之路上面临技术创新能力不足、数据安全风险高、数字化人才短缺及组织机制协同困难等重重挑战,但我国企业依然坚持寻求突破,并取得了显著成效。

第一章　由珠到宝：诸暨华东国际珠宝城的数字化转型之路[①]

　　受数字经济带来的电商浪潮冲击,传统专业市场企业生存空间不断被挤压,处境艰难。数字化转型已成为传统专业市场企业升级发展的必经之路。本章分阶段描述了诸暨华东国际珠宝城(以下简称珠宝城)的数字化转型历程,及其当前面临的机会和挑战。通过分析珠宝城的数字化转型过程,我们深刻认识到在数字经济与实体经济深度融合的国家战略抉择下,企业开展数字化转型的重要性;了解到构建数字化转型起点支撑与数字化能力的重要作用,并结合高质量数字化转型理论制定推动珠宝城高质量发展的未来行动策略。

　　在数字经济背景下,传统专业市场企业处境艰难。传统专业市场是国内商品市场流通、促进经济内循环的关键渠道,但受线上购买渠道的冲击,其生存空间不断被挤压。近年来,传统专业市场面临数次"关店潮"。国家统计局数据显示,2017年至2022年,国内1亿元以上商品交易市场数量及商品交易市场摊位数量逐年递减。2022年,1亿元以上商品交易市场成交额同比下降7.92%。在数字技术的冲击下,传统专业市场亟待转型升级。

　　在诸多转型路径中,数字化已成为传统专业市场企业升级发展的

[①]　本章作者为王颂、张了丹、张涵茹。

重要趋势。以义乌购为例,2012年10月21日,义乌购将义乌的实体市场商铺搬上互联网,上线线上线下融合的O2O(online to offline,线上到线下)网站。义乌购的出现,意味着国内传统专业市场开始电商化探索。依托数字技术,顾客得以在平台上360度、全景观看每一个商铺的内景,当看到合适的商品时,便可轻触鼠标将其添加至购物车。以"一手货源、品类丰富、交易有保障"为核心特色,义乌购逐渐成为全球最大的小商品批发平台。2018年,义乌购网站在线总交易额突破400亿元,为传统专业市场的数字化发展提供了转型标杆。

近年来,人工智能、云计算、区块链和物联网等数字技术的引入,为传统专业市场创新业务模式、降低运营成本、提升服务质量等提供了关键机遇。2017年,国家就加快利用新技术、新业态改造提升传统产业持续发力,陆续出台了配套政策与措施,着力推动传统产业与互联网融合发展。2021年,商务部、国家发展改革委等部门联合发布《商品市场优化升级专项行动计划(2021—2025)》,鼓励商品市场依托数字化转型,打造适应数字经济发展的新型商品集散中心,为商品市场数字化转型释放政策红利。然而,由于数字资源与数字人才的缺位等问题,传统专业市场企业数字化转型壁垒较高,因此实现数字化转型成为企业亟待突破的瓶颈。在此背景下,珠宝城也开启了数字化转型之路。

珠宝城成立于2008年,位于"中国珍珠之都"浙江省诸暨市山下湖镇,是专业的珍珠珠宝生产与加工中心、集散与物流中心、品牌展示与贸易中心。珍珠销售主要集中在诸暨,而珠宝城又是推动诸暨珍珠销量的主力。

2017年底,珠宝城内的摊位出租率仅为三分之一,氛围非常冷清。珠宝城的大部分商户以珍珠批发销售为主,其利润水平较低。市场客流量小,商户们的销售经营每况愈下。加之同年诸暨掀起了一场珍珠养殖污染大整治,关停所有出水口水质不达标的养殖户,珍珠销售成本日渐攀升。总体而言,珠宝城整体气势低迷,发展步履维艰,转型升级刻不容缓。激发珍珠市场活力、增加商铺出租率,成为珠宝城彼时的首要目标。

2018年初,阮仕集团出资收购了珠宝城,计划整合珠宝城商铺,乘借互联网发展的东风打造数字化珍珠销售中心。然而,如何接入数字技术——是自建数字平台还是接入既有数字平台? 如何说服、赋能商户加入自身的数字化布局? 如何为自身的区域珍珠品牌构建在线消费者数字信任? 这些都成为阮仕集团首先需要思考的问题。经过思索,珠宝城在原有销售部、招商部、运营部、物业部、工程部等部门的基础上成立了创新发展部,负责设定数字化方向、推进数字化进程。

同年1月,鲁丹萍加入珠宝城,带领创新发展部摸索珠宝城的数字化转型路径。鲁丹萍本科与硕士均毕业于浙江大学,就读期间通过校园俱乐部结识了珠宝城董事长。受其邀请与支持,鲁丹萍以"互联网+"为初步方向,在多次探索后,紧扣直播电商发展机遇,主动链接淘宝等直播销售平台与渠道,构建"数字+珍珠"销售模式。依托直播电商的数字销售渠道,珠宝城重构自身经营逻辑,投入数字化相关的支持性资源,赋能商户接入数字平台并开设直播电商,从而实现商户、珠宝城与数字平台的共赢。

在直播电商的赋能下,珠宝城荣获"中国商品市场综合百强""全国诚信示范市场""浙江省重点市场""浙江省十大转型升级示范市场"等多项荣誉。截至2023年,珠宝城淡水珍珠年交易总量占全国的80%,占世界淡水珍珠交易总量的75%以上,奠定了其世界淡水珍珠交易中心的地位。

是什么要素驱动珠宝城走数字化发展道路? 从数字化转型动机来看,其主要受三方面因素影响(如表1-1所示)。一是技术。珠宝城实施数字化转型,与现实中完备的数字基础设施、电商发展带来的数字业务跨越及其收购方较高的数字前瞻姿态密不可分。首先,伴随人工智能、云计算、区块链和物联网等数字技术的快速发展,数字技术的开发与应用逐渐深入,淘宝、京东等数字平台逐渐成熟,为珠宝城开发自己的数字平台,或是链接既有数字平台提供了数字基础设施支撑。其次,电商改变了传统商品业务模式,促使线下交易转移至线上,传统企业得以突破地域壁垒,拓宽市场边界。由此,在数字技术赋能下,珠宝城能够改进其传统业务模式,通过接入电商等方式帮助入驻的商户触及更大的消费市场。最后,珠宝城的收购方阮仕集团敏锐地察觉到了数字技术带来的转型契机,认为数字技术是珠宝城实现跃迁的重要机会,具备较高的数字前瞻姿态。

表 1-1　珠宝城数字化转型动机归纳

视角	维度	案例解析
技术	数字基础设施	人工智能、云计算、区块链和物联网等数字技术的快速发展,为珠宝城开展数字化转型提供了技术架构与基础设施支撑
	数字业务跨越	在数字技术赋能下,珠宝城能够改进其传统业务模式,通过接入电商等方式帮助入驻的商户触及更大的消费市场
	数字前瞻姿态	珠宝城的收购方阮仕集团敏锐地察觉到了数字技术带来的转型契机,认为数字技术是珠宝城实现跃迁的重要机会
组织	战略柔性	珠宝城的收购方阮仕集团调整珠宝城战略方向,将其从传统线下专业珍珠市场运营调整为"打造数字化珍珠销售中心"
	协调柔性	珠宝城结合数字化发展目标设立"创新发展部",聘请新人鲁丹萍
环境	政府支持	政府就加快利用新技术、新业态改造提升传统产业持续发力,陆续出台了配套政策与措施,着力推动传统产业与互联网融合发展,为珠宝城实施数字化转型提供了政策扶持
	消费市场支撑	国内消费市场庞大。以义乌购为例,2018 年,义乌购网站在线总交易额突破 400 亿元

　　二是组织。一方面,珠宝城具备较高的战略柔性,表现为珠宝城的收购方阮仕集团结合政策驱动与互联网发展热潮,及时调整珠宝城战略方向,将其从传统线下专业珍珠市场运营,调整为"打造数字化珍珠销售平台";另一方面,珠宝城具备较高的协调柔性,在调整自身战

略的同时,结合数字化发展目标设立"创新发展部",由该部门负责推进珠宝城数字化转型,同时聘请新人鲁丹萍带领创新发展部。

三是环境。一方面,2021 年 10 月 18 日,习近平总书记在主持中共中央政治局第三十四次集体学习时提出"做强做优做大我国数字经济",尤其是强调数字经济与实体经济的深度融合。政府陆续出台了配套政策与措施,着力推动传统产业与互联网融合发展,为珠宝城实施数字化转型提供了政策扶持与激励。另一方面,国内消费市场庞大,且在线消费者具备较高的购买力,为珠宝城通过接入电商等形式进行数字化转型提供了潜在的消费市场支撑。

拓展阅读

数字化转型的内涵

数字化转型是指"以数字化技术、数字化产品和数字化平台的基础设施为支撑起点,进而引发个人、组织、产业等多个层面变革的过程"(曾德麟等,2021)。已有研究分别从技术支撑与组织变革角度,解构数字化转型的概念内涵。从技术支撑角度出发,学者们重点关注数字技术在企业中的应用与影响,认为企业数字化转型是信息技术变革的结果(Li et al.,2018)。从组织变革角度出发,学者们围绕个人、组织与产业等多个层面,探讨数字化所引发的企业业务流程、商业模式、生态系统等方面的改变(吴江等,2021)。由此,数字化转型的起点为数字化基础设施与数字技术支撑,通过引发个体技能、组织管理与产业价值链变革带来积极或消极影响。

数字化转型的动机

"技术—组织—环境"(technology-organization-environment,TOE)框架(如图 1-1 所示)为回答企业为何采用、执行某一新技术提供了有力解释(Tornatzky and Fleischer,1990;李晶、曹钰华,2022)。该框架没有限制不同视角下新技术采纳的具体解释变量,因而具备更高的灵活性与可操作性。结合数字化转型的具体内涵,已有研究分别从技术、组织与环境视角,归纳了企业数字化转型的驱动因素。

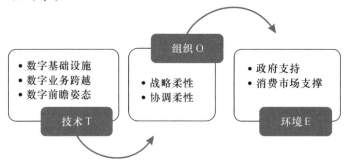

图 1-1　"技术—组织—环境"框架

在技术视角下,数字化转型动因包含数字基础设施、数字业务跨越以及数字前瞻姿态三个维度(李晶、曹钰华,2022)。首先,数字基础设施包含企业数字化转型涉及的硬件平台、软件系统等,如技术架构、基础设施等,为企业实施数字化转型提供基础支撑。其次,在数字技术赋能下,企业得以强化或改进企业传统业务、创造差异化价值,由此倾向于实施数字化转型。最后,数字前瞻姿态意味着企业能够通过前瞻性探索来识别、利用数字技术带来的机会(Constantinides et al. ,2018)。此时,企业具备更强的数字化转型动机。

在组织视角下,数字化转型动因包含企业战略柔性与协调柔性(李晶、曹钰华,2022)。一方面,战略柔性是指企业结合环境变化重新调整自身战略方向,并重新配置自身资源与组织流程。战略柔性更高的企业通常具备更强的环境变化应对能力。另一方面,协调柔性是指企业运作系统的柔性水平,关注企业在组织结构与管理方面应对环境变化的能力水平。由此,具备更高协调柔性的企业能够根据变化适应性调整组织结构,从而促进数字化转型(林艳、轧俊敏,2023)。在战略柔性与协调柔性的支撑下,企业将具备更高的数字化转型意愿。

在环境视角下,企业面临由政府、消费者、市场竞争者等利益主体及其相互联系而组成的生态系统,而来自利益相关者的资源支持、互补与共享等,能够提升企业的资源水平,从而促进其数字化转型意愿。例如,来自政府的政策扶持与补贴能够为企业数字化转型提供合法性支持与资金资源,从而引导企业实施数字化转型(林艳、轧俊敏,2023)。

一、启动:链接头部直播平台

深夜时分,珍珠专业市场——珠宝城灯火通明。"这条珍珠手链给大家近距离看一下,每颗珠子都经过了检验,基本上没有什么瑕疵,配饰是18K金,上手效果绝了!""我数五个数,五、四、三、二、一,上链接!"商户们直播卖货的声音不绝于耳。电商直播成为珠宝城的关键词之一。得益于此,2021年度,珠宝城实体摊位租赁成交率超过95%,线下销售额高达189亿元,线上销售额195亿元,入驻账号2000余个。伴随着珍珠直播如火如荼的发展,珠宝城走出了一条链接头部平台、赋能市场商户的数字化转型成功之路……

起初,珠宝城需要在诸多数字销售路径中筛选、确定适合珍珠产品的销售模式。2018年,常见的"互联网+"模式包括自建网站、开发App或小程序等。由于不同"互联网+"模式各具特色,选择何种数字销售模式以推动转型,成为珠宝城面临的第一个挑战。

(一)确定直播电商切入模式

2018年初,受义乌购模式启发,鲁丹萍起初计划自建珠宝城珍珠销售App,再吸引商户入驻平台开展在线销售。然而,赴义乌实地考察与调研后,鲁丹萍发现,自建在线平台对资金、人才等各方面资源要求较高,且平台运营面临着与成熟平台的激烈竞争,珠宝城将不可避免地耗费大量人力与物力来为自建平台获取流量。综合考量各方面成本支出后,鲁丹萍认为"此路不通",决定暂时搁置自建平台这一数字化转型路径。那么,企业究竟该以何种形式切入数字化转型?如何才能做出正确的数字化转型决策?

一次偶然的机会,鲁丹萍通过网络文章得知淘宝计划建立产业带直播基地,希望与大型商场或者专业市场合作。这一消息为珠宝城解了燃眉之急:直播电商将为珍珠销售提供不可多得的契机。具体来讲,设计加工后的珍珠产品(如珍珠项链)其实非常适合做直播,因为在原先的货架电商模式下,图片呈现形式无法直观地展示珍珠的亮点与特色;但在直播模式下,主播可以为在线消费者进行个性化的展示与成品试戴,在线消费者能够更为直观地感受珠宝的上身佩戴效果。此外,大批量地推动中小商家接入直播销售渠道、激发供应端网络效应具备较高的可行性,因为珍珠具有较高的溢价空间,客单价高,即便直播间内珍珠成品销量不突出,商户也能凭借直播电商获取较高收益。由此,珍珠产品的直播销售可以不依赖于网红、大V(经过个人认证并拥有众多粉丝的微博用户)等而独立开展,开设直播电商的商户自身拥有直播的控制权,并掌握销售渠道,避免了网红、大V等在直播中抽成过多。

(二)链接头部直播平台

确定直播电商数字销售模式后,相较自建平台,创新发展部决定与淘宝等头部电商直播平台合作,撬动平台既有的用户流量(如图1-2

所示）。"我们要借力，借用些成熟平台的流量与资源。"鲁丹萍解释道。

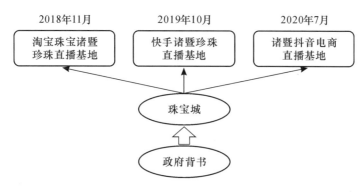

图 1-2 珠宝城构建淘宝、快手、抖音直播基地

几经辗转，鲁丹萍得到淘宝产业带直播基地负责人的联系方式，邀请其线下参观珠宝城，并现场沟通合作事宜。彼时，淘宝直播平台虽具有庞大的用户流量，但缺少能够开设直播的珍珠商户，以及可供直播销售的珍珠货品；而珠宝城虽链接诸多珍珠商户，同时拥有丰富的珍珠货品资源，但在赋能商户数字化的过程中缺乏销路与流量。与此同时，由于彼时淘宝直播的特定负责人负责多个产业带，囿于有限的精力与资源，难以深入各个产业带接触商家并说服其加入平台，因此珠宝城成为理想的桥梁。基于此，双方一拍即合，制定了合作模式：淘宝直播平台承诺准许珠宝城商户入驻自身平台并给予流量支持，珠宝城则负责构建线下淘宝直播基地，同时帮助淘宝平台"招商"，即说服、赋能商户入驻淘宝开设直播。2018 年下半年，由于双方资源密切互补，在政府的背书下，珠宝城与淘宝快速达成了密切合作，三方共同签订了合作协议。在直播基地的构建过程中，由于存在三分之二的空闲商铺，珠宝城拿出了两栋楼，将 9000 平方米左右的场地改造为直播间。原先一间间对外出租的营业房被打通，变成了可以做直播间的铺面。

2019 年下半年，快手也兴起直播电商理念。凭借与淘宝直播平台的成功合作经验，珠宝城顺利与快手建立合作关系。至此，在山下湖珍珠产业集群内,约形成了 200 个淘宝平台直播账号、上千个快手平台直播账号。2020 年上半年,抖音平台逐渐成熟。由于与淘宝和快手平台的共赢为珠宝城在珍珠产业内构建了一定的影响力,因此创新发展部又顺理成章地以相似的合作模式与抖音平台建立合作关系。与淘宝、快手平台不同的是,抖音平台更加注重直播间珍珠产品品质,这为后期珠宝城与抖音平台共建质检中心、联合治理直播带货乱象奠定了基础。加之在疫情背景下,消费者的消费场景由线下转移至线上,其消费习惯发生转变,因此珠宝城直播电商呈井喷式增长。伴随抖音直播平台的引入,珠宝城成为彼时唯一囊括抖音、淘宝、快手直播基地的传统专业市场企业。

　　我们可以看出,珠宝城结合自身资源禀赋、能力特征及外部环境,选择了适宜的转型路径(如图 1-3 所示),并采取了以下策略。

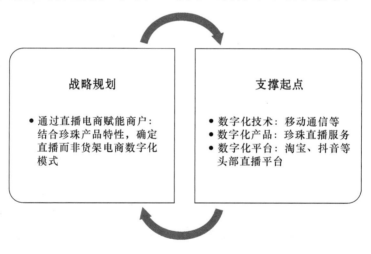

图 1-3　珠宝城数字化转型战略规划与支撑起点分析

　　第一,制定数字化转型战略规划,即通过直播电商赋能商户。对于珠宝城而言,赋能入驻的珍珠商户、提升其珍珠销售业务模式与效率,即可增强商户对自身的依赖,从而提升珠宝城商铺出租率。相较货架电商,珠宝城选择基于直播电商模式实施数字化转型、扶持入驻商户，原因在于，直播电商能在更大程度上改进珍珠销售业务、提高珍珠销售效率。一方面，在直播模式下，商户能够更为直观地展示珍珠产品的亮点与特色，或是通过个性化的展示与成品试戴，使在线消费者能够更为直观地感受珠宝的上身佩戴效果，从而提升其购买意愿；另一方面，即便缺少直播流量，商户也能凭借较高的珍珠产品客单价提升自身收益。由此，通过直播电商改变珍珠销售模式具备更高的可行性。

第二，构建数字化转型支撑起点，具体包括以下三点。一是数字化技术。移动通信等数字技术的成熟与普及，为珠宝城数字化转型提供了数字化技术支撑。例如，入驻珠宝城的商户能够直接利用既有数字软件与设备开设珍珠直播。

二是数字化产品。珍珠直播是数字技术嵌入珍珠销售业务后产生的新型数字产品与服务。具体而言，通过直播电商，商户能够为在线消费者提供全方位的珍珠产品展示与试戴服务，实时答复在线消费者的疑问。

三是数字化平台。珠宝城结合自身资源禀赋，在综合考虑各类数字化技术接入成本后，选择链接头部直播平台，进而实施数字化转型。具体而言，相较自建 App 或数字平台，珠宝城选择链接既有数字平台的原因在于：一方面，自建平台的物质资源与人力成本过高，且珠宝城难以在与既有直播电商平台的竞争中脱颖而出；另一方面，在数字化转型过程中，珠宝城善于利用自身资源禀赋，撬动外界互补资源。相较既有直播平台，珠宝城拥有有价值的、稀缺的资源禀赋——与珍珠商户的紧密联系。这一资源恰是直播平台所需要的。因此，珠宝城能够凭借双方资源互补性，与淘宝、抖音等直播平台建立合作关系（如图1-4 所示）——直播平台承诺准许珠宝城商户入驻并给予流量支持，珠宝城则帮助淘宝平台"招商"，即说服、赋能商户入驻淘宝开设直播。同时，凭借与既有直播平台的合作经验与成效，珠宝城撬动了其他平台的流量资源,以相似的方式实现多方共赢,促成资源的撬动—转化迭代。

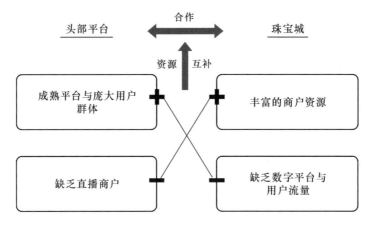

图 1-4　珠宝城基于资源互补性与头部平台建立合作

拓展阅读

数字化转型路径

　　已有研究结合企业数字化战略、数字技术应用、资源与能力以及企业绩效产出四个维度,将企业数字化转型划分为三个阶段:启动阶段、成长阶段、成熟阶段(武立东等,2023)。详述如下。

　　一是启动阶段。企业初步提出自身数字化转型规划与战略目标,引入数字化转型需要的基础设施,或是引入外部数字平台,改进自身业务内容、提升业务效率。在启动阶段,企业主要依赖外部资源,将外部化软件或平台应用于特定的组织领域。

　　二是成长阶段。企业针对前期数字化转型实践调整自身战略与运营模式,提出具体的数字化业务战略。得益于先前经验积累,企业能够系统实现整体业务内容的数字化,或是自主开发企业平台。在获取、整合内外部资源的基础上,企业通过自身动态能力获取数字化产品与服务的预期收益,其整体绩效呈现出上升趋势。

三是成熟阶段。企业形成了较为规范与稳定的数字化转型模式，能够与更多利益相关者开展互动，并基于此创造新的价值。通过链接产业链不同环节的利益相关者，企业能够进一步提升产业链的数字化水平，打造数字化生态系统，输出数字资源与新的价值创造点。

数字化转型支撑起点

研究指出（如图 1-5 所示），企业数字化转型通常以数字化技术、数字化产品与数字化平台等作为支撑条件（Nambisan，2017；曾德麟等，2021）。首先，数字化转型离不开对数字化技术的运用，企业可以通过引入互联网等数字技术，升级自身软件与硬件设备，从而推动实现数字化转型。其次，企业可以将数字技术嵌入自身的产品、服务与运营之中，改变产品与服务的创新属性，打造数字化产品，从而更好地满足利益相关者的需求（Yoo et al.，2012）。最后，企业能够利用数字化平台管理、整合信息，并与利益相关者开展交互与合作，从而创造更大的价值（Hansen and Sia，2015）。一方面，内部资源丰富、数字能力较强的企业能够自建平台，并基于此开展企业价值活动；另一方面，企业也可以通过依赖第三方平台的方式，接入既有数字化平台，并与平台上的其他组织机构开展合作（吴江等，2021）。

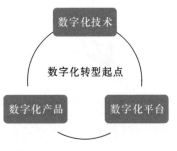

图 1-5 数字化转型支撑起点

二、成长：协调多方利益主体

在推动自身数字化转型的过程中，珠宝城面临着来自多方利益主体的挑战。如何调整珍珠产业业态、引进合适的珍珠产品互补品商户？如何说服、赋能入驻的商户接入直播电商？如何构建在线消费者对山下湖区域珍珠品牌的信任？创新发展部的挑战接踵而至。

（一）调整珍珠经营业态

过去，珠宝城内的珍珠大多以桶、串、包为单位，批量出售给线下顾客，成品计件销售极少。然而，裸珠、半成品批发销售业态已然无法满足直播电商的销售需求。一方面，大部分在线消费者没有裸珠、珍珠半成品批发需求，也不具备批量珍珠的购买力；另一方面，中小商户流量资源较少，难以通过薄利多销获取高额利润。同时，单一的珍珠产品直播销售容易引发消费者审美疲劳。由此，如何引入其他互补商户、升级珍珠业态、满足消费者多元化需求，成为珠宝城面临的关键挑战。为应对发展困境，珠宝城采用了以下两种方法。

第一，引入珍珠配件商户，打造珍珠成品销售模式。为满足成品销售需求，2018年，鲁丹萍亲自赴深圳、广州等地说服一批配件商入驻珠宝城，专门为珍珠成品制作提供金属等配件。引入配件商之后，珠宝城销售额得到了显著提高：将零散的珍珠加工为成品（如珍珠项链）之后，珍珠销售的价格可能翻上几倍。例如，历经几年发展，商户的客单价从最开始的200—300元，到后来可以卖到800—1000元，部分抖音直播上也会售卖一些上万元的珍珠产品。由于配件生意火爆，最先入驻珠宝城的配件商逐渐带领其亲朋好友来到珠宝城，共同从事配件供应，珠宝城的配件商逐渐增多，商家已经能为顾客提供任意款式的珍珠成品。"通过引入配件商，珠宝城进一步延伸了珍珠的产业链，并将对应的活动转移到专业市场内，从而更好地维持市场活力。"

鲁丹萍如是说。

第二，引入多类珠宝及衍生品商户，丰富在线销售产品品类。由于珍珠类目较为单一，珠宝城引入了水晶、琥珀、蜜蜡、翡翠、彩宝等非珍珠珠宝，丰富了商户直播间产品品类。具体而言，通过引入水晶店、橄榄石店等其他珠宝品类店铺，商户能够适当在直播中讲解、配套销售其他珠宝，从而创新店铺直播内容，降低消费者产生视觉疲劳的可能性，并覆盖更广泛的群体。此外，珠宝城还引入珍珠衍生品销售商户（如珍珠美妆、珍珠医药等），推动珍珠产品形式多元化发展，以深化在线消费者对诸暨珍珠的关注与购买。

（二）激活供应端商户

说服商家入驻直播电商平台是珠宝城面临的下一个挑战。彼时，珠宝城商户普遍年龄偏高，面临着严峻的"数字鸿沟"挑战，表现为"数字认知鸿沟"与"数字能力鸿沟"。一方面，商户对直播电商的认知水平相对较低，未能意识到直播电商对珍珠销售的潜在放大效应，加之珍珠营收关乎生计，在确保直播电商能带来正向效益前，商户通常不会轻易地将精力与资源投入直播电商；另一方面，商户缺乏直播运营能力，不理解平台直播规则是什么、如何操作直播平台、如何筹备珍珠直播等，加之缺乏直播相关内容的学习或培训机会，大部分商户不具备直播电商的能力。需要通过何种方式，才能帮助商户跨越"数字鸿沟"，提升其接入直播电商数字销售模式的意愿与能力呢？珠宝城尝试了以下方法。

第一，打造直播电商标杆，缩小数字认知鸿沟。由于珠宝城商户的观念较为陈旧，且普遍不理解直播电商模式及其优势所在，因此珠宝城创新发展部以"地推"方式，逐户讲解直播电商的销售前景，并承诺免费为其提供直播扶持，以期说服商家入驻直播基地。然而，商户们反应平平，只有少数数字认知水平较高、对数字销售持开放态度的商户愿意入驻直播基地,成为"第一个吃螃蟹的人"。珠宝城意识到,百闻不如一见,或许只有打造出真实的直播电商标杆,才能直接撬动其余观望的商户。由此,创新发展部凝聚各方资源,按照事先承诺为这些商户提供全方位的培训与扶持。从如何开号,到如何安排直播内容与计划,再到产品上架、库存管理与直播复盘等,珠宝城竭尽所能帮助商家一起克服数字销售模式转型路上的一切困难。加之平台流量帮扶,一些珍珠商户取得了一夜暴富的成就。这些成功案例刷新了其余商户对直播电商的认知:直播电商确实能帮助商户获得更高收益,数字销售模式值得一试。通过树立这些直播电商标杆,珠宝城成功吸引入驻的商家涌入珠宝城直播基地、开设直播电商,供应端网络效应得以激发。

第二,提供直播电商服务,缩小数字能力鸿沟。创新发展部对商户的扶持贯穿于直播电商全过程。一方面,在商户接入电商直播之前,考虑到商家的时间与精力有限,部门会根据商家自身的定位、实力、规模以及不同直播平台各自的定位、直播方式等,帮助商家共同确定最合适的直播平台与直播模式。另一方面,为普遍提升众多珠宝城商户开设直播的能力,创新发展部联合直播平台专业人员,定期为诸多商户提供直播电商培训,提供包括开号、直播运营、物流、售后等在内的直播电商全流程管理指导。例如,在珠宝城的培训与指引下,商户的直播运营模式逐渐从用手在镜头面前展示珍珠产品细节的"手播",转至在镜头面前直观展示珍珠产品上身佩戴效果的"面播"。主播们也会结合日常穿着打扮,为消费者推荐搭配的珍珠饰品。在此期间,创新发展部同时注意收集商户反馈的需求与建议,从而有针对性地采取改善措施。

与此同时,为提高商户带货能力、增加直播间销量,创新发展部出面邀请相关的网红、大V,并促成其与商户的合作。特别是,珠宝城牵头开设了多场山下湖直播专场,举办"世界珍珠大会——云上珍珠节""奇珍异宝节""云帆计划"等多场大型直播活动,邀请诸多直播达人来到山下湖做直播。相较由商户主导的"素人直播"，这些网红、大 V 等直播达人拥有更为庞大的粉丝群体与互联网影响力。早期，中小商家难以凭借自身的资源与能力触及流量网红与大 V 等，珠宝城在中间承担着重要的枢纽角色。

此外，创新发展部还联系平台共同策划活动，如在"七夕礼遇季""6·18""双十一"等互联网营销节点，设计珍珠在线营销方案。以抖音的七夕活动为例，依托该活动，珠宝城会设置大致的珍珠产业带销量目标，抖音平台将根据该目标，承诺对应的流量扶持。商家通过后台免费报名等方式，设定自身的销售目标，基于此匹配得到对应的平台流量。由此，珠宝城成功助推商家跨越数字能力鸿沟，使之从无到有地构建了数字销售模式。而在赋能商家的过程中，珠宝城将核心定位在珍珠货品、商家与产业带，仅仅将淘宝、抖音等平台作为销售渠道。"只要珍珠产业在，我们就可以嫁接任何在线销售渠道。"鲁丹萍如是说。

最后，山下湖政府的支持与助推，增强了珠宝城的赋能作用。山下湖小镇以《诸暨市珍珠产业数字化转型专项行动计划》为引领，出台《珍珠产业转型扶持政策》，在规范、引导直播发展的同时，全力推进珍珠产业的数字化转型。例如，政府会为互联网个体工商户提供金额不等的丰厚补贴。基于此，商户具有更强的资源支撑，珠宝城助力商户提升数字能力的效应得到强化。

（三）建立消费者数字信任

由于珍珠属于非标品，因此商家无法对其进行规格化分类。大众消费者作为珍珠"门外汉"，难以判断自己是否购买到了货真价实的珍珠产品，因而购买意愿不高。雪上加霜的是，珍珠直播开设初期，部分商家存在以次充好、以假乱真等恶性市场竞争行为，例如为谋求高利润，将染色珍珠当天然珍珠售卖、将淡水珠当海水珠售卖，致使在线消费者愈发担心"踩雷""被宰"，不敢轻易购买直播间产品。在线消费者对珍珠直播电商的信任岌岌可危,怎样才能构建并强化消费者对山下湖珍珠产品的数字信任呢?珠宝城采取了以下两种应对措施。

第一,构筑区域品牌,奠定消费者数字信任基础。在开设各类直播专场的过程中,珠宝城创新发展部借助直播平台网红、大V的流量,确定了诸暨珍珠"源头好货"营销定位,构建在线消费者对诸暨珍珠的品牌认知与信任。例如,在直播过程中,主播们反复提及"诸暨山下湖是世界珍珠源头""来山下湖购买珍珠源头好物""我们是在诸暨华东国际珠宝城采购的珍珠货品"等内容,在消费者心中为诸暨珍珠与源头好货画上等号。直播达人们对各类珍珠饰品的试戴效果及其对珍珠饰品的着力推荐,加固了珍珠饰品在消费者心中的时尚认知,愈发使得珍珠成为潮流的代名词。依托直播达人的庞大流量,山下湖珍珠声名远扬,"诸暨珍珠"这一区域品牌逐渐与品质挂钩,在消费者心中建立了品牌可靠性。

第二,设立质检中心,提升消费者数字信任水平。为增强对珍珠首饰商品的质量管控,夯实消费者对诸暨珍珠的品质信任,珠宝城创新发展部联合抖音直播平台设立 QIC(quality inspection control,质量检测控制)质检仓一体化运营中心(如图 1-6 所示),秉承"鉴定验真、一物一证"的宗旨,强化珍珠直播销售过程管控。具体而言,抖音规定其基地内商家出售的所有珠宝产品必须经由质检中心检验并发货。为保障质检质量,珠宝城与浙江省市场监督管理局下属的方圆检测集团达成合作,由方圆检测负责鉴别珍珠产品的真伪,并为合格的珍珠产品出具权威证书。商家在抖音直播间售出各类珍珠产品以后,只需打印订单二维码、设置质检与发货信息、备齐货品,而后将货品送到 QIC 质检仓一体化运营中心,其他所有的质检、打包、发货流程都将由中心完成,确保货品与证书不会再回流到商家手中,对于质检不合格产品,QIC 质检仓一体化运营中心将直接退回。由此,每一件从中心出货的商品都携带可追溯证书,在线消费者能够通过扫描证书上的二维码或条码,获取产品质检信息,珍珠产品网购再得一道"保险"。此外,结合消费者就珍珠产品质量给出的投诉或意见反馈,珠宝城会根据问题严重程度对售卖不合格产品的商家做出惩罚,如依据入驻合同规定,清退该商家;抖音也会结合平台规定,对该商家处以封号等措施。至此,在直播销售模式下,珍珠产品品质得到基础保障,消费者对诸暨珍珠的信任得到强化。

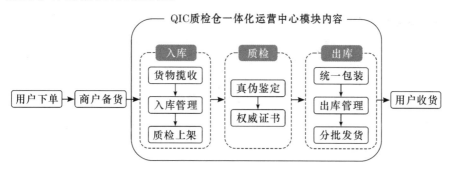

图 1-6　QIC 质检仓一体化运营中心的运营模式

显然,珠宝城在数字化转型的成长阶段,遇到了诸多难题,幸好在大家智慧的碰撞下,找到了数字化转型困境的突破口——构建数字化能力。由此珠宝城闯关成功,得到进一步发展(如图 1-7 所示)。

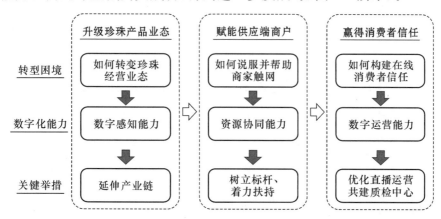

图 1-7　珠宝城数字化能力分析

我们通过梳理发现,珠宝城在数字化转型过程中遇到了以下问题。首先是珍珠销售业态与直播电商模式不适配。确定直播电商这一数字化转型方向以后,珠宝城敏锐发觉,过去的裸珠、半成品批发销售业态无法满足直播电商的销售需求,商家亟须根据在线消费市场特征调整珍珠销售业态;在线消费者对珍珠直播逐渐产生视觉疲劳,商家亟须改进直播内容。基于此,珠宝城快速响应在线消费者市场环境变化,引进配件商与其他类目产品,展现出较高的数字感知能力。具体而言,珠宝城从以下两方面做出了改变。

一方面,珠宝城基于在线消费者购买需求,创新珍珠产品生产流程,通过引入充当互补角色的配件商,将原本的批发销售业态调整为珍珠成品销售业态。具体而言,珠宝城从深圳、广州等地引入一批配件商,由其专门负责为珍珠成品制作提供金属等配件。由此,珍珠产品能够以珍珠项链、珍珠手链等成品的形式在直播间出售。另一方面,察觉到直播间内在线消费者容易对单一的珍珠产品直播产生视觉疲劳以后,珠宝城快速做出响应,引入水晶店、橄榄石店等其他珠宝品类店铺,以及珍珠衍生品销售商户(如珍珠美妆、珍珠医药),创新珍珠直播内容与流程,从而覆盖更为广泛的消费群体,同时增强在线消费者购买意愿。

其次是商户难以跨越“数字鸿沟”。在推动商户入驻淘宝等直播平台的过程中,珠宝城面临着商户“数字鸿沟”问题,表现为商户缺乏足够的数字认知与数字能力,进而不愿轻易尝试直播电商等数字销售模式,或是难以基于直播电商获取较高收益。为应对这一困境,珠宝城不断释放企业内部与平台内部各类资源的价值,展现出较高的资源协同能力。

具体而言,珠宝城凝聚自身资金与人力资源,为商户提供关于开号、策划直播内容、产品上架、库存管理与直播复盘等技能的一系列培训与指导,从而提升商户开设直播电商的能力。与此同时,珠宝城积极调用数字平台所提供的用户流量资源,帮助对数字销售持开放态度的商户链接、转化在线消费者,从而打造直播电商标杆、吸引其他商户入驻直播平台。此外，珠宝城积极与网红、大 V 等用户流量资源的持有者建立联系，并不断促成其与商户的合作，借助网红、大 V 的流量资源提升商户珍珠销售额。与之相似，珠宝城在"七夕礼遇季""6·18""双十一"等互联网营销节点，通过销量目标设定与计划，预先撬动平台的流量资源，而后将销售目标与对应的流量资源发放给商户，促使其取得更高的直播销售业绩。除数字平台资源以外，珠宝城还积极调用政府补贴等由政府提供的关键资源，进一步说服商户，赋能商户入驻直播平台。

最后是在线消费者数字信任度较低。由于珍珠属于非标品，消费者在购买珍珠产品时没有明确的规格依据，难以判断珍珠的真假与品质，因此担心自己"踩雷""被宰"，对山下湖珍珠产品的信任度较低。为应对这一问题，珠宝城通过直播专场等方式联合网红、大 V 塑造区域珍珠品牌，并通过 QIC 质检仓一体化运营中心杜绝假货销售，展现出较高的数字运营能力。具体而言，珠宝城从以下两方面提升在线消费者数字信任度。

一方面，珠宝城依托数字技术打造直播专场，联合网红、大 V 等多方利益主体共同构筑山下湖珍珠区域品牌，为山下湖珍珠创造声誉价值。例如，在直播专场中，主播们反复提及"诸暨山下湖是世界珍珠源头""来山下湖购买珍珠源头好物"等内容，在消费者心中为诸暨珍珠与源头好货画上等号。依托直播达人的庞大流量，山下湖珍珠声名远扬，在消费者心中建立了品牌可靠性。另一方面，珠宝城联合抖音平台打造 QIC 质检仓一体化运营中心，通过严格质检流程与可追溯质检证书，杜绝抖音平台的商户出售珍珠伪造品。具体而言，该质检中心应用二维码等数字技术记录珍珠产品的质检记录与结果，而后将二维码封装至质检证书上。消费者能够通过扫描证书上的二维码或条码，获取产品质检信息。由此，依托数字技术，QIC 质检仓一体化运营中心能够进一步确保在线消费者收到珍珠正品。

拓展阅读

数字化能力理论

数字化能力构成了企业数字化转型的核心驱动力,是企业应用数字技术广泛整合其价值网络中的各类资源以推动企业数字化、整合共创价值、应对环境动态变化的能力(胡宇辰等,2023)。学者们结合资源价值释放、数字技术应用与动态变化响应三个视角,分别界定了企业数字化能力的内涵与特征(如表1-2所示)。

表 1-2　数字化能力的内涵

侧重点	内涵	代表性文献
资源价值释放	利用数据和数字资源生成信息与知识,并据此发展多样化数字功能的能力	宋华等(2022)
	组织内部理解和利用数字生产要素的能力	Ritter and Pedersen(2020)
	企业利用数字平台内互补资源和能力池的程度	邬爱其等(2021)
数字技术应用	通过先进的算法技术来实施决策的技术和组织能力	Fürstenau et al.(2020)
	利用数字技术以取得预期结果的能力	Ardolino et al.(2018)
	使得个体获取并有效应用数字技术来增强客户体验、简化运营或创建新商业模式的技能、禀赋和专业知识	Lu and Ramamurthy(2011)
动态变化响应	企业创造新产品与流程并响应不断变化的市场环境的能力	Sousa-Zomer et al.(2020)
	为适应快速变化的环境,不断形成新竞争优势,整合、建立、重构组织内外部能力,实现能力改进的结果	Li et al.(2022)
	集数据收集、许可获取和深入分析于一体,助力企业应对快速变化的市场环境的能力	魏冉等(2022)

资源价值释放视角：资源协同能力。数字化能力被定义为企业识别、利用各类互补资源，从而释放不同资源价值的能力（Verhoef et al.，2021）。通过整合、配置平台内的各类资源要素，包括大数据资源、关系资源等，企业得以顺利推动自身的数字化转型（马鸿佳等，2024）。例如，学者们将企业数字化能力定义为企业利用数字平台内互补资源和能力池的程度（邬爱其等，2021）。

数字技术应用视角：数字运营能力。数字化能力表现为企业利用数字技术改善产品研发、生产等价值创造环节，与企业的数字技术开发与管理技能、专业知识等高度相关（Lu and Ramamurthy，2011；Tumbas et al.，2017）。由此，在数字化转型过程中，企业内外部资源的激发与利用依赖于企业利用数字技术改变价值创造流程、联合多方利益主体参与价值共创的能力。例如，学者们将数字化能力定义为促使企业获取并有效应用数字技术来增强客户体验、简化运营或创建新商业模式的技能、禀赋和专业知识（Lu et al.，2011）。

动态变化响应视角：数字感知能力。数字化能力表现为企业面对环境波动性、复杂性做出快速响应的能力，强调企业对环境的动态适应能力。为应对环境不确定性，企业需持续与内外部利益相关者共同整合、重构资源与技能，从而获取与保持竞争优势（Pagoropoulos et al.，2017）。例如，学者们将数字化转型定义为企业创造新产品与流程并响应不断变化的市场环境的能力（Sousa-Zomer et al.，2020）。

三、成熟：高质量数字化转型路在何方

2023 年以来，珠宝城已实现满租，部分空余商铺一经挂出就迅速

售空;珠宝城直播基地单日最高销售额达 5000 万元,单月最高销售额突破 1.5 亿元;截至 2023 年 5 月底,整个市场成交额约 232 亿元。然而,重焕生机的背后,珠宝城的数字化转型道路仍旧遍布荆棘。未来,珠宝城应如何协同商户、平台、政府等多方利益主体,进一步推进自身乃至山下湖珍珠产业生态系统的高质量数字化转型?

（一）如何持续赋能直播商户?

与商户的紧密联系构成了珠宝城的核心资源,是创新发展部与头部平台构建合作关系的基础,也是珠宝城的核心业务内容。过去,创新发展部主要通过培训等方式赋能商户、提升其直播电商能力,从而强化商户对自身的依赖,提升市场出租率,并基于此与各头部平台建立联系。然而,伴随商户的数字化能力与素养显著提升,直播培训等方式已不再适用,如何持续赋能商户、提升其对自身的依赖与信任,逐渐成为创新发展部面临的核心问题。

当前,珠宝城正尝试改变自身的角色,将自身的定位从扶持者,再次转变为开拓者。例如,创新发展部正积极研究视频号等新兴平台的运营规则与模式,并尝试与平台相关负责人沟通、探讨,希望与之建立合作关系,一旦建立合作关系,珠宝城将进一步扶持商家入驻视频号等新兴平台。除此之外,创新发展部也在探索如何打开 TikTok 等国际电商销售渠道。一旦打通各类国际电商销售渠道,珠宝城将进一步在国际化珠宝销售方面从 0 到 1 帮助商家面向国际市场开设电商直播。

然而,伴随 MCN(multi-channel network,多频道网络)机构的持续发展,珠宝城面临更大的市场竞争,平台对接、直播扶持等赋能方式的吸引力正逐渐降低。除"开拓者""扶持者"身份外,珠宝城还能扮演怎样的角色,从而持续赋能商户,使之愿意入驻珠宝城?

（二）如何联合平台激发数据要素活力?

随着新一轮技术革命持续推进,数字要素正作为一种全新的生产要素参与企业活动。珠宝城正联合政府力量，尝试打造创新服务综合体，致力于为直播商户提供数据分析、创业设计、衍生品开发等配套服务。该创新服务综合体由珠宝创意设计中心、珠宝玉石质量监督检验中心、珍珠数字经济中心等七大部分组成，旨在融合产业链、创新链与服务链，全方位赋能珍珠产业生态系统实现数字化发展。

数字经济中心等部门的建设，离不开对数据要素的获取与深入分析。例如，通过对消费者消费行为等数据要素进行可视化分析，创新服务综合体能够形成用户画像，或是预测用户需求，从而赋能珍珠产品的设计与生产。然而，当前所有的数据资源均集中于平台，珠宝城无法直接获取在线消费者或珍珠销售的相关数据资源。那么，创新发展部应如何说服数字平台联合配置数据资源、利用数据要素赋能珍珠产业发展？未来，珠宝城应如何获取、整合数据要素，并不断提升自身数字能力，从而依托数据要素推进高质量数字化转型？

进一步地，依托数字化赋能，以创新服务综合体为支撑的山下湖数字创新生态系统逐渐涌现。未来，珠宝城应如何进一步构建、治理数字创新生态系统，通过促进直播商户、数字平台、在线消费者等利益主体之间的信息交流，推动自身高质量数字化转型？

实际上，珠宝城可以根据数据要素驱动企业高质量发展的内涵和要点，基于要素重构路径、要素创造路径与要素创生路径，推动珠宝城持续实现高质量数字化转型。具体详述为以下两点。

第一，实施数据要素驱动战略。该战略包括以下三点。一是识别关键数据需求与确定潜在数据来源。珠宝城可以明确创新服务综合体在业务发展中所需的具体数据资源类型，例如消费者购买偏好、历史购买趋势等方面的数据。基于此，珠宝城可以确定数据收集渠道，包括直播平台、商户、政府等。例如，数字平台掌握了在线消费者信息、消费数据等资源，能够为珠宝城进一步利用数字技术赋能商户提供海量的数据要素支持。

　　二是联合数据持有者,共建创新服务综合体,联合赋能商户。珠宝城可以借鉴其直播基地构建模式与直播活动组织方式,基于平台与珠宝城的互补需求,以互惠共赢为目标,撬动平台数据资源。例如,以更高的销售额为支点,说服平台参与数据要素驱动的价值共创。

　　三是完善数据要素共享或合作方案,明确数据的来源、共享方式、使用权限等,如确定数据接口的开放、数据格式的统一、数据安全和隐私保护等方面的规定。基于此,除"开拓者""扶持者"以外,珠宝城还能扮演"驱动者"角色,基于数据要素驱动商户数字销售,从而使之愿意入驻珠宝城。

　　第二,构建数据要素驱动路径。数据要素驱动路径包括以下三点。一是要素重构路径。珠宝城可以尝试创新珍珠产品设计与生产流程,例如引入 AIGC(artificial intelligence generated content,人工智能生成内容)等数字技术,实现珍珠产品设计自动化与智能化,从而帮助商户减轻珍珠产品研发压力,降低设计成本。

　　二是要素创造路径。珠宝城可以尝试通过数据分析和挖掘,从海量数据中发现潜在的市场机会、消费者行为趋势等,从而赋能商户开拓新型在线市场、开发更符合市场需求的珍珠产品。

　　三是要素创生路径。珠宝城可依托数字创新生态系统,促进用户等利益相关者共同参与价值创造。例如,邀请用户参与产品设计和服务改进的过程,听取用户意见和建议;通过用户参与式设计,更好地理解用户需求,提供更贴近用户心理的产品和服务;构建在线社区或用户内容生成平台等,促进用户相互分享自己的珍珠搭配技巧、护理经验等,为其他用户提供参考和借鉴。

拓展阅读

高质量数字化转型

　　党的二十大报告提出,高质量发展是全面建设社会主义现代化国家的首要任务，是中国式现代化的本质要求。数据作为新型生产要素，能够促进数字经济与实体经济深度融合，推动企业实现高质量数字化转型。而以企业高质量数字化转型为依托的数字经济领域，逐渐成为大国竞争主战场。

与一般的数字化转型不同，高质量数字化转型是指企业强调将数据要素作为生产资源，通过数据要素的高效配置提升全要素生产效率（谢康等，2024）。由此，高质量数字化转型的重点在于释放数据要素的价值。同时，高质量数字化转型涉及企业内、外部主体之间的多主体协同，需要平台与企业联合配置数字资源与传统资源，发挥生态效应。基于此，构建数字生态系统被认为是推动企业实现高质量数字化转型的有效途径。

数据资源本身并不会直接提升企业绩效，企业需要通过要素化处理过程，将数据资源变为生产要素。而数据要素化的过程，就是企业数字化转型的过程。基于此，既有研究提出（如图1-8所示），企业以数据要素为核心，通过要素重构、要素创造与要素创生，促进自身高质量数字化转型（谢康等，2023）。首先，就要素重构而言，企业需构建数字管理能力，通过数据要素重构既有资源要素，包括生产流程重构、生产协同结构重构、运营机制基础重构、组织架构结构重构等，从而提升生产效率；其次，就要素创造而言，企业能够结合人工智能算法等发挥数据要素创造功能，从而形成以数据要素为核心的新业态与新模式等，如基于数据形成用户画像从而赋能生产制造、基于数据系统实现生产流程智能化等；最后，就要素创生而言，伴随数据要素不断积累，企业能够利用数据要素链接企业价值链中的各要素节点，形成要素链接网络，通过网络协同效应形成数字生态系统，基于此实现人与数据互动以解决问题、用户等利益主体共同参与价值创造等，促进多主体之间的协同合作、推动要素之间的关联与重组(张超等,2021)。

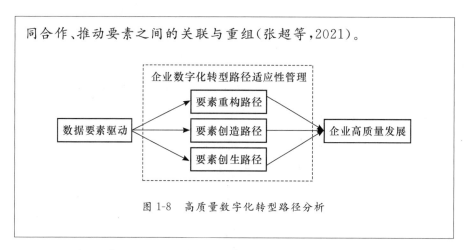

图 1-8　高质量数字化转型路径分析

2023 年以来,珠宝城出现了反向的线上带动线下现象:得益于线上直播发展,山下湖珍珠声名远扬,很多线下代购选择来到珠宝城购买珍珠,然后销售给私域朋友圈、微信好友。通过数字化转型,珠宝城实现了自身的发展与蝶变,商场客流量持续攀升、商铺持续满租。通过巧妙地利用现有资源,珠宝城瞄准互补者需求,撬动目标资源,而后通过引入互补商户、赋能商家数字化、构建消费者数字信任等方式,走出了一条链接头部数字平台、赋能供应端商家的数字化转型道路,为传统专业市场企业数字化转型提供了借鉴与启示。然而,在推进高质量数字化转型的道路上,珠宝城依旧面临诸多困境。关于如何进一步持续赋能商户、激发数据要素活力、构建数字创新生态系统,珠宝城仍在探索。

第二章 欧普照明：大刀阔斧促改革 智能费控开新篇^①

　　费用管理是企业财务管理的重要活动，然而传统费控存在诸多痛点，如费用预算超支失控、费用投入产出比低、报销流程烦琐耗时、数据无法汇聚分析、费用降本缺乏抓手等。财务智能化技术应用可以全面提升费用管理的流程效率、管控效果和数据价值。

　　欧普照明作为照明行业的龙头企业，一直致力于财务数字化转型。针对原费控系统存在的诸多痛点，欧普照明构建了市场费用的全流程智能管控体系，打造了高度自动化的商旅报销流程，建立了诚信导向的员工信用积分体系，并基于系统沉淀的大量交易级明细数据，构建舞弊预警算法模型、优化费用采购决策、创建多维费用看板，从而放大数据价值。欧普照明费控管理智能化变革的发展历程和创新实践，可以为其他企业构建智能化费控管理体系提供重要借鉴。

　　欧普照明于1996年成立，总部位于上海，拥有位于中山、苏州的两大生产基地。截至2023年，其员工数量超6000人，拥有专利权超4000项。在此期间，公司不断推进渠道多元化建设，积极开展电商业务，开拓海外市场，在70多个国家建立了销售渠道，拥有各类终端销

---

　　① 本章作者为陈俊、朱荼芬、董望、王海燕、沙金、黄勤。

售网点超 11 万家。

作为中国标杆性整体照明解决方案提供者,欧普照明很早就开始在财务数字化转型之路上踔厉奋发。2012 年,公司着手建设财务共享中心,制定了财务共享中心的第一个三年规划,目标在于集中搭建整体的框架,把业务流程打通。该财务共享中心先从账务集中切入,将前后端规则理顺,业务打通,然后再接入资金结算和税务。2015年,公司将财务与 IT(information technology,信息技术)进一步融合,实现了凭证电子化、影像化,智能识票,供应商协同,信用报销等功能。2019 年,公司开启财务共享中心 3.0 时代,将建设重心转移到管理增效、数据赋能方面,财务智能化水平显著提升,其中最为典型的是智能费控体系的迭代创新。欧普照明如何在短短几年内就将智能费控体系建设起来? 这要从下面的故事开始说起……

一、费控转型,势在必行

在费控体系变革前,欧普照明的业务部门和财务部门经常由于财务报销、费用审核等问题产生争议,双方相互抱怨。

(一)场景一:市场费用审核

市场部负责人马程(化名)怒气冲冲地走进财务部办公室,急切地问道:"月初提交的广告费报销单,为什么到月中还没支付出去? 广告公司已经扬言要停止新广告投放了。"财务部负责人韩哲(化名)不满地反驳说:"这都是你们业务人员先斩后奏,这些市场资源投入活动,很多没有事先进行费用申请,我们到付款才知道有这笔支出,这让我们措手不及,而且这笔费用早就超出部门预算了,我们不予支付。"

马程听完反驳说:"首先,我们的费用申请线下流程冗长,情况紧急时我们只能事后补申请。其次,市场费用预算本身在制定时是粗略估算的,预算制定不合理、市场变化太快,难免出现超预算的问题。最后,现在是抢占市场的关键阶段,财务应该全力支持业务,但实际情况是财务流程僵化,无法快速响应业务变化,这会让我们错失良机。"

韩哲面露愠色:"广告投入等市场费用过高、投入产出比低的问题一直存在,公司降本增效压力大,市场费用预算必须严格控制,而且你们对市场费用的预算申请资料没有充分的数据分析支撑,我们也不掌握重要支出的投入产出详细数据,财务的事前、事中和事后控制都很难有效开展……"双方各执一词,僵持不下。

显然,欧普照明在市场费用管理流程上存在诸多问题:一是费用申请流于形式。在业务推进过程中,有时业务人员为了快速行动,会采取业务活动发生先于费用申请的方式,即费用申请流程后补,使前期申请流于形式。公司虽然制定费用预算,但无法与业务活动实际情况相匹配,费用支出超出预算的情况时有发生,费控滞后导致费控失效,同时给企业带来了合规方面的风险隐患。

二是费用审批缺少统筹。在业务为先且急需抢占市场的公司快速发展阶段,这一问题尤为突出,集中体现为预算规划能力弱、费用核算进度无法把控、财务审核落后于业务实际情况等问题。

三是投入产出比降低。随着业务快速发展,以及业务的多样化和管理维度的细化,欧普照明费用支出的管理难度呈几何式增长,投入产出管理薄弱的问题突出,具体表现为投入决策不能得到系统数据支持、业务端数据传送滞后、资源投入边际效益大幅下降等。

(二)场景二:员工费用报销

"怎么我的报销单又被退回了……"销售代表小刘拿着退回来的报销单抱怨道,"这已经是我第二次递交了,我花了一个小时填写报销信息,粘贴各类发票,垫支了 1 万多元,下周又要出差了,还得垫付……你们财务部报销付款怎么处理得这么慢?"

费用会计小张忍不住打断道:"小刘,你的报销单填写不规范,内容填写不完整、票据上没有盖发票专用章,还有你的住宿费和火车票超标了,超标部分无法报销……每笔费用报销审核的要素较多,人工审核慢,加上年底这么多报销单积压,报销周期至少要两周,我们也是加班加点地赶。"

小刘不满地说:"报销流程这么烦琐耗时,我天天跑客户业务,哪有这么多时间浪费在上面……"

随后,财务部负责人韩哲走了过来:"小张,今天都20日了,上个月的费用分析报告还没做出来。"小张硬着头皮说道:"这个月报销业务积压严重,无暇抽身做费用分析,而且报销系统的支出数据和预算系统的数据没有打通,分析较为麻烦。"

韩哲无奈地摇头,他在想:什么时候财务才能从这些机械烦琐的报销工作中解放出来,真正做些能支持业务决策的费用管理和分析工作呢?

韩哲已经意识到,公司的财务管理出了问题,比如在商旅费用报销流程上,就存在以下明显的痛点。一是员工满意度低,商旅报销流程烦琐、耗时费力、报销周期长、垫资成本大。

二是财务审核繁重,商旅报销高频,单据量很大,财务被报销审核、做账、对账等工作占据了大量工作精力。财务工作产生的价值量低,无法为业务决策提供支持。

三是数据分析困难,公司层面缺乏多维度细化的费用数据支撑,业务整体难以追踪,难以分析费用的投入产出情况。同时,由于手工报表过于滞后,一般来说在月末结账后15个工作日才能给管理层提供费用分析报表,管理分析落后于业务活动,数据分析困难且时效性差。

四是费用类供应商缺乏统筹管理。费用类供应商主要包括提供住房租赁、广告投放、员工培训等服务的产生大额费用的供应商和提供办公用品、水电、差旅服务等日常消耗类产品的供应商。由于费用支出在企业支出总额中占比小或发生频次低,因此在公司发展初期未被重视,公司没有明确的采购计划,也没有对月度或年度需求的分析,缺乏费用类供应商管理。公司一般在需求产生时寻找合适的供应商,在采购上未进行统筹规划。

(三)场景三:业财矛盾频发

在董事长办公室里,王耀海皱起眉头,用略带严厉的语气问道:"我看了财务部呈递上来的报告,今年我们的多项费用为什么一直超预算?"

财务部负责人韩哲面露难色,回应道:"市场部的人都是先斩后奏,没有严格遵循费用事前申请审批流程。同时,年末预算用光了,但重要的市场活动不得不支出,只能做特批调增预算。"

市场部负责人马程说:"财务部也有一定的责任,他们每月没有将各部门的费用发生额和预算进度数据及时同步给我们,我们也不清楚自己的费用支出详细情况。财务部的费用分析无法给我们提供有价值的决策信息,而且财务报销流程烦琐冗长,一笔报销要两周,还要自己垫付,致使大家抱怨颇多。"

韩哲立马反驳道:"我们都是按章办事,严格审核每一笔费用支出,每月投入十多个人加班加点处理,辛苦不说,反遭埋怨。"

董事长王耀海听着他们的争执,意识到传统的费用管理痛点太多(如图 2-1 所示),必须进行彻底革新。"我们不得不承认,目前的费用管理模式和流程存在很多痛点,业务人员希望报销流程更便捷、费用

图 2-1　传统费用管理的痛点

管控提前预警,财务人员希望财务审核更轻松、费用管控深入前端。如何实现这样的美好期望呢?"

韩哲若有所思:"华为等领先公司已经将智能技术与费控场景进行结合,打造出智能化、移动化、生态化、高效化的费控系统,我们可以尝试这样的变革。"

王耀海似乎看到了希望的曙光,他高兴地说:"想要改变现状,智能化费控系统的建设已经迫在眉睫,财务部门、业务部门和信息部门要科学筹划,大胆尝试,积极推进费控系统智能化建设。"

二、大刀阔斧,推进改革

经过深入的内外部调研和跨部门专家讨论,韩哲确定了费控体系变革的整体实施思路:结合欧普照明的业务场景特征,通过智能技术应用、流程高度自动化、数据聚合利用,实现费用管理系统的升级再造,达到更智能、更便捷、更高效、更低风险的综合成效。

欧普照明的费用支出主要包括市场资源投入和员工商旅支出。市场资源投入包括广告费、促销费、线上平台推广费、网络直播费等多种形式,单笔金额在数十万元到数百万元间,频率不高,总金额占比较大;而员工商旅支出则具有高频、单笔小额的特点。因此,结合公司费用管理的业务特点,变革分为对市场资源投入的全流程管理和对员工商旅报销的全流程管理两大路径协同推进。

拓展阅读

流程再造

企业是为客户创造价值的跨部门流程的集合体。流程再造(process reengineering)则是对企业的业务流程进行再思考和再设计的一个过程,目的是消除流程中不合理、低效的部分,最终促进企业在成本、产品质量、服务和效率等方面实现改善。

在流程再造或优化时,企业往往需要打通流程断点,打造端到端的流程,打通财务、市场、技术、工程等跨部门衔接。比如费控流程再造通常要求费用报销软件与OA(office automation,办公自动化)系统、ERP(enterprise resource planning,企业资源规划)系统、HR(human resources,人力资源)系统、电子档案、资金平台、数据中台全面打通,实现员工出差申请—报销申请—审核—支付—入账—存档的全链路闭环。

(一)市场资源的全流程协同管理

在原有市场资源费用管理中,预算失效、费用超支、数据不同步、流程不透明等问题非常突出。基于费用类流程透明化和有效管控的需求,欧普照明自研了市场费用管理系统(MM系统),对市场费用进行全流程整合,对事前申请、投入产出评价、活动执行确认、核销审核、支付进行全流程管理,并与经营预算、业务处理、会计处理进行协同管理(如图2-2所示)。

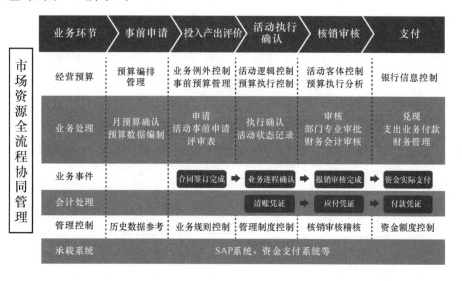

图 2-2　市场费用的全流程管理

通过构建开放、透明、标准的费控平台，欧普照明建立了统一化、在线化、实时化、全流程的预算管控体系。在系统对接层面，欧普照明将市场费用管理系统与 SAP①、资金支付系统、业务系统连接，实现数据实时交互，强化了费控系统的实时管控和数据分析能力。具体来看，欧普照明做到了以下几点。

一是费控前移。无预算不列支，欧普照明通过实施预算管理模式，将全面预算管理贯彻到每个预算单元。费控前移要求每笔业务的费用申请必须有对应的预算，对于无预算的报销项目将无法被提交。同时，在建立预算管理体系的基础上，公司专门制定了市场资源的投入产出管理标准，要求业务负责人在事前申请时对该项市场资源投放的 ROI（return on investment，投入产出比）进行预估。在市场推广活动执行过程中，公司根据不同活动对应的权限审批，对业务逻辑和预算执行进行控制。在审核阶段公司则对市场活动的效果进行分析，业务、财务人员对市场活动的 ROI 进行复核，如果实际的 ROI 效果明显低于申请时的预估值，将直接影响业务部门的预算考核和下次的费用申请。由此，公司将市场资源投入预算从流于形式变为实际的事前管控，解决预算与实际割裂、费用投入产出比低的难题，实现事前有计划、事中有控制、事后能评价的管理流程，帮助公司实现有效费控和全面预算管理的落地。

二是业财融合。新的费用管理流程中，欧普照明打通企业内部流程壁垒，以预算、申请、核销、支付的闭环，实现信息的集成与共享，有效实现业务与财务信息互通。欧普照明将会计核算处理和管理控制制度融入业务的各个环节，通过系统实施有效控制。

---

① SAP 是德国公司思爱普（SAP）推出的企业资源规划软件的名称。

拓展阅读

业财融合

业财融合是指业务和财务结合，通过打通会计与业务的系统和流程，实现信息的集成与实时控制。其本质在于"业务经营牵引财务发展，财务发展支撑业务经营"，是一个业务融入财务、财务融入业务的双向过程。

财政部 2016 年 6 月发布的《管理会计基本指引》明确指出，单位应用管理会计应遵循战略导向、融合性、适应性、成本效益四项原则。其中，融合性原则强调管理会计应嵌入单位相关领域、层次、环节，以业务流程为基础，利用管理会计工具方法，将财务和业务等有机融合，即业财融合或"业财一体化"。

三是流程透明。流程透明一方面使得员工可以通过可视化看板了解自己的单据审批状态，及时发现审批流程存在的问题；另一方面则有效推动财务人员提升财务服务效率。同时，基于流程透明可视，欧普照明在公司内部构建信任文化，用公司对员工的信任换取员工对公司的诚实，在提升企业效率的同时也给予员工更多的尊重。

四是多维分析。欧普照明将费用数据进行细化分解，从产品、时间、终端、区域和费用投向等多维度对费用数据进行整理分析（如图 2-3 所示）。比如从产品角度，公司将费用按照产品线、产品品类、产品系列以及 SKU(stock keeping unit，库存量单位)的顺序逐级分解；从终端角度，公司将不同终端类型按专卖店、流通渠道、商超、项目分类分析；公司还可以按照不同的维度进行组合汇总，以满足公司不同层级的管理经营需要，实现财务精细化、颗粒化管理。例如产品线经理可以深入了解到不同产品品类（或产品系列）的市场费用投入情况和销售提升效果；市场部经理可以快速了解到不同终端的市场资源的投放情况和投放效果;一家专卖店的经理将该门店产生的促销费用和该门店相应时期的销售额相匹配,可以分析促销活动的效果。

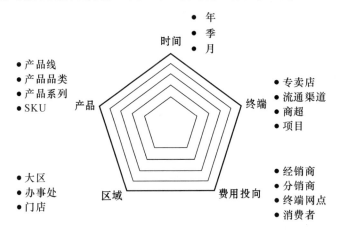

图 2-3　市场资源管理立体化分析维度

费用维度数据如何采集呢? 在市场推广活动的事前申请环节,业务人员就必须在 MM 系统的申请表单中填报这些多维度信息。MM 系统将这些多维度数据收集并沉淀,形成灵活多样的多维费用看板,方便各级经营层进行精细化深度分析和决策优化,而且系统每月自动出具各种多维度管理报表,供经营层查阅。

拓展阅读

多维数据分析

多维数据分析是指按照多个维度对数据进行观察和分析,例如销售收入数据可以从不同产品、不同时间、不同区域、不同渠道等维度来分析。多维的分析操作是指通过对多维数据进行切片、切块、聚合、钻取、旋转等分析操作,使用户能够从多种维度、多个侧面来洞察数据中的信息和规律。多维分析是企业经营分析的核心内容,可以帮助用户多角度、立体化、灵活动态地分析业务数据,挖掘经营问题,支持不同层级经营层的决策需求。

（二）员工报销生态的全流程管理

在原有的员工商旅费用管理中，流程低效烦琐、财务审核工作繁重、违规报销问题较为突出。基于使商旅费控流程便捷高效、提升合规性的需求，欧普照明采用与每刻科技合作的方式推进商旅费控的智能化改革。每刻科技作为智能云财务的知名服务商，在员工商旅费控方面有行业领先的软件解决方案——"每刻报销"。欧普照明和每刻科技合作，在每刻报销的基础上做了定制化和功能创新。每刻报销系统通过连接各类商旅服务商、第三方支付平台、税务系统等外部生态，打通出差申请—商旅活动—报销—支付的全链路，构建了线上化、一体化、自动化、智能化的商旅报销流程，为员工提供高效便捷的报销体验，为企业提供有效的内控管理，并充分节省财务人员的精力。

借助智能化时代的新技术，欧普照明对报销流程的各个环节进行了全面的流程优化和智能升级，推出了智能费用报销管理，具体有以下六个特点。

一是事前申请，领导审批。当员工申请出差时，其只要打开"每刻报销"App，通过人脸、声纹识别登录，然后开启语音交互："我要去××出差，预算××元，出差事由是××。"系统将自动生成出差申请单，一键提交。财务人员在系统中提前设置具体的报销标准，包括不同部门、不同职级、不同省市等多维度不同场景下住宿、餐饮、交通、通信等活动的报销和补贴标准，当员工申请的单据超过报销标准时，系统将自动预警或限制超标申请单的提交，协助企业有效做好事前管控。

二是差旅报销，智能填单。当员工出差后进行报销时，报销系统能实现智能填单。OCR（optical character recognition，光学字符识别）智能识票技术能够将发票影像上的信息转化为报销申报表中所需的信息字段，融合了会计经验的AI（artificial intelligence，人工智能）

软件能够自动提取发票的结构性数据,根据开票项关键词自动匹配费用类型(交通、住宿、通信等),自动填报费用单据,转换的平均准确度能达到98%左右。

三是智能审核,发票查验。当报销单流转到会计审核环节时,报销系统借助RPA(robotic process automation,机器人流程自动化)技术实现智能审核。系统会自动对报销单据进行业务真实性检验,根据费用类型(交通、住宿、通信等)匹配规则检验,确认报销单据符合费用标准和申请单额度控制。对于增值税发票,系统能够通过智能识票技术进行查重验真,具体包括发票购买方公司抬头与当前单据公司抬头一致性检验、发票购买方纳税人识别号与当前单据公司纳税人识别号一致性检验、发票超期检验、发票加盖专用章检验、发票连号检验等票据合规性检验。

四是统一公对公结算,实现免票报销。每刻报销系统与第三方消费平台(如携程、美团、滴滴打车等)打通,能够实现将员工的消费数据如机票费、出行用车费、住宿费、餐饮费等自动导入报销系统,并实行公对公月结。由此,对企业来说,员工因公消费发生的费用真实性得到保证且数据完整透明;对员工来说,通过接入支持统一结算的第三方消费平台,员工可凭借消费数据实现免票报销,减少垫资。欧普照明公司员工报销总费用约60%的部分属于第三方消费平台费用,平台互联帮助公司大幅度提高了财务以及员工工作效率。

五是新的费用模式创新。欧普照明和每刻科技双方合作开发了一些新功能,以日常出行的私车公用场景为例,员工可以在上下车时在手机App上打卡定位,报销系统记录途经点,基于定位信息自动生成里程补贴,费用真实透明,方便员工随时随地进行报销。新报销系统在简化流程的同时能够更大程度地保证费用支出合规透明。

六是建立员工信用报销体系。欧普照明在员工费用报销系统中还创新性地引入了员工信用积分体系(如表 2-1 所示),让信用好的员工在报销环节的流程进度更快,引导员工诚信报销。系统设定员工初始信用分为 80 分,后续针对合规报销的员工在每单结束后给予信用分奖励,对虚假报销或不合规报销等行为进行扣分惩罚,基于个人行为数据对员工进行信用评价。

表 2-1　部分员工信用得分调整规则

调整原因	调整分值
虚假报销	−20
违规报销禁止报销的费用	−15
假发票、无效发票或发票金额不足	−10
手续及报销附件不完整	−5
承担部门和承担人选择错误	−2
票据金额少于系统申请报销金额	−1
报销单据粘贴不符合《报销单据粘贴规范操作指引》要求	−1
发票盖章单位名称与发票开具单位不一致	−1
发票抬头未开具公司全称或开具错误	−1

在此信用体系下,高信用分员工能够享受优先报销的便利,系统会自动缩短和简化高信用分员工的审批流程;低信用分员工的报销则需要经过层层审核,并且打款顺序靠后,整体流程耗时相对较长(如表 2-2 所示)。并且,公司会对员工信用报销进行针对性培训,培养员工规范报销意识,管理层则可以在信用台账和信用报表中查看全体员工的信用状况。信用体系的引入可以有效规范报销行为,增强互信,减少违规报销频率,从而提升报销的合规性和流程效率。

表 2-2   不同信用类别员工报销对应权益和抽审比例

信用类别	对应权益	抽审比例	加减分规则
A 类	次日付款，无票报销	低	扣分＝违规次数×扣分分数； 加分＝一个自然月内无违规报销， 月末自动加分
B 类	周付款，无票报销	中	
C 类	月付款，发票必要	高	
D 类	冻结账户，罚款	100%	

随着智能报销系统的上线使用和财务共享中心其他系统的完善，公司已经沉淀了大量交易级、结构化的数据，接下来要做的是，通过大数据技术对基础数据进行梳理和再利用，形成智能化的经营分析理念，将智能化分析应用于内控合规、财务风险管控、经营分析等领域，最大程度地发挥数据资产的价值。

在丰富数据积累的基础上，欧普照明开发了基于员工行为的舞弊预警算法模型，以此识别员工差旅标准超标、地点不符等财务报销违规信息，再结合员工其他维度，例如考勤、会议、业绩达成等数据，通过业务行为网络分析等技术组合配置，构建丰富的预警模型，展开大量复杂场景下的敏感性分析，模拟还原与真实业务行为相仿的业务场景。比如报销地点和考勤系统的打卡地点冲突，差旅时间和会议时间冲突，差旅行为和对应区域的销售业绩达成缺乏相关性等潜在舞弊行为，将被公司通过算法模型自动识别。

财务人员可以借助预警模型验证业务部门资源投入的真实性，同时能够展开更为立体、多元的资源投入和业绩达成的相关性分析，从而使得财务人员有能力对业务行为进行评价，更有助于财务支持业务，真正实现数据价值的挖掘及管理增效。

基于大量的费用数据积累，欧普照明利用大数据优化费用采购决策，借助智能费控系统通过集中比价做出最优的费用采购选择，从源头控制费用支出，有效降低公司运营成本。比如财务人员通过数据分析发现，员工们倾向于订购某一酒店集团的住宿服务，财务部就协同采购部门，争取该酒店集团的协议价，集中采购该酒店服务。

经过大刀阔斧的改革，欧普照明形成了新的费控管理流程。而在这一过程中，欧普照明的一系列创新做法尤为值得其他企业学习。

一是积极应用前沿技术。欧普照明应用了大量先进技术到新的费控流程中，比如 OCR、RPA、NLP（natural language processing，自然语言处理）、规则引擎（预算和差旅标准规则管控）、会计引擎（自动记账）等。在员工商旅报销流程中的新技术应用，有效提升了流程智能化和自动化，实现了报销流程的便捷化和高效率，起到了明显的降本增效作用；在市场费用管理流程中的新技术应用（尤其是预算引擎的使用），有效提升了市场费用管控效果和数据分析效率，达到全流程的预算强管控。

二是全流程贯通。无论是市场费用管理流程还是员工商旅报销流程，公司都实现了全流程贯通，打通了业务前端到财务后台的流程和数据链，比如市场费用管理流程做到了预算管理、事前申请、事中活动执行管控、事后财务复核、对公结算的全流程贯通；员工商旅报销流程实现了出差申请、主管审批、差旅报销、财务审核、入账结算的全流程连通。流程打通后，公司的业财数据一体化、信息透明度、流程自动化都明显改善。

三是数据洞察赋能决策。利用多维数据分析工具，欧普照明将费用数据进行细化分解，从产品、时间、终端、区域和费用投向等多维度对费用数据进行整理分析，提供多维费用看板，为业务决策赋能。公司利用大数据技术构建舞弊预警模型，自动识别潜在违规舞弊行为，降低内控风险；利用大数据优化费用采购决策，借助智能费控系统通过集中比价做出最优的支出选择，从源头控制费用支出，有效降低公司运营成本。

四是员工信用体系构建。欧普照明作为企业数字化转型的领先实践者,较早引入员工信用体系的报销管理模式,促进员工合规报销和提升员工信用文化。

五是业财融合推动费控前移。欧普照明打通内部流程壁垒,以业务、财务的"双轮驱动"共同创造组织价值。实施基于业务的全面预算管理模式,公司要求每笔业务的费用申请必须有相应的预算,并制定相应的投入产出管理标准,要求负责人复核达标后支付款项,通过费控前移解决预算与实际割裂的难题,强化业务部门的预算责任意识和自控能力。

六是推出多种降本的创新举措。欧普照明在新费控体系的迭代创新中,推出了多种降本提效的创新性举措。比如,与第三方消费平台打通实现公对公月度结算和员工免票报销、私车公用时基于打卡定位确定里程补贴、将成本节约部分奖励员工等。

三、关山难越,披荆斩棘

（一）推进难点

智能费控平台的推进难点如下。

一是员工观念转化慢。在智能费控体系的实践过程中,新系统嵌入了很多流程控制节点和控制规则,若不符合规则要求就无法提交单据。员工在初次使用平台系统时对各项操作和流程并不熟悉,尚未改变原有的申报习惯,导致新系统推行初期出现不畅现象。

二是费控前移增加业务端工作量。与传统费控体系相比,智能费控平台要求业务人员在费用申请阶段就填列费用的详细信息,比如 ROI 预估、费用归属的多维信息等;在费用的使用阶段和月末则需要对市场活动的开展状态、费用投放的进度在系统上进行及时记录。这些规范化的操作能够保证系统对费用进行自动的归类分摊,为费用的多维分析提供数据基础,并实现后端的财务自动入账,但是对各个事业部的业务人员来说,实际的填报工作量较传统费控体系下增加许多,而且系统实现了财务对业务的预算强管控,减少了业务花钱的便利性和自主性,部分业务人员认为财务在束缚业务活动。

三是标准化费控降低员工出差积极性。在使用智能费控平台后,员工的因公消费行为更加透明,业务领导及管理层能够在智能费控平台中随时掌握员工个人的费用报销行为。在此情况下,原有费控模式下员工的部分"隐性福利"空间被压缩,标准化的费控体系一定程度上影响了员工出差选择的自由度。

（二）改进措施

为使新系统平稳上线,公司采取了以下一系列改进措施。

一是系统改进和操作培训。对于员工不熟悉新系统的情况,公司充分关注员工对系统的使用反馈,并借助信息部门的信息技术开发能力,将财务制度标准指引、业务流程指引、表单填写示范等内嵌至系统的表单填写页面里,员工以点击链接的方式快速跳转到最相关的知识页面,大幅缩短了找知识的时间。这不仅方便了员工的自助式操作,也提高了业务人员的提单准确率。财务人员则在系统里进行统一的规则管理和知识管理,在交互层面做到规则透明可视,从而构建起开放、透明、可视、标准的业务运营及费用管理平台。以表单示范为例,财务人员在系统里内置了 300 多张各类示范性表单。

在系统上线的早期,公司还采取了业务员工操作培训、财务人员协助业务人员填报申请等过渡性措施,引导员工深刻认识费控改革的重要性,快速上手新系统。经过三个月的过渡期,公司员工基本适应新系统的规范流程,智能费控的便利性逐渐显现。

二是费控平台输出分析服务。对费控前移增加了业务端的工作量这一问题,公司通过共享中心向各个业务层输出数据服务来提高业务部门的满意度。通过明细化的多维数据积累,财务服务共享中心的费控平台能够为各个项目组、业务条线提供详细的费用投入产出效益复盘分析,业务层能够更好地总结业务经营情况,优化经营决策。另外,费控前移对费控管理工作在费用发生之初就进行控制,最终有利于提高费用的投入产出比,提高业务部门的绩效。

三是员工共享费用节约效益。对于员工出差积极性可能会降低的潜在风险,公司提前采取了将费用节约部分与员工分享以及会员或积分等权益归属员工的措施。举例来看,假如员工在出差时需要从机场到市区,且可以选择打车或乘坐机场大巴,打车费用为180元,机场大巴费用为20元,那么可能员工在两者都能报销的情况下会选择更为舒适的打车方案;而当公司使用智能费控系统进行分析后,公司可以采用优化方案,即如果员工选择机场大巴,则可以奖励员工80元差旅补贴,这样既可以给员工带来福利,又可以有效地为公司节约差旅开支。

四、成效显著,亮点纷呈

智能费控体系借助云平台、OCR、RPA、NLP、规则引擎、会计引擎、银企直联、税企直联、电子档案等先进技术(如表2-3、表2-4所示),重构以业财融合为主线的费控全流程,实现业财一体化,有效解决费用预算超支、费用投入产出比难衡量、报销流程长、会计处理效率低等问题,发挥财务专业性和智能技术的优势,助力企业降本增效,深度赋能管理。

表 2-3　员工商旅报销流程中的智能化应用

场景	智能化应用
事前申请	人脸/声纹识别:登录手机 App 语音交互:自动生成出差申请单
出差审批	规则引擎:内置报销补贴标准,自动预警
差旅报销	OCR 图像识别:发票识别、查验,自动匹配费用类型,自动填报费用单据
智能审核	RPA 自动审核:真伪、超期连号、重复、相近号、相近金额发票查验;超标预警 员工信用管理:员工信用分和历史违规信息 税企直联:在线发票认证
财务付款	银企直联:CA(certificate authority,证书授权)签名验签/加密,RPA 自动操作网银完成支付
财务核算	会计引擎:自动生成会计分录,自动入账 电子档案:凭证自动分类归档

表 2-4　市场费用管控流程中的智能化应用

场景	智能化应用
事前申请	人脸/声纹识别:登录手机 App 语音交互:自动生成申请单
主管审批	规则引擎:内置投入产出比规则;预算规则管控
过程管控	规则引擎:预算额度规则管控
智能审核	RPA 自动审核:真伪、超期连号、重复、相近号、相近金额发票查验;超标预警 规则引擎:与申请单匹配,ROI 对比,预算规则审核 税企直联:在线发票认证
财务付款	银企直联:CA 签名验签/加密,RPA 自动操作网银完成支付
财务核算	会计引擎:自动生成会计分录,输出会计凭证并推送至会计核算系统 电子档案:凭证自动分类归档

拓展阅读

费控管理新技术的介绍

1. 财务机器人

RPA 即机器人流程自动化,是指通过模拟人类在计算机界面的操作,按照规定的规则来自动执行相应的任务,以达到代替或辅助人类来完成重复性工作的一种自动化流程软件,也被称为数字员工。RPA 虽然有机器人三个字,但是它不是机器人的实体形态,而是一种内嵌式的软件程序,尤其适用于简单重复机械式的工作流程,具有 7×24 小时不间断工作、不改变原有 IT 体系、快速部署的特点。财务机器人是 RPA 在财务领域的应用,可以实现数据检索与录入、图像识别与转换、跨系统上传与下载数据、数据分析等多种功能,能广泛应用于费用报销、采购到付款、总账到报表、税务等流程上。例如在税务流程中的纳税申报,RPA 机器人可以根据财务共享中心系统生产的税务报表,在国家税务系统上完成从登录到申报的各项填报操作,过程中无需人工参与操作。

2. 光学字符识别

OCR 即光学字符识别,是指通过图像处理和模式识别技术对图片中的光学字符进行自动识别,并将自动识别的文字录入到电脑中的软件技术。对于纸质票据或图片,OCR 无需人工键盘输入,便能自动识别和提取其中的关键文字信息,从而解放了人力。在财务领域,OCR 技术可以用于纸质票据信息的自动提取,帮助员工自动填单。

3. 自然语言处理

自然语言处理主要研究能实现人与计算机之间用自然语言进

行有效通信的各种理论和方法，主要应用于机器翻译、舆情监测、自动摘要、观点提取、文本分类、问题回答、语音识别等领域。

4. 会计引擎

会计引擎（accounting engine）是介于业务系统和财务系统之间的数据转换器，其内置转换规则，通过接口接收前端业务系统提供的业务数据，根据转换规则自动生成预制记账凭证，并将预制凭证传送给后端核算系统，生成正式记账凭证。通过会计引擎企业可有效实现会计凭证生成的全程自动化，并可以与多厂商 ERP 核算系统对接，提升业财信息转化效率，进一步推动企业业财融合。

5. 银企直联

银企直联是一种新的网上银行系统与企业的系统在线直接联接的接入方式，通过互联网或专线连接的方式，使企业的内部系统（如财务系统／ERP 系统／结算中心／电子商务等）与银行业务系统实现对接。企业无需专门登录银行系统，就可以利用自身系统自主进行查询、转账、资金归集、信息下载等操作。

（一）新场景一：市场费用管理

市场部的小吴兴致勃勃地向马程汇报："马总，这是财务部门为市场部统计的上月各区域、各品牌广告投入情况，所有的广告投入产出比均达标，不仅如此，上月市场部预算还有结余。"

马程仔细看着广告费分析报告，欣慰地说："公司智能费控改革成效显现，过去广告费支出成效全靠我们经验估计，部门预算总是超支。如今，我们从事前申请环节控制费用支出，要求负责人填报预计投入产出比，大大降低了预算管理难度。通过多维大数据看板，我们能清晰地查看各区域、各品牌、各渠道广告费投入产出比情况，多维深度分析帮助我们优化营销方案，实现科学决策。"

（二）新场景二：员工费用报销

智能费控体系上线运行后，销售代表小刘高兴地与同事们交流道："现在的报销既高效又快捷，拿个手机几分钟就能搞定报销提单。"

"是啊，像机票费、火车票费、打车费等甚至做到了免票报销，无需垫支资金，公司还将差旅费节约部分的一半以差旅补贴的形式奖励给我们，真是省时省力省钱。"销售部小李激动地回应道。

费用会计小张月初 2 日就将上月的费用分析报告交给韩哲，韩哲认真阅读后，面露喜色："小张，这次的报告提交很及时啊，与改革前比较，公司私车公用降低用车成本 60% 以上，差旅交通成本、酒店住宿成本降低 10% 以上，降本增效成果显著。报告中费用按部门、产品、地区、费用类型等多维度进行汇总，赋能业务的精细化管理。"

小张笑逐颜开："这一切还要归功于智能费控平台。新系统大幅减少了财务人员在传统费控体系下的审核工作、记账工作和业务人员的反复退单情况（如图 2-4 所示）。目前，员工单据提交的退回率已经从原先的 20% 下降至 5%，财务部门用于发票查验的时间减少约

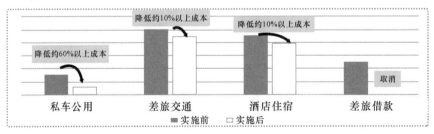

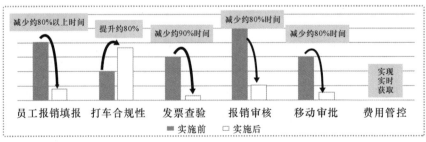

图 2-4 智能费控体系的降本增效作用

90％,报销审核的时间减少约 80％,我们终于有精力进行财务数据分析与经营决策支持了。"

仅从上面两个场景的简单对话交流中,我们就可以看到,欧普照明智能费控体系建设是财务数字化转型的成功实践。归纳总结起来,欧普照明取得了三方面的显著效果(如图 2-5 所示)。

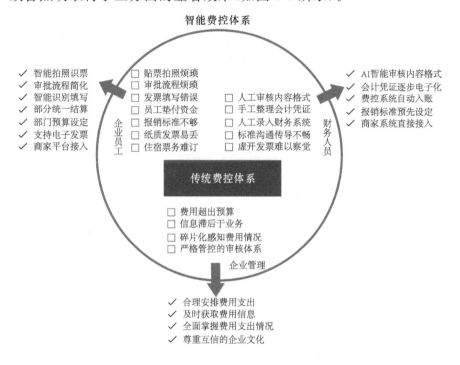

图 2-5　智能费控体系的作用

首先,欧普照明实现了降本增效。具体表现在:员工报销流程简化,从以前的 5—10 分钟到现在以秒来计算,员工报销效率得到提高;财务人员重复性工作减少,公司财务部门人员在费控平台中搭建财务规则,借助 RPA 技术实现自动管控,通过在系统中设置多维度不同场景不同活动的报销和补贴标准,实现当员工报销的单据超过报销标准时,系统自动预警。智能费控平台减少了大量的机械低价值工作,帮助财务人员将精力投入到更具价值的财务分析和决策支持中去。

其次,欧普照明的管控能力提升,促进决策优化。具体表现在:强化预算管控效果,公司在市场资源费用管理中强化了预算的事前管控和过程管控,提高费用投入产出比的分析和管控效率;优化费用采购决策,公司借助智能费控系统通过集中比价做出最优的支出选择,从源头控制费用支出;优化费用投放决策,公司通过多维费用看板数据,帮助各级经营层深入分析费用的投放效果,及时优化资源投放决策。

最后,欧普照明还取得了一些溢出效果。一是员工满意度提升。通过员工报销全流程管理,公司实现了对于常见费用如住宿预订、出行用车等实行对公支付,员工无需垫付,因而大幅提升了员工满意度。二是企业信用观增强。公司严格执行信用系统,信用分不仅适用于财务流程,也纳入员工的考核评价以及职业发展影响因素,有利于加强企业信用文化建设。三是业财数据得到沉淀,为数据分析提供基础。四是实践环保理念。直接与第三方支付平台的连通减少了打印纸质发票和单据的需求,加之电子档案的使用,公司内各部门逐渐形成绿色环保理念。

五、总结经验,畅想未来

智能费控体系正式上线后,企业召开了总结大会,董事长王耀海笑容满面地说道:"智能费控体系建设取得了阶段性成功,不仅解决了'沉疴旧疾',还做到了降本增效,提高了公司整体的费控水平。首先,我要感谢大家为智能费控建设做出的不懈努力! 其次,我也希望大家及时总结经验,为我们公司费控体系的优化升级再提提意见。"

财务部负责人韩哲微笑着说:"我先来谈谈建设经验。第一点,管理层与员工的双向监督在建设中发挥了重要作用。自上而下的战略性重视是智能费控平台建设的重要推动力。在员工层面,我们一年至少开展两次员工使用意见的调研活动,不断收集员工的反馈意见,这对费控体系的优化有重要意义。第二点是智能费控体系做到了持续功能迭代。在建设过程中,我们要求系统具有很强的可延展性,根据新的需求逐渐优化费控平台的功能,以较高的灵活性适用于不同的业务场景、新的业务场景。"

王耀海总结道:"这的确是好经验,值得继续推广。虽然我们的费控体系建设取得了一定的成功,但智能化程度还远远不够,大量的数据资产仍在沉睡中。智能费控体系建设任重而道远,我们要坚持不懈持续推进,加强业财融合,助力公司全价值链运营能力提升。"王耀海话音一落,会议室里响起热烈的掌声。大家干劲十足,对欧普照明财务数字化的未来满怀信心与期待!

总结经验,公司才能积蓄更多力量;居安思危,公司才能走向更远未来。欧普照明基于费控管理智能化现状与已有实际经验,准备从以下三方面入手,持续优化新费控管理流程。

一是提高免报销场景比例。目前,欧普照明已经对部分费用如机票费、出行用车费、酒店住宿费等实现对公采购支付。未来,欧普照明将继续拓展报销生态,将用餐、补助福利、办公用品采购等日常消费频次较高的活动也通过平台采购实现统一开票结算。运用数据分析,欧普照明在采购商品时可以进行比价议价,通过公司整体的统筹,降低采购成本。

二是提高自动化流程的覆盖比例。目前,欧普照明的费控流程使用了较多的 RPA,实现了智能审单和自动记账、结算对账,通过 RPA 有效提高了工作效率。未来,随着区块链等智能技术的发展应用和公司数字化水平的提高,更多的 RPA 机器人将被开发运用到费控流程中,自动化流程的覆盖比例将会继续提高。比如,付款审核机器人、自动归档机器人等将被开发运用。

三是进一步挖掘数据价值,赋能企业决策。数据的价值在公司数字化转型的过程中越来越突出,财务共享中心已经成为公司业财数据、内外生态数据汇聚的数据中心。未来,欧普照明准备将数据挖掘技术和大数据分析技术继续应用于费控领域,通过建立数据模型,将积累的大量内外部相关的数据,如业务信息和行业数据进行整合分析,并利用数据挖掘技术充分发挥多维度组合数据的价值。对费控数据的分析未来将在公司费用优化决策、业绩考核、风险防控等多方面产生效益。

拓展阅读

费控管理发展阶段

1.0 手工报销阶段:人工做账、实物审核

这一阶段属于比较原始的企业财务管理模式,其特点是高投入低产出、体验差、对企业资源消耗大。费用报销由员工个人垫资支付,每笔消费的确认、改动、取消也需要员工亲自操作,相关部分审批采用手工批复的方式,且受时间或地域问题影响较大。

2.0 网报系统阶段:报销流程化、核算电子化

公司在 2.0 阶段中实现了将报销流程由线下搬运至线上,由此打破了时间与地域对报销的阻碍,报销完成后可以自动生成会计凭证,单据数据可在线上保存。该阶段虽然实现初步电子化,但仍然存在不足之处:依靠"经验"进行财务预算;报销单据仍需要人工确认、检查,归档依赖财务手工装订;数据统计完全依赖手工完成的事后报表。

3.0 移动报销阶段:移动申请、便捷报销

在这一阶段,企业实现了通过集成供应商连通费用管理链条,企业费控的厂商与供应商能够直接对接。在日常报销中,员工无需垫资,也无需管理票据,系统能够迅速响应员工报销需求,电子凭证自动归档。报销效率大幅提升,能够处理常见应用场景中的

报销问题,但部分低频供应商仍需要人工进行零散对接。

4.0智能费控阶段:消费场景融合、AI智能应用

在此阶段中,企业形成了全链路的自动报销体系,聚合消费平台实现同屏比价,统一票台、服务、账户、数据等四个方面。企业在聚合商城统一消费,事后平台统一开具票据;消费数据向前匹配预算要求,并向下对接会计账目,自动完成对账;通过"员工提前申请＋公司授信员工"的方式覆盖非平台商家,实现全场景下员工无需手动报销。

第三章　方太集团 ERP 系统升级再造的艰辛探索之路[①]

　　方太集团(以下简称方太)的管理信息化建设已有多年历史,随着企业信息管理要求持续提升、业务模式不断更新,各系统原有的架构及开发技术遇到了优化瓶颈,已经无法满足业务发展需求,阻碍了业务的执行效率,甚至影响到了公司管理层的经营分析和战略决策。为此,方太开展了信息化升级改造工作。本章从该项目的两位具体执行负责人朱福县和汤飞翔的视角出发,从信息化管理存在的问题、项目团队筹备组建、内部预研、软件选型、挑选业务合作伙伴、识别 ERP 项目风险、系统切换、管理 ERP 项目干系人等方面,具体描述了方太 ERP 系统升级再造艰辛探索过程中的一些关键事件。

　　中国约有 14 亿人口,厨具作为家庭必需生活用品,市场空间极其广阔。20 世纪 80 年代以来,经过几十年的发展,厨具行业从快速增长到逐渐成熟。近年来,在国家政策退出、消费需求不足的形势下,中国家电市场能够实现规模与利润双增长的领域并不多见,而厨房电器正是在规模和利润上实现双增长的特殊领域,连续多年保持着 15% 以上的年增长速度。随着中国国民经济快速稳步增长,城镇居民的住房需求发生重大变化,对相关产业包括厨具产业的发展产生了较大拉动作用。同时,广大农村市场有待开发,加上城市居民更新换代的需求,厨

---

① 本章作者为尚运娇、许小东。

具的需求量将保持稳步增长势头,并且市场将呈现出高端化发展趋势。

方太自 1996 年创立以来,一直专注高端厨电领域,多次开创行业先河。公司以行业前沿技术、设计、制造水平和高质量产品与服务,赢得了众多中国家庭的选择,稳居高端厨电领导地位。方太拥有超过 700 项国家专利,其中发明专利 100 多项,技术专利数量超过行业第二名至第十名的总和。权威调查机构数据显示,方太在高端厨电市场占有率接近 50%,已经实现了十连冠,同时在品牌第一提及率、购买首选率、品牌认知度等关键指标上,在行业内遥遥领先。以油烟机为例,2015 年高端油烟机市场各品牌占有率排名中,方太以 45.43% 的比例高居第一,大幅领先其他品牌。

随着信息化技术发展和企业改革不断深入,管理信息化已经成为方太提升竞争力的重要手段。公司充分利用现代信息技术,在管理的各个环节分别建立信息网络系统,使企业的信息流、资金流、物流、工作流获得集成和整合,实现资源的优化配置,进而提高企业经济效益和竞争能力。

由于早期缺乏信息系统建设的统筹规划,公司的销售、生产、研发、财务等部门纷纷搭建信息系统,但如今在系统架构及开发技术方面都遇到了优化瓶颈,并且已经无法满足业务发展的需求。方太部分主要系统的功能模块如图 3-1 至图 3-4 所示。

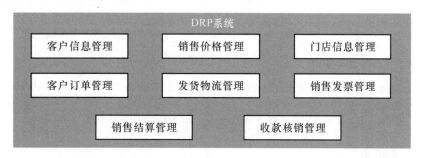

图 3-1　方太 DRP 系统功能模块

图 3-2　方太 MES 功能模块

图 3-3　方太 PLM 系统功能模块

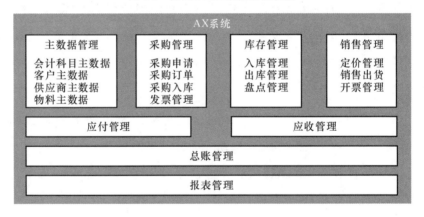

图 3-4　方太 AX 系统功能模块

一、问题诊断

朱福县于 2002 年加入方太财务业务线，在方太任职有十多个年头了。他工作兢兢业业，颇有建树，凭借出色能力出任方太财务总监。成为财务总监后，朱福县就意识到方太的信息化改造是一个亟待解决的重要问题。随即,他向集团提出了信息化系统升级改造的建议,并成为方太信息化系统升级改造负责人之一。

2016 年某日,朱福县彻夜难眠,因为次日他将奔赴方太厨电部署在三个不同城市的分公司,现场指挥 ERP 系统上线切换工作。天微微亮,他便起身,早早来到财务副总裁张崇明(化名)的办公室前静静等候。出发前,他需要和张崇明再次汇报本次方太 ERP 项目的具体工作安排和面临的风险。其实就在前一天,项目组已经召开了 ERP 系统上线动员会,会上对项目的整体进度和工作情况做了详细汇报,主要风险识别和应对措施早已明确。但是朱福县心里很清楚,ERP 项目切换工作除了技术上的难题要攻克,人的影响因素更难把控。他早早来到张崇明的办公室前等候,就是想单独和张崇明谈谈,希望能带着集团财务副总裁授予的"尚方宝剑"前往分公司进行系统切换。在等候张崇明到来的空隙,朱福县不由得回想起集团 ERP 系统升级再造项目的艰辛探索之路。

作为财务方面信息化建设的长期牵头人,朱福县对方太的信息化建设历程非常清楚,他深知经过十多年的发展,各个系统已经趋于老化,阻碍了业务的执行效率;同时各系统之间相互分离,数据口径不一致,常常出现各部门提供的业务数据不一致、相互推卸责任的情况,这已经严重影响到公司管理层的经营分析和战略决策。于是,就在上任之初,经张崇明同意之后,朱福县向分管集团信息化工作的何以安(化名)做了书面报告,分析了方太信息化现状存在的问题,同时提交了一份信息化改造立项申请。

几天后,朱福县便被何以安邀请到办公室,一进办公室,他就注意到还有一个新面孔。何以安带着标志性的淡淡笑容,开场介绍道:"朱总,这是我们集团刚刚上任的信息总监汤飞翔。你发送的关于信息化建设的邮件我已经转给了汤总。你在信息化方面的认知和重视程度,我和汤总都十分认同。我们也具体讨论规划了集团信息化工作的目

标。我不说你也应该清楚汤总加入我们方太的深远意义吧!"朱福县
与汤飞翔对视了一眼,此时此刻,大家似乎都明白了接下来要干的事,
激动地相互握手致意。

汤飞翔加入方太仅几周的时间,他之前有 20 多年大型集团信息
化建设的成功经验。汤飞翔知道,对于已经有了 10 多年信息系统使
用经验的企业来说,要再对信息系统进行升级改造,是相当有挑战性
的。不像他之前主导实施的信息化项目,大多是在信息化建设空白的
基础上实施,信息部可以主导项目、带着业务部门走。这次是信息系
统的升级再造,各业务部门对信息系统的运行理念已经非常了解,并
且也有了一套自己对信息化建设的认知和期望。牵头人必须充分搞
清楚目前的业务需求、厨电未来发展趋势,以及当下信息化系统所面
临的问题。只有弄明白了这些,才能够更精准地把握需求,本次信息
系统升级再造项目的目标才会更清晰。

汤飞翔首先召集信息部各中心经理,让各中心经理汇报目前各中
心所负责的工作,以及方太信息系统搭建和使用过程中遇到的问题,
并就新的信息系统建设问题进行了深入讨论。在汤飞翔的鼓励下,各
个系统的负责人都畅所欲言,指出了存在的问题,提出了自己的想法。

DRP(distribution resource planning,分销资源计划)系统中心朱
明(化名)是所有中心经理中看起来最为憔悴的一个,也是所有中心经
理中开发技术最强的,他看似不急不慢的语气其实充满了忧虑:"当前
使用的 DRP 系统是在第三方平台的基础上,根据方太管理需求二次
开发出来的系统。从 2007 年第一家营销分公司实施,到后来的全国
两百多家分公司的推广,我们花了三年多的时间。2013 年公司启动
二次优化项目,花费一年多的时间优化改造系统,客户需求基本能满
足,系统运行还算稳定。但是由于和其他系统之间缺乏有效的对接,
库存信息和财务信息共享不及时,因此经常会出现货物库存不精准、
调拨不及时、回款核销错误等情况,影响到分公司对客户的发货。客

户投诉分公司,分公司又将问题提报到总部,总部各产销部门之间又是相互推卸责任,最终矛盾点还是落到了系统上。每到月底,系统之间的对账都要消耗大量的人力,业务部门甚至还要拉上我们中心的技术人员一起导数据查问题,导致我们中心的技术人员压力很大,做得很辛苦,但还是经常遭到业务部门的投诉。"

MES(manufacturing execution system,制造执行系统)中心的陈兵(化名)更是有一肚子的苦水要倾诉,他激动地把话抢了过来:"说到工作苦、累还投诉多,我们 MES 中心就更是苦不堪言啊!方太的MES 也是在第三方平台基础上二次开发的产品,从 2009 年开发实施到现在,每隔两年就要优化一次。但是每次优化都是局限在 MES 本身,和其他系统的接口没有打通,数据不共享,信息传递不及时也不准确。就比如南昌分公司上个季度的要货计划里 MT103 是 210 台,明明在途库存有 92 台,但是这个信息没有传递到工厂这边,导致生产计划排产任务重不说,生产出来了分公司那边又消化不了,就只能暂时积压在总部仓库里。"

这些苦水,汤飞翔都一一记在了本子上,他注意到 AX^① 系统中心的张磊(化名)没有讲话,但是紧皱眉头,一直跟着摇头叹气。于是汤飞翔点名请他发表一些意见。张磊苦笑了一下说:"其实我们中心是最没底气抱怨的,其他中心的系统都是内部二次开发的,并且还经常做优化,对用户的需求都能及时地响应。可是 AX 系统就不是这样了,AX 是成熟标准化 ERP 系统,软件的优化和升级都是要依赖 AX原厂商或者合作商,我们内部运维人员最多只能做些查询报表开发情况和系统操作培训的工作。2006 年 8 月系统实施上线,当时主要是为了满足财务核算的需求。MES、DRP 系统实施的时候,都是各业务部门自己牵头做的项目,加上 AX 系统内部开发能力弱,就没有考虑和

---

① AX 即 Microsoft Dynamics AX,是由微软推出的企业资源规划软件。

AX 系统做对接。随着各外围系统逐年优化完善,AX 系统反而成了拖后腿的关键因素了。整个公司的库存管理及核算信息都在 AX 系统里,MES 里的物料投入产出信息需要工厂人员手工录入到 AX 系统中,同时货物需求和订单出货信息也是由各分公司销售助理先录入到 DRP 系统中,然后总部物流计划部人员再将 DRP 系统的数据导出,经整理之后再手工录入到 AX 系统中。这样的数据交互方式,其及时性和准确性都是难以保证的。所以就有了前面朱经理和陈经理的苦恼,可是我们 AX 系统中心却什么也做不了。AX 已经有十年没有升级了,系统本身对于很多财务核算需求也是无法满足的,比如产品的成本核算,现在只能核算到整个月的产品成本,对于精细化的工单成本核算实现不了。比如洗碗机,4 月 AX 系统核算出来的成本比预算成本高出六个点,财务最多只能分析到料工费(材料费、人工费和制造费用)哪一部分成本高出来了,但是由于没有更细的数据可用来分析问题,因此到底是原料采购、物料管理、人员效率、机器产能还是别的哪方面出了问题,财务无法提供有效准确的数据来佐证,在供应链的经营改善月度会议上也只能由工厂管理人员自圆其说了。其实财务部门近些年来一直想转型,从核算型财务转为管理型财务,但是精细化的数据分析是基础,所以他们对我们的抱怨很多,甚至都不再对 AX 系统抱以希望,很早就想换掉了。"

会议讨论了四个多小时,已经到了下班时间,还有负责 PLM (product lifecycle management,产品生命周期管理)系统的胡志远(化名)没有发言。汤飞翔没有一点要散会的意思,他让胡志远继续说说 PLM 系统的运行情况。胡志远看似是几个经理中最轻松的,但是又有点尴尬:"其实 PLM 系统使用部门相对比较集中,主要就是研发人员在用,用于管理产品研发过程,和其他系统之间的数据交互比较少,目前用户反馈的问题不多。"

汤飞翔倒是一点都不觉得 PLM 系统的问题简单。他若有所思地

问道:"目前,我们公司产品的 BOM(bill of materials,物料清单)数据
是不是在 PLM 系统中管理的? BOM 数据又是如何流转到生产工厂
的呢? 如果 BOM 数据有变更,变更流程是怎么样的? 是如何通知到
工厂的呢? 研发一个新的产品,成本估算是如何实现的? 财务部门在
新品的市场定价中是如何决策的?"这一连串的问题不仅仅是提给胡
志远的,也是提给在场的所有系统的负责经理的,大家都沉默了。汤
飞翔站起来说:"好了,今天会议就到此为止,讨论非常充分,谢谢大
家。今天耽误了大家下班的时间,我感到非常抱歉。方太的信息化工
作任重而道远,希望我们今后能做得更好。"

信息部各中心经理的大倒苦水,反映出方太进行 ERP 系统升级
再造已势在必行。那该如何着手呢? 或许公司可以从以下几点出发。

第一,明确企业发展战略。方太想要不断扩展业务,并在 2017 年
实现"百亿"战略目标,就必须重视信息化建设。信息化作为管理思想
的重要载体,可支撑企业高效运作、进行精细化管理并为企业提供准
确的数据分析。优化企业信息化建设是实现集团战略的重要工作
之一。

第二,明确信息化建设需求所指向的问题。方太原先的信息化建
设没有统一规划,各大系统分别由各业务部门自行开发建设,各系统
之间相互割裂,数据口径不一致,给企业精细化管理、快速准确决策造
成了管理矛盾。在集团层面统筹规划信息化建设路径、技术实现架构
是信息化建设的基本原则;打通各业务系统的数据流,为集团战略决
策快速提供统一准确的数据是信息化优化建设的最终目标。

第三,明确信息流转关系。公司可抽调各业务部门的精兵强将成
立项目预研小组,对销售、研发、供应链、财务等部门进行访谈,梳理公
司业务流程现状。

第四,明确重要决策节点的分布。项目预研小组在公司流程梳理
的基础上,对影响流程运行效率、数据交互准确性的因素和存在内部

管理风险的环节进行梳理并优化方案。

第五,明确业务的发展趋势。项目组结合公司行业内外部的发展机遇及挑战,并通过对各业务部门的访谈,进行未来业务蓝图设计。两位执行项目经理带领项目组结合当下信息技术的发展,制定符合方太业务价值链的信息系统架构。

拓展阅读

企业信息化建设需求分析及项目可行性原则

国内管理咨询公司 AMT 信息化管理专家团队研究表明:我们可以通过审视信息化建设工作的目的和价值,来锁定企业信息化建设需求中的根本性原则。

1.明确企业发展战略

企业信息化建设是一项系统工程,它有一定的发展阶段和顺序,须循序渐进,在建设过程中也要面对观念、体制和机制的不断转变。信息化工作作为企业发展过程中重要的管理基础,需要根据企业的整体发展战略有目的、有计划地进行。因此,信息化部门应当与企业的高层管理人员一起,站在企业全局的高度,根据企业的发展战略和具体情况,对信息化建设需求进行梳理并统筹规划,保证企业的信息化建设工作能够有序地开展。

2.明确信息化建设需求所指向的问题

企业的信息化建设需要极力避免的一个局面,就是"为信息化而信息化",更不能以特定的技术或系统的实现来衡量企业是否信息化。每个企业的运营方式都存在区别,信息化部门需要更多地将信息化的工具与企业运营中产生的实际问题相结合,这样才能把信息化的工具变成各个业务部门都喜欢的工具,因为信息化能够切实解决问题。

因此，信息化部门在明确信息化建设需求的时候，需要以问题为导向，对业务部门提出的需求要刨根问底地弄清楚：需求指向什么问题？能解决什么问题？以此为依据来判断业务部门提出的信息化建设需求；对于提不出需求的部门，也应当本着共同研究的态度，与业务部门一道分析运营中可能存在的问题以及问题相对应的解决办法，以此来引导出业务部门的需求。这种行动也可以让那些觉得事不关己的业务部门感受到信息化部门是能够解决他们问题的朋友，从而改善对信息化的态度。

3.明确信息流转关系

信息的流动性，是信息最重要的属性之一，在企业的信息管理工作中，最重要的目的之一就是要确保正确的信息流转到正确的业务节点上。

为此，明确企业信息化建设需求的一个重要前提就是要明确这些信息的流转关系。而信息的流转是以业务流程为载体的，因此，明确信息流转关系的直接工作，就是与业务部门共同了解业务流程，借此明确信息的流转关系。

4.明确重要决策节点的分布

在谈到信息化给企业带来的价值的时候，大部分人都能够理解信息化的价值是"提高效率、降低成本"，但这并不是信息化给企业带来的最大价值。因为即便是在开展了信息化建设工作之后，信息本身也不能够创造价值，只有在企业的管理人员通过信息化的手段及时获取了正确的信息并做出了正确的决策后，才能够为企业创造价值。

也就是说，信息化给企业带来的最重要的价值和作用，是为企业管理运营过程中的重要决策提供及时的、正确的信息支撑。因此，信息化部门需要在业务部门的帮助下，深入地了解企业运营中各个业务领域、各个层级的关键决策点,这些决策点将是信息化建设需求的重要来源。

5.明确业务的发展趋势

再来看信息系统与业务之间的关系,信息系统常常被理解成一个对业务进行支撑的角色。基于这样的理解,很多信息化建设需求就不能够被正确地发掘出来。

信息系统不仅仅对业务提供支撑,也能对业务起到规范和稳固的作用。对于企业来说,只有以相对稳定和成熟的业务作为基础,才能够成功地进行信息系统建设。因此,企业各项业务的发展情况和趋势,是明确信息化建设需求的重要参考。对于业务部门提出的信息化建设需求,企业决策者应当根据该业务领域目前的情况做出判断,避免因为业务的不断变动而对信息系统产生大量的变更需求。

管理咨询公司 AMT 信息化专家研究表明:上述"五个明确"能够帮助信息化部门更好地发掘企业的信息化建设需求。[①]

二、预研和规划

(一)成立项目管理委员会和专职项目组

信息化建设的成功需要领导不遗余力地坚定支持,运营副总裁何以安非常清楚这一点,于是他做出了一个决定,并经公司批准,在集团层面成立信息化建设项目管理委员会,成员由集团运营副总裁何以安、供应链副总裁陈然(化名)、财务副总裁张崇明三大业务分管总裁担任。这样在人员选拔和重大跨业务流程的决策上,项目管理委员会

---

①　参见:《AMT 咨询:五步明确法助力企业正确判断信息化建设需求》(http://www.toberp.com/html/support/11121821626.html)。

可以给项目工作提供强大的力量和资源支持。同时集团任命朱福县为业务项目执行负责人,汤飞翔为技术项目执行负责人,通过两人在业务和技术层面的相互合作,更好地将项目推行落地。

项目组成员的能力水平是确保整个工作成功开展的基础。以往开展信息化项目时,为了不影响业务的进行,业务部门往往是派一些人员兼职性地协助信息部做项目,并且派的人员很多都是业务上的新人,这就导致以往的信息化项目工作效率低,完成后由于不适用而反复地修改补漏。

朱福县和汤飞翔向项目管理委员会提出,必须从业务部门挑选业务骨干参与项目,并且脱离原岗位,专职到项目组工作。在项目管理委员会三大副总裁的支持下,这件非常难办的事情最终顺利办成,两位项目执行负责人分别从财务、供应链制造和采购、计划物流、仓储物流、研发等部门挑选了业务骨干 24 人,加上信息部 IT 人员,共 32 人,成立了专职的 ERP 项目小组。由于项目组成员来自公司各个部门,各自归属不同、习惯不同,为了强化领导力度,两位项目执行负责人又向项目管理委员会提出项目组成员由公司独立考核绩效,得到了公司管理层的批准。

(二)内部预研工作

汤飞翔向朱福县建议,向公司申请一个大办公室,将项目组的 32 名全职人员聚到一起办公。朱福县表示:"我在项目管理方面经验不多,项目管理方面的要求都按照您的要求做,无需商量!"得到朱福县这位元老的信任,汤飞翔很是感动。刚开始,业务部门的人员对集中办公的工作方式很不适应,来到项目组的第一天,财务部负责成本核算的白明辉(化名)就质疑道:"项目还没有正式开始,也没有外部供应商的专业资源,就我们公司内部人员脱离原来的工作集中到这里来,怎么开展工作呢?又能做出什么成果呢?"

　　白明辉这么一问，一下子把大办公室的气氛弄得有点紧张，有同样困惑的一些人也开始小声议论起来。汤飞翔从容地拍了拍手，提醒大家把注意力集中到他的讲话上："明辉的提问很好，我相信在座很多人也有相同的问题。是的，现在是项目的预研阶段，我们不需要外部供应商的支持，因为我们的预研工作就是要把我们的现状梳理清楚，把问题找出来，把希望改善的点提炼出来，并且如果我们能讨论出问题的解决方案，就达到我们本次项目预研的目的了。会后，我会将预研工作的详细计划发给大家。接下来的日子，大家会很辛苦，希望大家努力合作，交出一份满意的项目预研'成绩单'！"

　　汤飞翔自己先做起了培训老师，首先教授大家项目管理理论，毕竟大家之前都是在公司的各个岗位，工作方式和习惯各不相同，汤飞翔通过项目管理理论的培训，统一大家的工作沟通方式；其次培训大家 VISIO（微软旗下绘图软件）流程制作工具的用途，规范流程图中各种图标的使用；最后给大家布置了项目组的第一个工作任务——把各自部门的所有业务流程用 VISIO 画出来，并做好业务流程详细说明，如有不清楚的业务，最好是能够深入到各个岗位上进行调研完善。给业务现状画流程图对于大家来说再简单不过了，毕竟，项目组的每个成员都是业务部门的精兵强将，一个月后，大家都按时完成了任务。

　　关于第二个工作任务，汤飞翔要求每个业务流程的负责人将自己梳理的业务流程向项目组成员进行详细解说，然后让大家对此流程进行提问，同时讨论解决问题的可行方案。以往大家在工作中处在不同的岗位，只能接触到岗位自身的业务，对于业务流程只能感知到不合理、效率低，却找不到根本原因。通过在项目组中对业务流程的整体学习，大家很快就找到了以往工作中出现问题的关键影响因素。就这样，项目组成员每天在会议室进行头脑风暴，讨论激烈的时候甚至有种摩拳擦掌的气氛。白明辉在一次生产计划管理流程的讨论中感慨发言："我在方太做成本核算有七八年了，自以为自己对供应链制造的各个环节已经很熟悉，但是经过和大家的讨论交流，我才意识到自己还有很多不清楚的地方，对生产管理前端业务还有很多不了解，只有在对前端业务深入掌握的情况下，才能把后端财务成本核算做精细。我很庆幸能加入项目组，可以全面又细化地了解公司的现状，学习到很多不同岗位的专业知识，同时也对我自己提升成本管理能力有很大的帮助。"这一番发自内心的感慨得到了项目组成员的一致认同，大家都不由自主地鼓掌。

最后大家又将一个个独立的业务流程进行端到端的串联，找出流程中冗余、效率低、有风险的节点进行标记，并内部讨论出优化方案。经过六个多月的调研和梳理，项目小组产出了供应链业务流程 78 支、财务流程 23 支、改善优化建议 203 个。朱福县看到这些成果，内心充满了感慨。他知道，这些成果不仅仅代表着项目小组成员的心血，也意味着项目小组成员的历练与成长，更是信息系统升级再造项目成功的基石。通过项目内部预研工作，朱福县对汤飞翔的认知和信任又进一步提升了。

（三）业务部门调查访谈

在项目预研的同时，项目组还全面走访了销售、研发、供应链、财务等部门，现场了解信息化系统使用的情况。他们发现，情况很不乐观，各业务部门对当前的信息化现状抱怨很强烈，主要矛盾体现在产品成本精细化核算、产销协同、市场预测等方面。更让汤飞翔感到焦虑的一个业务模块就是近三年快速成长起来的电商业务，其信息化建设更是一片空白。多系统又相互孤立的信息化格局让汤飞翔意识到，必须全面重构方太信息化管理架构。他总结了原有信息化系统存在的问题：首先，原有信息化系统都是基于各业务部门的需求开发建设，各部门间割裂非常严重，需要通过新的流程设计和数据流转将各部门上下游打通；其次，由于原有信息化系统受到早期开发技术的限制，因此很多新的功能和管理要求无法满足,技术上限制了系统继续优化的空间;最后是系统越来越集成,数据量越来越大,方太传统的底层平台,无论是网络(局域网、广域网),还是传统 IDC(internet data center,互联网数据中心)的存储能力、处理能力,都已经非常薄弱,必须重新架设才能满足新系统的安装运行要求。方太信息化建设的难度已经远远超出汤飞翔的预估,但汤飞翔明白,只有知难而上,实实在在地解决好面临的每一个问题,才能真正满足集团未来发展对于新架构的信息化系统的要求。

(四)确定信息化系统的架构

在内部预研工作成果的基础上,两位项目执行负责人带领项目组进行头脑风暴,结合内部预研成果,规划出基于业务价值链的方太前、中、后台系统架构(如图 3-5 所示),然后进一步将需求模块列出(如图3-6 所示),最后将每个业务划分到各大业务系统,得出系统架构(如图3-7 所示)。基于此信息化建设方案,后台建设是整个信息化架构的基

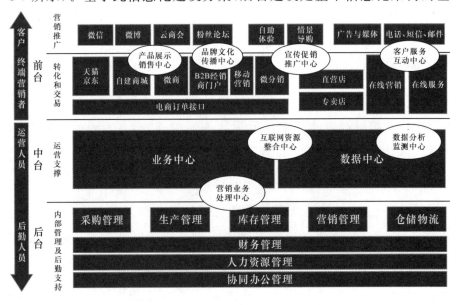

图 3-5　方太前、中、后台系统架构规划

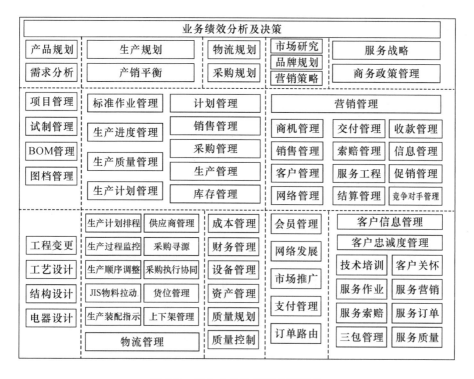

图 3-6 方太业务价值链功能模块

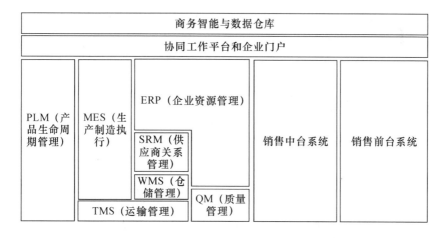

图 3-7 方太业务价值链系统规划

础。根据方太信息化系统的现状,升级再造肩负着 ERP 重任的 AX
系统是首要工作,而能否打通与其他系统间的数据信息对接渠道以及提升产品精细化成本核算能力,是决定本次信息化系统升级再造成功与否的关键指标。于是 ERP 升级再造项目便在项目组大半年的内部预研成果基础上,正式启动了。朱福县和汤飞翔继续合作,方太确定将集团生产总部和具有代表性的三家分公司(上海分公司、广州分公司、南昌分公司)作为本次项目试点。

三、项目实施

(一)软件供应商的选择

在选择 ERP 软件供应商的时候,两位项目执行负责人带领项目小组成员专门就此问题进行了一番讨论。议题很明确,是在 AX 系统上进行版本升级改造,还是另选达到国际先进水平的 ERP 软件?经过激烈讨论和反复论证,大家一致认为应该选择达到国际先进水平的 ERP 软件 SAP。理由非常充分,方太作为国内高端厨具行业的领导者,无论是研发技术还是营业额都处于行业领先水平。到 2017 年,方太要实现"百亿"的战略目标,并且在之后的十年,方太还要实现"跨百向千"的宏伟目标。唯有选择达到国际先进水平的 ERP 软件,才能满足方太的发展需求。

ERP 软件的选择方案也得到了项目管理委员会的认同,秉承方太一贯严谨的态度,三位副总裁希望项目小组出具软件选型的可行性报告。于是两位项目执行负责人带着项目小组成员去参观拜访了多家使用 SAP 的企业,并且交流了 SAP 系统建设过程中的心得。运营副总裁何以安还通过浙江省企业信息化促进会找到三位行业专家,请他们到方太帮助评估 ERP 系统升级再造的风险并提供实施建议。最后项目组确定,SAP 就是方太最优的选择。

(二)系统实施商的选择

考虑到专业特长,朱福县准备直接把选择实施商的这个重任交给汤飞翔，由他全权负责。然而汤飞翔思考再三，觉得此事虽然与信息化专业度关联较强，但是从职能角度看，实施商的入选与后期的招标都离不开集团的采购部门。他与朱福县沟通，希望将选择实施商这项工作交给集团采购部，项目组可以协助采购部提供专业参考意见。朱福县虽然不放心，但是最后还是接受了汤飞翔的意见，同时他要求汤飞翔同他一起拟定一份信息化需求分析报告，从业务角度提出对系统的需求，然后将此报告提交给采购部，以作为实施商选择的基础需求文档，并要求采购部提前将此需求文档发送给实施商，以便实施商来交流时有针对性地给出系统实现方案。

关于实施商的资质，汤飞翔主动提出了标准：①实施商有 SAP 产品的实施资质；②实施商必须是行业内知名度较高的咨询公司，公司规模不能低于 2000 人；③其资深顾问有十年及以上从业经验，具备集团内部管理规范及流程优化能力，至少有三个完整的集团 ERP 项目实施经验。

采购部接到朱福县的采购需求后，表示会积极给予协助。一周后，采购部便给出了七家备选实施商的资料。朱福县和汤飞翔经过初步筛选，选择了五家实施商做进一步的方案展示交流。由于前期的业务需求给得非常详细，因此五家实施商都很快完成了系统方案的准备；从需求提出到与五家实施商进行方案交流，采购部前后只花了两周的时间，最终按照公司招标要求定了四家实施商进入招标阶段。此时，朱福县对采购部前期如此高效地推进供应商的筛选和准入工作感到非常满意。

然而矛盾接踵而来。在大家讨论招标方案的会议上，采购部提出本次招标评标方案由两部分组成，即商务标与技术标。采购部对商务标负责，项目组对技术标负责，两部分评标结果相互独立，综合汇总后作为评标结果。朱福县仔细思考这个评标方案后，一种不安的预感突然从心底冒出来。他立马找到汤飞翔问道："采购部提出的评标方案是不是意味着，我们作为需求和技术部门，或者以项目组的名义，都没有办法对这次招标结果有决定权？"

汤飞翔马上明白了这个问题的含义，回答说："是的，我心里也有这个担忧。技术分和商务分之间没有权重，简单汇总评标，就等于说，即使我们对四家实施商的技术标有了排序，也很有可能出现与商务标截然相反的结果。就比如，很有可能出现技术分最高但商务分最低的方案。最后的评标结果就是技术标与商务标 PK（player killing，对决），我们对这个问题要有所准备。"

朱福县突然有种被框住的感觉，他有点后悔地说："当初为了项目快速进入实施商招标阶段，我们也没有花太多时间在实施商招标准入工作上。我们当初就看中了安永和汉得，尤其看好安永，毕竟它是四大咨询公司之一，公司的名誉和实力是显而易见的，此外它的顾问也相对较资深，出具的方案更贴合我们方太目前的状况。但是我也担心他们的商务报价太高，不管怎么样，成本也是要考虑的。汉得公司在 SAP 产品实施方面也有多年的打拼和积累，但是其以提供技术服务为主，顾问太偏向系统技术层面，对业务的理解和优化方面能力相对有点弱。其他两家实施商我就没什么感觉了，系统方案和顾问表现都很一般。"

然而，招标结果远比朱福县和汤飞翔想象的要意外多了。三周后，招标结果揭晓，技术分没有意外，安永排在第一，汉得落后 10 分排在第二。然而有点意外的是，安永的报价并没有像朱福县他们预估的那么高，仅仅高出汉得总价 20%，但是尽管如此，安永最终在四家排名中商务分最低。而汉得在报价上也表现得相当有诚意，最后以最低价赢得了商务标的最高分。因此招标的最终结果是，安永技术分排第一，商务分排最后；汉得技术分排第二，商务分排第一。这样的结果，在外人看来，似乎选择汉得是理所当然的。然而朱福县心里却犯了愁！本次方太信息化项目，更重要的是要梳理和优化方太的业务流程,以及打通 ERP 系统与各大业务系统数据集成,安永公司在这方面要比汉得更出色。但是出于成本考虑,汉得也是可以考虑的合作伙伴。

在将招标结果评审报告提交给管理层之前,朱福县想找采购部再谈一谈,希望采购部在此次项目评标方案上,提高技术标评分的占比。朱福县提出,采购部在本次项目招标准备和招标工作中存在严重的问题。一是在业务部门提出采购申请时,采购部前期没有向业务部门进行招标流程和评标方案说明。二是对于技术类的项目采购,采购部要更重视技术评分,而不能将成本也作为重要的评价标准。然而采购部对于朱福县的质疑没有一点让步。采购部表示,本着为公司降本增效的原则,采购部不能一味偏袒技术标,公司应该花合理的钱,办合理的事情,否则,全公司上下都会想着选最好的产品,却不考虑投入产出效益。同时采购部进一步表明,这是公司招标管理规定,即使有疑问,也要先提交到公司管理层再做商讨。

朱福县心里很清楚,基于目前的情况,也只有在招标评审报告上下功夫,才有可能将局面挽回。于是,朱福县带领项目组成员一起,研究如何通过评审报告说服管理层。汤飞翔思索着说:"现在看来,只有将项目的目标和效益进一步提升,才能将安永的优势凸显出来,从而说服管理层。"

朱福县听了默默地点头,汤飞翔和他想的一样。只是提高项目的目标和效益,是给项目组尤其是给朱福县自己肩上加重任了。朱福县是个遇强则强的人,越是有挑战性他就越是有激情。最终,朱福县带领项目组提交了评审报告,内容如下:①安永的顾问团队评分最高,其顾问团队有更多的大型集团项目实施案例,掌握集团内部合规性管理知识,具备流程优化及风险控制能力;其他供应商需要我方找资源协助。②安永提供的技术方案(ERP＋外部五大业务系统接口方案)得分最高,对方太信息化建设的需求理解比较深刻且提供了更佳的解决方案,能更好地推动方太信息化朝着健康生态的方向迈进。在项目组有理有据的争取下,项目管理委员会一致通过了安永中标的结果。

(三)预研成果转移

本次 ERP 升级再造项目和以往常规的 ERP 项目实施很不一样,常规 ERP 项目实施公司入场甲方后,要先开始长达两至三个月的项目方法论培训,以及大规模的企业业务现状调研工作。但是由于项目组半年多的内部预研工作已经输出了很详尽的 AS-IS(现状)流程图及业务说明,因此本次项目实施的首要工作是做好内部预研项目成果转移。这样既缩短了项目实施的周期,同时也避免了对业务部门进行需求调研造成的二次干扰。在内部项目组成员对外部安永顾问进行现状流程及问题介绍的过程中,安永顾问充分感受到了内部项目组成员的专业性。安永顾问甚至一再地感叹:"来方太做项目,客户实在太专业,项目角色的成熟度很高。在以往的项目里,我们一般要给客户做大量的培训,一两个月的磨合期后才能比较有效地开展项目工作。但是在方太,我们感觉到客户的成熟度很高,对流程的梳理很清晰,问题诊断很精准。让我们感到很意外也很兴奋,相信和方太合作一定会很成功!"在短短两周时间内,项目组梳理了 TO-BE(计划)蓝图的优化方向以及关键问题。

(四)聚焦关键问题

对关键问题进行讨论,是新 ERP 系统建设蓝图阶段最为重要的工作,也是本次 ERP 升级项目对业务流程优化的重要体现。所以每一场专题讨论就像是一次公司业务流程再造的头脑风暴,每一位参会人员的发言都体现了其在业务、岗位工作方面的专业度,讨论相当激烈。当然也会遇到不同业务部门之间意见不统一的时候,这时候由三位副总裁组成的项目管理委员会的职能就充分体现出来了。项目组把有争议的问题再次提炼,并准备好两个可选方案,提交到项目管理委员会,由三位副总裁做最后决策(如表 3-1 所示)。

表 3-1 ERP 升级关键问题解决方案比较

编号	问题描述	方案一	方案二
1	本次 ERP 升级再造项目要不要同时完成 ERP 和外围五大业务系统（PLM、MES、APS①、CRM②、DRP）的数据对接开发工作	方案描述:同时完成	方案描述:分步走,先完成 ERP 系统的实施,然后开展项目二期,进行 ERP 外围系统接口开发工作
		风险评估:项目开发任务重,存在技术风险,同时项目周期可能被延长	风险评估:无
		方案优点:整体项目周期短,成本低,见效快。AX 系统除本身问题外,就是与外围系统没有打通,导致数据不共享、口径不一致,引发诸多流程效率和管理问题	方案缺点:项目被拆分成两期,整体周期长、成本高,ERP 管理改善见效慢。若同时二期开发 ERP 外围系统接口,存在 ERP 一期实施方案有缺陷而需要对 ERP 系统进行二次改造的风险
2	是否启用 SAP 系统标准成本管理	方案:启用	方案:暂不启用
		风险评估:鉴于供应链管理现状是 BOM 数据不准确、标准工时没有科学数据积累、工厂生产管理方式比较粗放等,标准成本制定工作存在很大的难度,并且就算制定出来也很有可能不标准	风险评估:无
		方案优点:使用标准成本管理方法,可以提高成本核算及分析的精细度和准确性,促进供应链管理改善	方案缺点:产品成本核算管理无法改善提升,财务管理职能不能发挥

由于问题聚焦、方案清晰缜密,三位副总裁对问题有很好的把握,因此方案的决策非常顺利,两个关键问题都采用了方案一,并要求项

---

① APS(advanced planning and scheduling),意为高级计划与排程。
② CRM(customer relationship management),意为客户关系管理。

目组对方案风险制订详细有效的应对方案。这样的工作方式,对作为乙方的安永顾问们来说也是 ERP 项目生涯中的第一次,对实施顾问的专业能力有相当大的挑战。更让安永顾问们备感压力的是方太项目组内部成员的专业性和高效率的工作方式。于是,安永项目经理向公司总部申请增派资源,安永公司总部也非常重视方太项目的特殊性,紧急调派了两位行业资深顾问支援方太项目,为方太项目业务蓝图及系统的实现保驾护航。

（五）基础数据优化先行

汤飞翔很清楚,基础数据是串联 ERP 系统各项业务的关键因素,就如同人体的血脉。一般物料编码是有一定的规则和意义的,如第一段代表大类、第二段代表中类、第三段代表小类等,一般情况下业务人员只要看编码就大致知道是什么物料。可是 AX 系统已经使用了十年,物料的编码规则已经失去了原有的意义。加之随着十年来业务的发展,原有的物料编码规则已经远远不能满足业务对物料的管理要求,物料编码的随意性、一物多码等情况已经使物料的日常管理出现了混乱。

汤飞翔深刻知道对物料进行重新编码必然会改变十年来积累下来的习惯,这必将给新 ERP 系统的运行带来非常大的阻力,并且整理物料主数据是一项非常漫长又烦琐的工作,要求参与重新编码和整理的人员对业务现状非常了解,对未来的规划有科学的认知。所以汤飞翔向朱福县建议,成立主数据优化子项目,并且需要提前在 AX 系统中进行切换。汤飞翔的这个提案一提出,朱福县就拍手叫好,并积极协助汤飞翔向项目管理委员会提交申请。项目管理委员会指派公司熟悉物料编码业务的周有才(化名)担任项目经理。周有才 12 年前加入方太,曾经在供应链采购、物流计划、供应链革新等部门任职,对公司的业务非常了解,也深刻体会到了 AX 系统及物料编码的缺陷,所以主数据优化子项目的项目经理非他莫属。

周有才接到此任务后没有丝毫的犹豫,立马带着小组人员快马加鞭地干了起来,并且在四个月内完成了 AX 系统主数据的切换工作,此时离新的 ERP 系统上线还有两个月的时间。新的物料编码规则下的主数据在 AX 系统运行了两个月,项目组成员提前发现了很多由于不习惯,以及一些没有考虑到的特殊情况而带来的问题,并有效处理了这些问题,为新 ERP 系统的切换和正常运行打下了坚实的基础。

（六）系统切换方案的攻坚战

由于对新 ERP 系统不熟悉、不了解、缺乏信心,认为新系统没有经过大量的试用,容易出错,财务副总裁张崇明坚持新旧系统需要并行两个月到年底,以便形成完整的财务周期。

朱福县心里有点犯愁,他非常清楚新旧系统并行所带来的弊端。并行两套系统意味着一件事情需要在两个系统内做,做完两遍还要检查两个系统是不是一致,本来财务人员的工作负荷就很重,现在却要做三遍,直接导致负荷翻两倍。于是朱福县找到汤飞翔商量,表明了自己对并行两套系统的担忧。汤飞翔本人其实也非常清楚并行两套系统的弊端,但是又不能用太过强硬的方式去说服张崇明。于是汤飞翔建议,先采取一些强有力的措施,让财务部的同事熟悉和认可新的 ERP 系统,排除他们的担忧。

朱福县和汤飞翔召集项目小组开会讨论应对方案,最后大家一致认为,只有通过培训让财务部的同事理解新的 ERP 系统流程和运行逻辑,才能得到财务部同事的认可。朱福县表示,财务部门全体同事都会积极参与到培训工作中来。于是大规模的财务部培训工作展开了,每个参与培训的财务部同事都必须通过考核才能取得新系统操作的权限。一次培训没有通过考核的,继续安排第二次培训和考核,直到全部通过考核。

最后经过财务部内部的讨论,大家一致通过了直接切换新系统的方案。朱福县对汤飞翔充满了感激。

（七）模拟上线切换

模拟上线切换，是 ERP 系统正式切换前最后一项具有里程碑意义的工作。项目组希望通过模拟切换，提早发现各分公司的一些问题，如库存是否准确、应收应付的明细账是否准确，以及让各分公司的人员熟悉系统切换的流程和每一项细分工作。然而，真实的情况比他们想象的更复杂。

期初数据主要来自 AX 系统月结后的财务结果，包括物料库存余额、客户供应商往来等科目余额。客户、供应商的往来账主要就是 AX 在管理。物料的库存余额主要是 AX 系统管理，同时 DRP 系统管理着分公司成品库存、CRM 系统管理着分公司的配件库存。自从实施了 DRP、CRM 系统以来，财务部每次月结都要和这两个系统进行对账，确认结果后才关账出月度报表。虽然大家也经常听到一些声音，说 DRP、CRM 系统与 AX 系统经常会出现数据差异，但既然是每个月都确认无误后再关账的，那么理应不会有太大的问题。

财务部如往常一样在 7 日完成 AX 系统的月结，再用一天的时间进行数据整理，然后就要向项目组提交物料库存余额明细和往来款的明细。虽然客户、供应商的往来款明细如期提交了，但库存余额明细三天过去还是没有提交。朱福县电话催了几次后，便与汤飞翔一同找了负责提供库存余额明细的财务人员张贤（化名），查问为什么迟迟不提交数据。张贤吞吞吐吐地说："成品物料和 DRP 核对数据，有 13 个物料的库存没核对清楚，共有 137 台的差异；配件物料和 CRM 核对数据，还有 21 个物料有差异，共差异数量 538 件；有的分公司是 A 物料多了，有的分公司是 B 物料少了。"

朱福县问道："财务不是每个月都要和其他系统核对数据吗？怎么这次会有这么多的差异呢？"

张贤摇摇头说:"这块工作我是一年前接手的,我之前也有五六个人做过这个岗位吧。我接手的时候其实就发现物料明细对不上,但是转交工作给我的人说,一般大类的总数能对上就可以了,因为有时候分公司之间会调拨换货什么的,都是走的线下,没及时更新到系统中,所以数据有时候就对不上了,但是修正起来太麻烦,反正大类总数能对上就可以了。"听到这里,汤飞翔想起早期的一次部门内部会议上收到的抱怨,终于理解各系统数据不共享、不透明,给产销协同带来了诸多问题。

这种情况让项目组有点紧张。然而汤飞翔很淡定地说:"目前三家分公司的情况,大家也别给自己太大压力。正是由于前期缺少信息化的统筹规划,才导致了目前各系统割裂、数据不统一的局面。这正是本次项目的意义所在,所以希望大家坚定信心,克服项目上线前的最后一道难关!"

同时,朱福县也逐渐意识到项目上线的最大风险是期初数据不准确。他立刻通知三家分公司的财务主管,让他们务必增加人力进行 AX 系统和 DRP、CRM 系统的对账工作。另外,朱福县提议修改系统上线切换计划,将原本三家分公司同步在 2017 年 1 月 1 日上线切换,改为每隔十天切换一家分公司,即 1 月 1 日切换上海分公司、1 月 11 日切换广州分公司、1 月 21 日切换南昌分公司。这个提案立刻得到了汤飞翔的赞同。

朱福县解释道:"虽然核实三家分公司的真实情况确实比较艰难,但是无论如何,ERP 系统上线的首要前提是期初数据必须账实一致。由于总部项目组资源有限,我们没有办法支持三家不同地域分公司同时上线 ERP 系统,因此我们只能变更项目计划异步上线。同时,我会带领业务和 IT 骨干人员去三家分公司,实地监督他们的库存盘点和财务账务处理。另外,我们的项目一直是异地开展,包括调研、培训等。我相信肯定还是需要去实地了解下情况,并在实地进行一次系统培训,巩固培训效果!"

2016 年某日,朱福县带着三位业务与 IT 的骨干人员依次飞往三家不同地域的分公司实地监督与协助系统上线工作。启程前几日,他彻夜难眠。在上任集团财务总监不到半年的时间里,他清楚地了解到了方太各地分公司账务上的问题,本次上线 ERP 系统也是他倾力向集团立项申请,才得到集团的立项审核。朱福县想通过本次 ERP 项目上马,彻底整顿一下方太全国各个分公司业务上的不规范操作以及内部管理上的职责混乱现象,更重要的是将一摊子糊涂账给亮出来!然而这个期望即将实现的时候,他心里却有些忐忑了。库存的实物盘点差异太大该如何处理? 应收应付的明细理不清该如何处理? 会不会导致和各分公司的分管领导撕破脸,惹来后患? 为了保证在各分公司实地推进项目时一切顺利,朱福县特意提前一天,一大早便等候在集团财务副总裁张崇明的办公室门外,满心期望能得到他的直接指导,以便顺利前往三家分公司,确保 ERP 系统切换工作圆满完成。

从问题诊断到系统上线,我们可以看出,方太参照 ASAP 实施方法论①,制订了一套科学的方太 ERP 系统升级再造实施方案,由此可以梳理出方太 ERP 系统升级再造项目的关键步骤及工作要点(如表3-2 所示)。

表 3-2　方太 ERP 系统升级再造项目关键步骤及工作要点

项目阶段	主要工作成果
项目准备	1. 现状问题诊断 2. 项目组织架构 3. 项目战略意义

---

① ASAP,即 accelerated SAP,又称 SAP 加速实施方法论,是 SAP 公司基于 20 余年 SAP 项目实施经验总结的一套标准化、结构化的实施方法体系。它通过优化时间、质量和资源管理,帮助企业缩短 SAP 项目的实施周期,完成 SAP 系统的部署与落地。

续表

项目阶段	主要工作成果
项目预研	1.现状流程梳理、问题诊断和建议方案 2.项目实施规划 3.项目目标和范围 4.系统架构设计
软件及实施商选择	1.软件系统选型 2.实施商选型 3.进一步提升项目目标和效益
蓝图阶段	1.预研成果转移 2.聚焦关键问题 3.最终业务蓝图形成
基础数据先行	1.主数据管理规范 2.主数据整理和提前切换 3.主数据上线运行及问题处理,方案优化
最后准备	1.系统培训 2.培训考核 3.期初数据模拟切换 4.重新修订细化上线切换计划
上线支持及运维	1.成立主数据运维部门 2.梳理和编制主数据业务流程

拓展阅读

ASAP 实施方法论的应用

ASAP 提供了面向过程的、清晰和简明的项目计划,在实施 ERP 项目的整个过程中提供一步步的指导(如表 3-3 所示)。

表 3-3　ERP 项目阶段的目标和任务

项目阶段	项目目标	主要任务
项目准备	确定项目主要目的和重点 确定项目实施范围和策略 确定项目组织结构及成员 制订实施计划和标准 准备并安排各方面资源	项目的初步实施计划 项目小组初级培训 制定项目实施的规范及标准 启动项目 基础环境的分析及规划 质量检查

续表

项目阶段	项目目标	主要任务
业务蓝图	项目目标明细化 确定基本系统的范围 确定项目的详细实施计划 业务需求的确认 业务流程的描述、分析与优化 企业组织结构及业务流程的确定	项目管理 项目小组初级及中级培训 建立系统技术环境 企业组织结构确定 业务流程的描述、分析、优化及确定 质量检查
实现	逐步实现业务蓝图 完整的系统测试 用户对系统的确认	项目管理 系统配置 开发应用接口程序 开发扩展程序 报表定义 权限定义 系统集成测试 用户手册及培训资料 质量检查
最后准备	完成系统上线的准备,以保证系统 正常运转并解决剩余问题	项目管理 用户培训 正式运行技术环境的安装及测试 制订系统切换计划 制订系统运行支持计划 质量检查
上线及支持	正确移交系统 保证系统正常运转	提供用户支持 确认正式业务流程的正确性 优化系统的使用 制订后续长期计划 后续培训系统升级 系统日常维护 项目回顾

　　ERP 项目实施路线共有五步,包括项目准备、业务蓝图、实现过程、最后准备、上线与技术支持(如图 3-8 所示)。

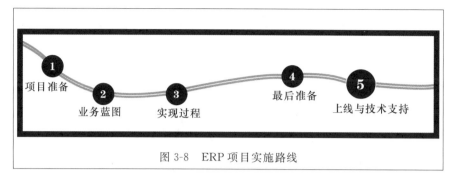

图 3-8　ERP 项目实施路线

与此同时,根据 ERP 项目风险识别及风险控制方法分析,针对方太 ERP 系统升级再造项目运行中存在的风险,方太决策人员根据项目运行实际,给出了相应的应对措施(如表 3-4 所示)。

表 3-4　方太 ERP 系统升级再造项目实施中的风险识别与应对措施

风险识别	应对措施
项目周期及成本	从业务部门挑选精兵强将组成项目预研小组,通过对项目小组的培训,提前梳理和诊断公司流程,并提出优化方案,为 ERP 项目缩短了外部实施周期,降低了实施成本
基础数据整理	项目期初成立主数据子项目,提前发现和处理主数据问题
实施商评标方案	从采购提出的评标方案中识别出潜在风险,提前做好沟通并及时变更项目目标和效益,使风险得到控制
上线期初切换方案	指挥三个分公司的财务主管与各业务部门紧密合作,加快处理分公司的财务数据;变更项目切换计划,将原本三家分公司同步上线变更为异步上线,以确保总部资源可以充分支持每家分公司
上线切换数据差异处理	去往分公司之前,向财务副总裁张崇明真实汇报了关于分公司目前业务和财务方面遇到的问题,并征求张崇明的处理意见;张崇明提出:去实地要以项目组的名义开展工作。以盘点数据作为系统切换的期初数据,差异待上线稳定后再做处理,确保系统上线工作顺利完成

拓展阅读

ERP 项目风险识别及风险控制方法

风险只在一定环境条件下客观存在,它能导致损失或损害,是一种可以识别、评估和控制的变化。识别风险就是对将来可能发生的风险事件的一种设想和猜测。一般而言,风险可以分成以下几类。

(1)技术风险。如果项目采用了复杂或高新技术,或者采取了非常规方法,就有潜在问题。另外,如技术目标过高、技术标准发生变化等也可造成技术风险。

(2)管理风险。进度和资源配置不合理、计算机草率且质量差、项目管理的基础原则使用不当等都可能造成管理风险。

(3)组织风险。组织内部对目标未达成一致、高层对项目不重视、资金不足或其他项目有资源冲突等都可能造成潜在的组织风险。

(4)外部风险。法律法规变化、项目相关接口方的情况发生变化等事件往往是不可控制的。但是,有些不可控制的"不可抗力"不作为风险,因为这些事件往往作为灾难防御。

而在 ERP 项目实施中,其主要风险如表 3-5 所示。

表 3-5   ERP 项目实施中的主要风险

风险类型	描述
执行风险	缺乏执行上的支持往往会导致项目优先级不高。因此,组织支持的意愿会在资源承诺的有效性和决策的及时性方面受到影响而瓦解
项目风险	如果一个项目计划做得很差,那么项目执行也会很差。前期计划做得不好以及项目管控不够会导致项目偏离正确范围、遗漏项目任务、交付物质量差以及最终产品不理想
功能风险	功能风险源于对业务流程和需求的模糊定义,如果最终用户在早期需求分析时参与度不够,那么系统最终可能不能满足用户需求或达不到期望
运作风险	组织必须准备好,愿意并且能够设计、构建、测试和部署一个新系统,缺乏适当的培训以及沟通不够往往会导致系统不被接受或使用
技术风险	不稳定的技术环境会导致系统性能不佳、数据完整性和可控性降低。如果环境不可靠,最终会对系统产生不好的影响

续表

风险类型	描述
资源风险	投入到项目中的资源会大大提高项目成功的可能性,一个缺乏技能并且投入度不够的团队不会有很好的执行力,从而影响项目及时性以及系统整体质量

管理风险就是通过制定相应的措施,来应对风险对项目可能造成的威胁。应对威胁时,最常采用的措施有以下几种。

(1)规避。通过变更项目计划消除风险或风险的触发条件,使目标免受影响。这是一种事前的风险应对策略。例如,采用更熟悉的工作方法、澄清不明确的需求、增加资源和时间、减少项目工作范围、避免与不熟悉的分包商合作等。

(2)转移。不消除风险,而是将项目风险的结果连同应对的权力转移给第三方。这也是一种事前的应对策略,例如,签订不同种类的合同,或签订补偿性合同。

(3)弱化。将风险的概率或结果降低到一个可以接受的程度,当然降低概率更为有效。例如,选择更简单的流程、进行更多的试验、建造原型系统、增加备份设计等。

(4)接受。不改变项目计划,而考虑发生后如何应对。例如制订应急计划或退却计划,甚至仅仅进行应急储备和监控,待发生时随机应变。

具体采用何种方式来应对某一风险,取决于该风险的风险值、拟采取应对措施的可能成本、项目管理人员对待风险的态度等各方面,不可一概而论。我们可以采取以下措施对 ERP 项目实施中的风险进行监控,以防止危及项目成败的风险发生(如表 3-6 所示)。

表 3-6　ERP 项目实施中的风险应对措施

风险应对措施	描述
项目风险列表	建立并及时更新项目风险列表及风险排序。项目管理人员应随时关注关键风险相关因素的变化情况,及时决定在何时采用何种风险应对措施
风险应对审计	随时关注风险应对措施(规避、转移、弱化、接受)实施的效果,对残余风险进行评估
报告机制	建立报告机制,及时将项目中存在的问题反映到项目经理或项目管理层
项目会议	定期召集项目干系人召开项目会议,对风险状况进行评估,并通过各方面对项目实施的反应来发现新风险
第三方咨询	引入第三方咨询,定期对项目进行质量检查,以防范大的风险

四、合力上线新系统

朱福县向财务副总裁张崇明真实汇报了三家分公司在业务和财务方面遇到的问题,也道出了自己心里的担忧。张崇明听了朱福县的汇报后似乎没有过激的反应,反而很平静地告诉朱福县:"每家集团从刚刚开始起步的两三百人的单体法人公司,逐步发展壮大到一家两万多人、200 多家独立核算法人的集团时,几乎都面临过类似的情况。方太从十年前 10 多亿元的营业额到如今近 100 亿元的销售额,从业务发展来看还是相当不错的。管理上出现点问题也在情理之中。这次你们去实地,以项目组的名义开展工作。对于实物盘点,盘到多少就记录多少,并且请各分公司分管领导,财务、仓库管理人员签字确认,务必保证以盘点结果作为系统的初始库存。至于实际盘点结果与财务账上的差异,记录下来即可,本次项目先不公开、不做处理,保证系统能顺利切换上线。待日后再——查明真实情况,到底是库存有差异,还是财务账上有误,我们等查明情况后再做处理!"这样的结果让朱福县喜出望外,压抑许久的心情终于有点释怀了。

很显然,方太 ERP 升级再造项目在系统切换上线的过程中,遇到了集成、旧系统、旧流程、指挥四方面的难点。新 ERP 系统需要打通与五大业务系统的集成,项目组结合业务发展趋势及技术手段,重新规划和设计了信息系统架构,并有步骤地进行系统优化改造。旧系统的流程及操作不严谨、不规范,导致主数据口径不一致、数据统计不一致。项目组在项目前期便成立了主数据优化子项目,在系统切换前发现和处理了主数据问题。然而期初库存涉及各业务部门之间的责任和配合,整个切换工作需要一根强有力的指挥棒。

当朱福县向张崇明反映分公司管理上的问题时,如果张崇明雷厉风行,要求将差异理出明细,对责任人追根问底,那么后续不但会拖延项目时间,也会激起相关部门责任人的抵触情绪,对 ERP 系统切换工作造成不利影响。又如果当时张崇明以 AX 系统财务账作为新 ERP 系统期初数据,不管差异,则会把旧系统的问题带到新 ERP 系统,失去了本次项目的意义。再如果当时张崇明以盘点结果为准,并表明过往差异一笔勾销,不进行追责,则会造成财务不担当、不作为,甚至落个与业务部门同流合污侵吞公司资产的名声。实际是,张崇明提出以盘点结果入账,差异暂不公开、不处理,待日后再查明原因和问责,恰到好处地给予了项目组最大的支持。以盘点结果入账,保证了新 ERP 系统数据准确,为各系统数据准确流转奠定了数据基础;差异暂不公开、不处理,并不是张崇明不担当、不作为,而是通过减轻分公司相关责任人的压力,达到减少项目组开展工作的阻力的目的,保证新 ERP 系统如期上线;同时,后期给予充足时间将差异整理清楚,也使问责机制更加公正合理。

理顺逻辑并想清楚其中的关窍后,朱福县放开了步伐。他带领支援 ERP 系统上线的业务与 IT 小分队依次赴上海、广州、南昌,与集团总部及各分公司成员齐心协力，将 ERP 系统按照新的计划成功上线。

拓展阅读

ERP 系统上线切换难点

ERP 系统上线切换难点如下。

（1）集成。ERP 系统是一个集成的系统，销售、储运、采购、生产、会计等这些模块和功能不是简单的加法，它们之间是衔接和连贯的。在系统切换时集成意味着更复杂的切换计划和对指挥协调工作更高的要求。

（2）旧系统。旧系统的数据一般质量较低也较分散。但是在向新 ERP 系统切换时需要的主数据和期初数据，相当大的部分需要通过加工旧系统数据来获得。

（3）旧流程。旧的流程会影响期初数据，旧流程越不规范统一，系统切换时就越麻烦。

（4）指挥。困难都是相对的，ERP 系统切换的难易程度取决于指挥能力：在卓越的指挥下，它变得易于管理；而在拙劣的指挥下，则显得尤为棘手。事实上，ERP 系统切换绝不仅仅是实施项目组的任务，它涉及企业很多部门，因此对于这场战役的指挥是否成功，取决于指挥官的权力和能力，取决于各部门的责任心和配合度，也取决于整个公司的文化。但不幸的是旧系统和旧流程很混乱的企业，在 ERP 系统实施中给予项目组的支持往往也较少，因而企业高层管理人员的支持无疑是有效指挥的前提条件。

项目干系人管理理论

项目干系人是指积极参与项目，或其利益可能被项目实施或完成施加积极或消极影响的个人和组织，如客户、发起人、执行组织和有关公众。他们也可能对项目及其可交付成果施加影响。项目干系人管理是指对项目干系人的需求和期望加以识别,并通过沟通上的管理来满足其需要、解决其问题的过程(如图 3-9 所示)。好的项目干系人管理将会赢得更多人的支持,从而确保项目取得成功。项目干系人管理包括识别干系人、规划干系人管理、管理干系人参与和控制干系人参与(如表 3-7 所示)。

图 3-9 项目干系人管理过程

表 3-7 项目干系人管理分析

过程	定义	工具与技术	输出
识别干系人	识别能影响项目决策、活动或结果的个人、群体或组织,以及被项目决策、活动或结果所影响的个人、群体或组织,分析并记录他们相关信息的过程	1.专家判断 2.会议 3.干系人分析 第一步:识别全部潜在项目干系人及其相关信息,如他们的角色、部门、利益、知识、期望和影响力; 第二步:分析每个干系人可能产生的影响或支持,并把它们分类,以便制定管理策略; 第三步:评估关键干系人对不同情况可能做出的反应或应对策略,以便策划如何对他们施加影响,提高他们的支持度,减轻他们的潜在负面影响	1.基本信息:姓名、职位、项目角色等 2.评估信息:主要需求、主要期望、对项目的潜在影响、与项目生命周期的哪个阶段最密切相关 3.干系人分类:内/外部、支持者/中立者/反对者等

续表

过程	定义	工具与技术	输出
规划干系人管理	基于对干系人需求、利益及对项目成功的潜在影响的分析,制定合理的管理策略,以有效调动干系人参与整个项目生命周期的过程	1.专家判断 2.会议 3.分析技术 干系人的参与程度可分为:不知晓/抵制/中立/支持/领导	干系人管理计划
管理干系人参与	在整个项目生命周期中,与干系人进行沟通和协作,以满足其需求与期望,解决实际出现的问题,并促进干系人合理参与项目活动的过程	1.沟通方法:交互式、推式、拉式 2.人际关系技能:建立信任、解决冲突、积极倾听、克服变更阻力 3.管理技能:引导干系人对项目目标达成共识;对干系人施加影响,使他们支持项目;通过谈判达成共识,以满足项目需求;调整组织行为,接受项目成果	1.问题日志:在管理干系人参与过程中,可以编制问题日志。问题日志应随新问题的出现和老问题的解决而动态更新 2.变更请求:可能包括针对项目本身的变更或预防措施,以及针对与相关干系人的互动的纠正或预防措施
控制干系人参与	全面监督项目干系人之间的关系,调整策略和计划,以调动干系人参与的过程	1.信息管理系统为项目经理获取、存储和向干系人发布有关项目成本、进展和绩效等信息提供了标准工具 2.专家判断 3.会议	无

第四章　中台为基、博采众长：
圣奥财务中台的建设之路[①]

　　财务中台是新型的财务共享构建模式，能更好地实现财务能力复用、业财数据打通、智能技术应用。圣奥集团（以下简称圣奥）作为办公家具的龙头企业，财务中台的打造是其整体数字化建设的重要构件。圣奥财务中台成功上线智能费控、应收共享、应付共享、资金共享、电子档案和资产管理等模块，实现了流程高度自动化、数据采集精细化和降本增效。在建设方法上，圣奥注重应用智能技术，打通业财流程，博采众长集成优秀软件；在组织管理上，圣奥以中台战略为引领，采用双项目经理制、信息部门阿米巴制等独特做法，实现了财务与信息部门的高度协同。圣奥财务中台高效落地的创新实践，为其他企业构建财务中台提供了重要借鉴。

　　圣奥成立于1991年，是中国办公家具行业的引领者。圣奥创始人倪良正从木匠起家，1991年，他怀揣着2700元独闯杭州，凭借精耕家具行业的赤子之心和工匠精神，将圣奥从一家小型家具加工厂发展成为办公家具行业的龙头。2021年，圣奥已拥有员工4000多人，营收规模已达30多亿元，其综合实力连续十年稳居国内办公家具第一位。

---

① 本章作者为陈俊、朱茶芬、董望、张韵竹、张文文。

在"国内领先、国际争先"的发展目标引领下,圣奥产品远销世界 110 个国家和地区,服务的客户不乏世界五百强企业,如强生、阿里巴巴、中石化、工商银行、腾讯等。

作为办公家具的龙头企业,圣奥很早就开始在信息化、数字化转型之路上锐意进取,从 2010 年 ERP 系统全面上线,到 2017 年财务共享理念初起,再到 2020 年财务中台初步建成,其财务数字化建设一直在同行中遥遥领先。作为一家典型的家具制造企业,圣奥如何在短短几年内就将财务中台建立起来? 这要从下面的故事开始说起⋯⋯

一、财务转型迫在眉睫

2017 年 3 月 1 日,圣奥董事长倪良正逐一召集各个部门负责人进行例行的月度碰头会,一踏进会议室大门,财务部负责人朱文正(化名)就看到了信息部负责人赵天成(化名)——在其他部门负责人汇报时,他也在电脑上快速记录着什么。联想到最近公司一直讨论得很火的话题——数字化转型,朱文正嗅到了一丝变革的味道。

"小朱啊,我听完你们财务部的工作报告,感觉大量的人力都还是在从事会计的基础工作。"倪良正朗声说道。

闻言,朱文正忙回道:"是的,倪总,现在集团发展壮大了,业务往来更多了,开票、收票、报销、整理单据的工作量成倍增加,占用了财务人员大量的精力,财务人员无暇分身去从事更有价值的经营分析工作。"

"这样的财务模式可长久不了,要积极谋求转型啊!"倪良正抬头看向窗外波澜壮阔的钱塘江水,语重心长地说,"当前,大数据、人工智能、移动互联网、云计算、区块链等新技术蓬勃发展,数字化转型就如同钱塘江奔腾汇入大海一样,成为不可阻挡的潮流。我早在十年前就说过,数字化做得好的企业未必就能成功,但数字化做得不好的企业肯定不能成功。圣奥必须坚定不移地推进数字化转型,让数字化能力成为我们的核心竞争力。现在公司各个业务部门都在积极推进数字化建设,财务部门的转型是企业数字化转型的重要构件,不能落下!小朱,你有什么想法吗?"

"今年1月的时候,我去参加了一个财务智能化发展论坛。海尔、蒙牛、中石油等大型集团分享了他们建设财务共享中心的经验和成效。财务共享中心将不同地域标准化、重复性的财务工作进行集中处理,通过流程再造和智能技术应用,实现了降本增效、加强管控、提高财务规范性等目标。财务共享建设可以将财务人员从繁重的交易处理工作中解放出来,形成战略财务、业务财务和共享财务的专业化分工,更好地赋能业务的发展。但是财务共享是重大的组织变革,影响面大,投资很大,我不确定我们要不要建设。"朱文正犹疑地说道。

"这些你不用担心。"倪良正坚定地说,"圣奥要坚定地走全面数字化之路,资源投入这方面不要怕花钱,当然投入时也要注重数字化项目的效益,不搞形式主义,不能为了数字化而数字化。你和信息部赵天成一起去深入了解一下财务共享建设成功的企业,制定一个可行的建设规划,我们一起研讨。我们要学习和借鉴外部的合作伙伴,集成先进的软件产品,加速财务数字化转型工作。"

踏出会议室大门的时候,朱文正不禁感慨倪良正的远见卓识和推行财务转型的坚定决心,这也不是倪良正第一次表现出这样的魄力了。她的思绪不禁飘到七年前,集团上下一心、全面推行ERP系统的时候……

二、ERP系统全面上线

(一)ERP系统上线,领跑同行

朱文正清晰地记得2010年春天的一个下午。彼时,信息化和上线 ERP 系统成为全集团热议的话题。倪良正召集各部门的负责人连续开了几场关于信息化的研讨会,群策群力,攻坚克难。

对于 ERP 系统的选择,有的人认为 SAP 比较好,因为它名气大、功能强,很多国际 500 强和国内上市公司都在使用,但是有的人认为鼎捷更适合圣奥,因为它能够开放源代码,后期定制化实施和升级的成本较低,对生产制造有灵活要求的同行企业都在使用……

最终,董事长倪良正拍板,选择与鼎捷合作。他说:"集团现在急需信息化转型,上线 ERP 系统只是转型的第一步,而鼎捷 ERP 系统开源的特点能更好适配圣奥的管理特色和未来发展,助力集团信息化向纵深推进。我决定,圣奥将投入重金,采购鼎捷 ERP 系统的各个模块——销售、生产、财务、物流等,实现信息化的全面覆盖。我们要把它定位为彻底的管理改革,以最坚定的决心和最强的执行力,快速提升我们集团的信息化水平。"

圣奥全面铺开 ERP 系统并非易事,自 2010 年起,圣奥花了整整四年时间,逐步消化 ERP 系统所带来的内部管理变革,实现了业务全面在线化。这期间,圣奥还陆续上线了泛微 OA、金税等 30 多个业务信息系统……

想起这些难忘的经历,朱文正不禁感慨,信息化让圣奥迈出了业务在线化、数据化的重要一步,财务核算实现了从手工记账到线上自动核算的华丽转变,ERP 系统其他业务模块的交易发生时自动抛账给财务模块,核算、出报表的自动化程度大大提高。但近几年,随着公司业务的蓬勃发展,财务人员却仍面临繁重、低价值的交易处理工作,如发票认证、开票、费用报销、对账、税务申报等。财务共享建设真的能解放财务人员吗?朱文正不禁开始期待新的变革……

拓展阅读

财务共享服务

财务共享服务（financial shared service，FSS）是指通过设立财务共享服务中心来集中处理企业各下属单位中日常性、重复性、易于标准化的财务工作，并对企业的业务流程和信息系统进行优化重组和重新设计。[①] 财务共享服务是企业集中式管理模式在财务领域的最新应用，也是一种更为先进的财务管理模式，在该模式下，具有较高重复性、标准化的财务、业务流程被集中起来统一处理以达到降本增效、规范流程和核算、加强集团管控等目的，在这一过程中往往会涉及理念、流程、组织、人员、系统等方面的再造（陈虎、孙彦丛，2018）。

作为财务转型的重要基础和手段，财务共享越来越被企业所关注。根据中兴新云的统计，截至2020年底，中国境内财务共享服务中心已经超过1000家，在近3年内呈高速增长趋势。财务共享中心在降本增效的同时，也有力地推动了财务职能及财务人员的转型。

（二）业务繁忙，痛点多多

在财务共享建设前夕，信息部门牵头组织了一场关于财务痛点的"吐槽大会"。

费用会计小钱可是逮着了"诉苦水"的机会："圣奥的客户遍布海内外，销售员经常要出差去谈业务，但是出差后，报销流程烦琐又复杂，我们经常折腾业务员重填报销单，业务员也折腾我们重贴发票单据。"

---

① 尼克·罗西特（Nick Rossiter）和斯里达尔·韦达拉（Sridhar Vedala）是管理咨询领域的专家，两人在共享服务特别是财务共享服务领域有着深入的研究和贡献。

出纳小林也抱怨道:"圣奥作为典型的为企业客户提供服务的企业,常常需要应各行各业客户的要求在其指定银行进行资金结算,因而开了很多的银行账户,资金划转结算就特别复杂,我管理的银行 U 盾就有 60 多个……"

"圣奥这几年发展特别迅速,月均销售收入已超 1.6 亿元,销售开票的工作量大幅增加,因为手工操作,销售开票的会计也被戏称为'手工'会计。"

……

"吐槽大会"一直持续到了深夜,由此可见,当前的 ERP 等信息系统已远远不能满足财务的要求,财务人员的精力被大量琐碎的基础会计和税务会计工作占据,推进财务共享建设已经刻不容缓。

三、财务中台蓝图绘制

这天,信息部负责人赵天成走进了朱文正的办公室。

"朱总,信息部肯定会全力配合财务共享建设,但是我觉得,最好先有一个建设理念和战略规划。"赵天成笑着说道。

"赵总有何高见?"朱文正反问道。

"集团的数字化转型是以中台战略为引领,因为中台技术架构更为先进。传统的企业信息系统都是烟囱式的单体架构,企业为了迎合业务发展不停地打造各种业务系统,导致各业务系统间功能重复建设,形成数据孤岛。阿里巴巴等领先企业已经在打造业务中台和数据中台,将不同业务系统中共性的、通用的业务功能沉淀到业务中台,实现企业范围内业务能力的复用和共享;另外,他们还通过数据中台将数据资产进行集中治理和再利用,赋能业务前台的创新。"赵天成停顿了一下,说道:"2016 年开始,圣奥全面提出'1+N'数字化中台战略①（如图 4-1 所示），已成功构建数据中台和多个业务中台，如营销中台、研发中台、设计中台，我想财务共享平台也可以延续这种中台理念和技术架构，集成共性的财务功能形成财务中台，与其他业务中台共同支撑集团'1＋N'数字化中台战略。而且，据我所知，基于中台技术架构的财务中台被认为是财务共享 4.0 的升级模式，是目前最先进的财务共享构建模式。"

图 4-1　圣奥"1＋N"数字化中台战略

朱文正兴奋地回应道："太棒了！基于中台的先进理念和技术架构，圣奥的财务共享可以比其他公司的财务共享更为先进。我们还可以充分利用公司已有的数据中台和业务中台，实现更好的数据交互，做到前后端流程贯通，实现业财一体化。接下来，我们需要讨论财务中台应包含哪些功能模块。除差旅报销外，应收、应付、资金支付等也应该包括在内，这些财务处理工作耗时耗力，重复性强，标准化程度高，容易共享，共享后降本增效也最明显。"两个部门负责人一起深入商讨了财务共享的建设规划，形成了财务中台规划蓝图（如图 4-2 所

① 在"1＋N"数字化中台战略中，"1"为数据中台，"N"为各个业务中台。

示）。

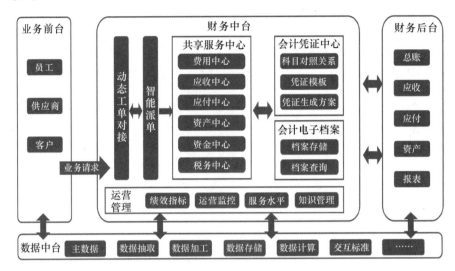

图 4-2　财务中台规划蓝图

在规划蓝图中,业务前台是业务端用户及其使用的业务信息系统;财务后台则是包括财务总账、报表、预算等的专业财务系统,通过管控规则实现管理需求;财务中台是企业业务前台和财务后台间的枢纽,通过连通业务系统汇集、筛选、转换业务数据,自动生成财务数据,并传输到后台的总账系统。财务中台通过对逻辑明确、可复用、标准化的共性财务服务进行沉淀,形成费用报销、销售应收、采购应付、资产管理、资金结算、税务处理等六大服务中心。整个财务中台包括共享服务中心、会计凭证中心、会计电子档案和运营管理四个部分,会计凭证中心用于自动生成会计凭证,会计电子档案用于存储相关档案,运营管理提供综合运营管理服务。数据中台作为数据底座,与财务中台以及其他业务中台互联,以实现不同中台之间的数据交互。

根据财务中台规划蓝图,财务中台是基于微服务的中台架构,是业财深度融合、智能技术深度应用、对业务需求响应敏捷的财务共享升级版本,属于业务中台的一种,核心是将"共性财务能力"如核算、审核、对账、结算等，通过信息技术在中台进行抽象沉淀，建立一系列的专业服务中心，在集团范围内进行共享和复用。相较于传统财务共享中心而言，财务中台有着无可比拟的优势。传统财务共享服务中心侧重于财务部门、财务人员、财务流程等在物理上的集中，形成规模效应，但在实际的搭建中往往面临业财流程不通、数据未得到有效应用等问题，难以满足多样化、快速变化的业务需求。而财务中台具有架构先进、业财深度融合、数据治理强化、智能化、敏捷化等优势，详述如下。

一是架构先进。财务中台是基于微服务的中台架构，技术架构更灵活、更先进。微服务化架构拥有高扩展性、强容错能力、独立部署、敏捷迭代的优点，通过微服务组件的调用和组合，财务中台能敏捷响应业务前台需求的变化。

二是业财深度融合。传统财务共享服务中心更关注财务后端的处理，财务管控很少渗透或嵌入到业务流程的前端，很难做到业财一体化。财务中台则非常强调与业务前台的紧密联动，注重系统连通、业务流程贯通。财务中台通过与业务前台系统、数据中台进行连通，从业务系统源头直接采集相关数据。其借助规则引擎，将财务核算规则、预算管控等规则渗透到业务流程节点中，建立基于业务驱动的财务一体化、信息处理自动化流程。

三是数据治理强化。财务中台可以采集和沉淀交易级、明细化的业财大数据，通过数据治理将沉淀的业财大数据变成真正的数据资产。财务中台不仅成为财务交易处理的中枢，而且进化为集团的财务数据中心。

四是智能化。财务中台集成了先进技术组件（AI服务、RPA、分布式计算、数据挖掘等）供各财务服务中心调用，财务流程的自动化和智能化水平更高。

五是敏捷化。由于采用微服务化、服务组件松耦合的新技术架构,财务中台的灵活性、扩展性、敏捷性更强。随着前端业务单元的业务变化,财务中台能做出更快的调整,通过财务规则引擎解决规则灵活配置问题,因而财务中台可以为复杂、多业态的组织提供个性化、定制化的财务服务。

总之,基于先进理念和技术架构,圣奥的财务中台比传统财务共享中心更为先进,可以更好地实现业财流程贯通、数据沉淀利用、快速响应业务变化、智能技术利用。

拓展阅读

业务中台和数据中台

随着阿里巴巴、腾讯等创新型企业在数字化运营过程中的探索和实践,对市场需求快速响应的前台与架构稳定但反应相对滞后的后台之间产生了矛盾,中台应运而生。前台主要面向所服务的客户,后台包括技术支持等支撑系统,中台则介于两者之间。

中台是企业级共享服务平台,核心是共享和复用。中台能够将支撑前台多种业务形态的共性技术和业务能力进行抽象、沉淀,形成可复用的、标准化的服务组件,快速满足前台不断变化的需求,在构建企业级服务能力的同时解决资源共享和反应不敏捷的问题(王兴山,2019)。

在企业实践中,中台模式主要包含业务中台和数据中台的"双中台"模式。业务中台的作用是"沉淀、标准、共享"。业务中台对最佳业务实践的业务模型、业务构件以及基于规则的自动化组件等进行沉淀,并将其封装为可复用的标准化服务组件,在集团内提供共享服务。

数据中台是统一的数据管理和服务平台,其作用是"打通、整合、服务"。数据中台打破多个信息系统之间的数据壁垒,整合建立含有业务关系的数据仓库,通过主数据管理、数据清洗、数据挖掘等数据治理技术,将数据资产有效利用,并提供数据服务。数据中台能够为前台的业务创新和业务发展提供数据赋能,实现一切数据业务化。业务中台和数据中台相辅相成,共同构成企业数据良性流转的闭环(如图 4-3 所示)。

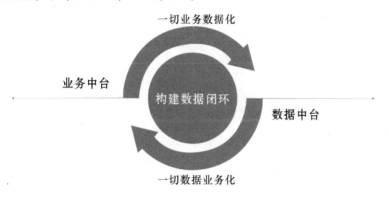

图 4-3 数据中台和业务中台的运作模式

财务中台

关于财务中台,实务中已经广泛使用,在阿里巴巴、科大讯飞等企业中更是得到了普及。金蝶、元年、用友等财务软件提供商也隆重推出了财务中台产品和服务。但学术上对于财务中台的研究很少,至今仍没有一个标准的定义。

根据上海国家会计学院智能财务研究中心、元年研究院、管理会计研究 CMAS 智库 2021 年联合发布的《数字智能时代,中国企业财务共享的创新与升级调研报告》,财务共享的发展可以分为四个阶段(如图 4-4 所示)。"财务共享的不断升级,使得其边界正在不断重塑和扩展。以财务核算共享、会计核算标准化、核算流程再造为主的组织和人员集中、系统通用性较强的财务共享 1.0,逐步升级到拥有财务三维组织架构、影像及档案电子化、与 ERP 系统集成的财务共享 2.0;不少企业扩展到业财资税共享的一体化平台,进入端到端打通业务和财务体系的财务共享 3.0 时代;部分企业则进入业财深度融合、人工智能深度应用、数据中心赋能业务、具有基于微服务的中台架构的财务共享 4.0 时代"。

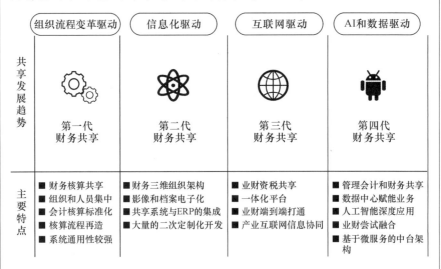

	组织流程变革驱动	信息化驱动	互联网驱动	AI和数据驱动
共享发展趋势	第一代 财务共享	第二代 财务共享	第三代 财务共享	第四代 财务共享
主要特点	■ 财务核算共享 ■ 组织和人员集中 ■ 会计核算标准化 ■ 核算流程再造 ■ 系统通用性较强	■ 财务三维组织架构 ■ 影像和档案电子化 ■ 共享系统与ERP的集成 ■ 大量的二次定制化开发	■ 业财资税共享 ■ 一体化平台 ■ 业财端到端打通 ■ 产业互联网信息协同	■ 管理会计和财务共享 ■ 数据中心赋能业务 ■ 人工智能深度应用 ■ 业财尝试融合 ■ 基于微服务的中台架构

图 4-4　财务共享的发展阶段

由此可见,财务中台可以看作基于微服务的中台架构、业财深度融合、智能技术深度应用的财务共享 4.0 版本。

微服务①是云计算时代重要的技术。微服务架构相对于传统的应用架构,具有独立部署、并行开发、快速迭代、弹性扩展等巨大优势。基于微服务组件,业务部门可以快速调用、组合这些组件,形成新的业务应用,有助于实现业务的快速创新和敏捷迭代。

为适应市场环境的快速变化,满足集团的业务发展和多级管

---

① 微服务是指可以独立部署的、小的、自治的业务组件,业务组件彼此之间通过消息进行交互。一个微服务组件一般专注于单一功能,比如消息管理、客户信息管理等。微服务架构强调的一个重点是"业务需要彻底的组件化",原有的单个业务系统会拆分为多个可以独立开发、运行的组件,这些组件之间通过交互和集成形成大的业务应用。

控需求，财务管理前中后台的平台型应用架构应运而生（如图 4-5 所示）。财务中台是企业业务系统（前台）和财务总账系统（后台）间的枢纽，通过连通业务系统汇集、筛选、转换业务数据，自动生成财务数据，并传输到财务后台的总账和报表系统。财务中台基于技术组件、基础支撑组件、规则引擎组件，构建了丰富的财务应用，包括各类交易处理中心、管理控制中心和决策支持中心。

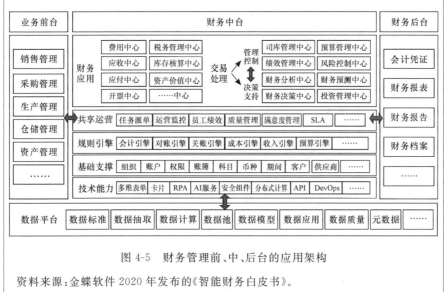

图 4-5　财务管理前、中、后台的应用架构

资料来源：金蝶软件 2020 年发布的《智能财务白皮书》。

四、IT 与财务携手变革

（一）双项目经理制，管理创新

信息部要和财务部共建财务中台的消息很快便在公司传播开来，两个部门的核心人员一起召开了项目启动会。

财务部负责人朱文正首先抛出难题：“财务和 IT 都是很专业的领域，财务不懂 IT 语言，IT 也不懂财务逻辑，双方怎么有效沟通？早期我们在上线 ERP 系统时，就与信息部打过多次交道，双方很难沟通，

IT人员无法真正理解我们的财务逻辑，给出的解决方案总是达不到我们的要求，双方也常常针对要不要为一个新的业务需求改动ERP系统设置而争论不休。想起上线ERP系统时的种种不快经历，我都担心这次这么宏大的财务中台项目能否落地。"财务部其他员工也深有体会，纷纷附和。

赵天成笑着说："以前的信息部是存在这样突出的问题。为了有效推进公司的数字化转型，信息部在2016年末调整了组织架构，打破了原来大一统的设置，围绕业务模块分设9个IT专业小组以强化IT和业务的紧密联系，比如营销IT组、采购IT组等，小组的IT成员一般都是双栖人才。比如这次我们将建立财务小组，选择5名有财务背景的IT员工。我的助理小张可是个全才，既有IT背景，又懂些财务，沟通协调能力还很强，由他担任财务小组组长，再合适不过啦！这样我们合作起来相对轻松，就不会发生'鸡同鸭讲'的问题了。"

朱文正一听，总算卸下了心中的重担："这样最好了。财务部这边，我会派几个年轻能干的员工。相对来说，他们对IT更了解一些，学习能力强，沟通起来会顺畅一些。后续，我们还可以通过联合培训，快速了解交叉领域的知识。"

项目组人员已敲定，但跨部门的项目管理模式怎么设计？遇到意见冲突怎么解决？赵天成回答道："常规的项目管理只设一个项目经理。在数字化项目中，IT在技术方面更擅长，但业务部门在业务逻辑、流程梳理上更擅长，所以双方的分工协作对于项目的成败至关重要。圣奥经过多年的数字化项目建设，已经摸索出一套双项目经理制的项目管理创新模式，业务部门和信息部门各选出一位项目经理，共同负责数字化项目的推进。技术类问题由IT项目经理拍板，业务类问题听业务项目经理的，分工明确能减少不必要的矛盾。"朱文正点头说："双项目经理制还可以提高业务部门的参与度。"

经过讨论，财务中台项目设两个项目经理，由信息部的张弛（化名）和财务部的朱文正担任。除项目经理外，IT 部派出四名开发人员，财务部派出四名会计人员，整个项目组十个人。项目团队组建完毕后，朱文正终于松了一口气：有了这样一支富有交叉背景、年轻有活力的团队，有了双项目经理制下的项目分工（如表 4-1 所示），往后的工作便轻松多了！

表 4-1　圣奥双项目经理制管理模式

项目阶段	业务经理	IT 经理
项目计划	考虑业务模式、组织形式、业务资源情况等因素，与 IT 经理共同拟定项目路线图、项目计划	考虑技术平台、技术实现路径、IT 资源等因素，与业务经理共同拟定项目路线图、项目计划
项目资源管理	管理与保证业务相关项目成员在项目各阶段的参与度，从而顺利推进项目	引进和管理顾问、开发人员，配合内部 IT 成员，保证项目的顺利推进
状态管理和汇报	与 IT 经理共同确定项目状态，更新项目卡，如实反映项目状态和风险	与业务经理共同确定项目状态，更新项目卡，如实反映项目状态和风险
风险和问题解决	甄别项目风险，特别是业务风险，并努力协调解决瓶颈和风险	甄别项目风险，特别是项目技术风险，并努力协调解决技术瓶颈和技术风险
流程和变革管理	保证业务流程讨论的顺利进行，推动业务负责人对未来业务流程的确定，保证业务流程变革的可控性和可落地性	督促 IT 成员参与业务流程和逻辑讨论，保证未来的系统功能能够很好地支持未来业务流程的运转
跨部门协同	协调组织跨部门讨论和跨部门确定流程	督促 IT 成员参与跨部门讨论
项目收尾和验收	了解业务操作人员对项目和系统功能的反馈，从而支持项目的满意度调查及未来改善	组织满意度调查、根因分析，确定未来改善点，项目文档验收

（二）阿米巴制，激发活力

自 2018 年起，圣奥便在集团内广泛实行阿米巴制度，信息部门转型成为独立的利润中心，部门和员工的收入主要来自数字化项目创造的业务效益分成。

　　将信息部门的收入与数字化项目的增值效益挂钩，一方面是为了贯彻倪良正"IT 与业务融合"的思想，推动 IT 项目真正满足业务需求，提高项目实效，避免"为了数字化而数字化"；另一方面也是要求信息部门做好数字化项目的效益预估，筛选出重要项目，将有限的 IT 资源用到刀刃上。

　　这一举措成效显著，阿米巴制有效激发了信息部门的积极性。在数字化建设过程中，激发信息部门的积极性、发挥其先锋作用成为队伍建设的关键。经过阿米巴制的重塑，信息部门将各 IT 团队与项目效益绑定，这不仅激发了 IT 人员的积极性，还有力推动了集团数字化建设，提高了数字化项目的效益，圣奥也因此打造出一支积极、专业的数字化建设队伍。

　　随着阿米巴制的推进，薪酬制度也进行了相应变革，从原来的固定年薪制变为效益工资制。当这一消息传到信息部门时，办公室里一下子炸开了锅，员工们人心惶惶。在薪酬改革研讨会上，老李作为员工代表，直接在会上提出疑问："信息部门一直都是对内服务部门，没有外部收入，基本上所有的公司都将其作为成本中心，我们突然转成利润中心，这是为什么？"

　　赵天成耐心解释道："原有信息部门作为后台支持部门，依靠年度预算拨款，旱涝保收，但干好干坏一个样，大锅饭和平均主义现象严重，整个部门缺乏干劲，难以吸引和留住优秀人才。现在公司进入了数字化转型时期，信息部门成为主力军和排头兵，必须通过变革打破机制障碍，积极作为。我们将信息部门收入、员工收入与数字化项目的增值效益挂钩，倡导价值创造导向的绩效激励，就是为了激活信息部门的活力。大家放心，信息部门的整体收入和平均工资将高于以前，但内部差距会拉大，每个人的价值创造得以量化，让金子不被埋没。当然，绩效变革也有利于推动 IT 人员提高数字化项目的实效。"

老李赞同地点点头："平均主义的薪酬制度是要改改了，这几年信息部门很少留住好的苗子，好几个都被其他公司挖走了，现在绩效与项目效益挂钩，大家肯定更有干劲。改革的方向是对的，但落地并没有那么容易。一方面，数字化项目实施带来的效益主要是降本增效，直接的降本容易量化，但增效有时很难量化；另一方面，有一些项目短期效益不明显，长期才逐渐体现，我们的收入如何与其挂钩？"

赵天成若有所思地说道："老李提的问题很好，当前我们需要建立一套数字化项目效益的科学评估体系，对项目的效益进行全面的量化评价。比如，费用报销项目创造的效益不仅包括费用会计工时的减少，还包括业务报销人员平均报销时间的减少，这些效益可以折算成货币价值。费用报销项目降本增效越显著，其带来的效益就越高，相应地，IT项目组的收入也会越高。此外，关于项目效益评估体系以及长期效益的量化方法，我们还需要深入研讨。"

年轻的小于刚来部门两年，他提出另一种担忧："我们的收入是按季度核算的，如果收入与当季的项目效益挂钩，项目量存在明显的季度波动，那项目量少的季度岂不是收入很低？像我这样的年轻人，房贷压力大，工资的波动会造成很大的生活压力。"

赵天成肯定道："这个问题很重要。项目量在不同季度存在波动，但除了新项目的实施，还有一些老项目是需要运维的，这部分运维收益是稳定的，基本工资和老项目运维收益可以平抑这种波动。降低收入波动性的其他解决方案，我们之后再深入研讨。"

薪酬制度变革在引发员工讨论与担忧的同时，也不可避免地引起了信息部门的人员调整。有四名专业能力一般的员工选择了主动离职，但令人欣慰的是，公司从社会上招聘了三名大数据方向的优秀人才。此外，薪酬变革带来的激励效应逐渐显现，IT人员服务态度明显改善，也更加积极地融入业务，主动了解业务部门的需求与痛点，在项目实施中高效解决系统问题，为公司创造了更大的价值。

拓展阅读

财务智能化,大势所趋

新信息技术对会计的影响越来越大。2021年6月,上海国家会计学院与元年科技等单位联合发布了"2021年影响中国会计从业人员的十大信息技术"(如图4-6所示),依次是财务云、电子发票、会计大数据分析与处理技术、电子会计档案、机器人流程自动化、新一代ERP、移动支付、数据中台、数据挖掘、智能流程自动化(IPA)。其中,数据中台第一次入围,位列第八位。同时宣布的还有2021年潜在影响会计从业人员的五大信息技术:深度学习与智能决策,基于法定数字货币的智能支付与结算,数据中台、业务中台与管理中台,分布式记账与区域链审计,数据治理和数据资产的管理与应用。其中,中台技术又一次成为影响会计的重要信息技术之一。

在新信息技术驱动下,人工智能、大数据、数据中台等新兴技术越来越广泛地被应用在会计中,财务智能化势不可挡。智能财务通过将企业业务、财务场景和新信息技术相融合,重塑企业组织和流程,构建出新的财务管理模式。

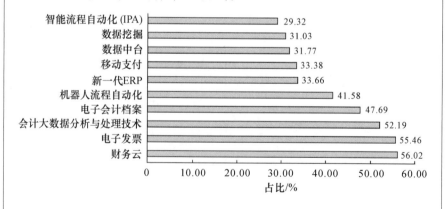

图4-6　2021年影响中国会计从业人员的十大信息技术

值得一提的是，财务共享中心对新技术的应用更为积极（如图 4-7 所示）。一方面，新兴技术与财务共享中心的结合进一步提升了财务共享的流程自动化率，实现了显著的降本增效；另一方面，财务共享中心作为天然的业财数据中心，应用数据中台、数据挖掘等技术，可以有效发挥这些数据资产的价值，实现以数据洞察驱动经营决策。

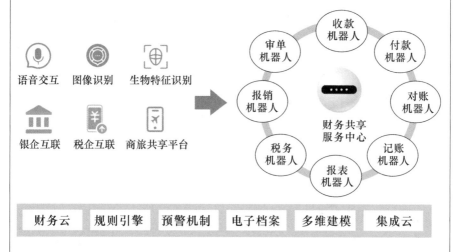

图 4-7　财务共享中心的新兴技术应用

资料来源：金蝶软件 2020 年发布的《智能财务白皮书》。

数字化转型面临的挑战

Riverbed[①] 对 1000 名商业决策者的调查结果显示，有 98％ 的企业决策者认同成功的数字化转型对公司的高质量发展愈发重要。受访者表示，这种成功的衡量标准是用户体验和满意度提升（53％）、市场敏捷性提高（49％）、收入增加和盈利能力增强（49％）、员工生产力提高（49％），以及更快的产品上市时间（48％）。

---

① 数字性能公司 Riverbed Technology 是一家全球领先的网络性能管理公司，专注于提供广域网（WAN）优化、应用加速和云网络解决方案。

同时,95%的受访者表示在数字化转型中遇到了挑战,五个最重要的挑战分别是预算约束(51%)、过于复杂或僵化的传统IT基础设施(45%)、缺乏数字或最终用户体验的全面可见性(40%)、缺乏可用或具备所需技能的人员(39%)、缺乏领导层的支持(37%)。

类似地,捷普(Jabil)赞助的一项调查显示,制造企业数字化转型面临的前五个主要挑战为:员工阻力、缺乏引领数字化行动的专业知识、组织结构僵化、缺乏整体数字化战略、预算有限。

因此,组织在数字化转型中面临的挑战主要集中在缺乏战略规划、缺乏高层支持、预算有限、缺乏掌握数字化技术的复合型人才、原有的组织惯性阻力五个方面。

五、财务中台高效落地

(一)费用共享,报销智能

为了把财务中台的蓝图变为现实,项目组决定按照模块循序渐进建设,先从日常财务审核工作量最繁重的费用报销模块入手。

费用报销流程涉及各级员工的商旅活动和票据报销,主要环节包括差旅申请—主管审批—差旅预订—费用报销—财务审批—出纳结算—会计记账—归档。原先主要是线下流程,业务人员线下申请,主管线下审批,因为发票信息需手工录入报销申请单,所以经常由于报销申请单填写错误而返回重填,造成员工报销体验差;财务人员需要人工审核发票、记账、归档,工作繁重。圣奥每月的费用报销超过2万笔,每笔金额不大,但很高频,且处理流程耗时耗力,占用了财务人员大量的时间。

"经过详细调研和多方对比,我们了解到每刻科技的费控产品能够提供专业的企业级费用管理SaaS服务(software as a service,软件即服务），功能领先，智能化程度高。它通过连接第三方消费平台、银行系统、第三方支付平台、企业内部各信息系统等，应用 RPA、OCR、税企直联等多种智能技术，打通了费控从差旅申请到凭证入档的全流程，大大提高了费用报销的效率。他们拥有和名企合作的丰富经验，我们可以考虑与他们合作，将其产品集成到我们的财务中台来。"财务部负责人朱文正和信息部张弛热切地讨论如何推行费用共享。

新的差旅报销流程如图 4-8 所示。

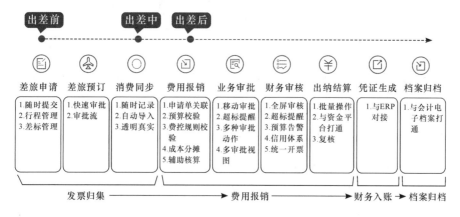

图 4-8 差旅报销新流程

差旅报销新流程中的智能化应用包括：

智能填单：应用 OCR 技术自动采集纸质发票的非结构化数据，实现智能填单；通过与美团、携程等商务平台连通，自动导入差旅消费数据，实现免发票报销。

智能审核：通过税企直联对发票进行验真查重，自动识别假票、重复票、过期票、连号票等，实现智能审核。

智能管控：通过规则引擎嵌入部门预算校验和员工差旅标准校验，实现超标报销预警、预算告警、自动计算差旅补助等功能，实现智能管控。

信用管理：引入员工信用体系管理——报销记录好的员工信用分高，只要通过系统的智能审核就能快速收到报销款，无需人工审核。

这有利于引导员工诚信报销，从根本上减少人工审核的工作量。

线上化流程：员工线上申请、主管线上审核，方便快捷。

自动化：通过与 ERP 系统、资金平台和电子档案系统打通，实现自动化记账、批量支付、自动化分类归入电子档案，大大解放财务人力。

2018 年 5 月，每刻报销云平台开始在圣奥运行，受到业务部门和财务部门的一致好评。报销云平台打通了整个费控流程，让差旅、报销和费控管理变得更轻松。

这个月刚出差回来、走完报销流程的小王兴奋地说："出差申请、订酒店、变更行程、领导审批、提交报销单等都能在手机端的每刻报销 App 上操作。报销速度今非昔比，我这周一刚发生的差旅，周三就收到了钱。最方便的是智能填单，只要手机拍下发票，发票数据就自动填入报销单，再也不用手工填那么多的发票数据了，太智能了。"会计小钱补充道："报销平台也解放了会计。一方面，发票自动验真查重、智能审核、批量支付、自动化记账、自动化存档，让会计顿时轻松多了；另一方面，员工信用体系建立后，50% 的报销都交给了系统，由其进行自动化审核。"

2019 年，财务部门的费控流程效率显著提升，单笔报销提单环节处理效率提高了 6 倍，而费用会计的人数由 5 人降至 2 人，降本增效明显（如表 4-2 所示）。

表 4-2　费用共享项目效益

效益指标	使用前	使用后
单笔报销平均周期（从提单至收款）	15 个工作日	9 个工作日
月均单据量	1200 单	2200 单
费用会计人数	5 人	2 人
单笔报销提单环节处理时间（贴票＋填单）	30 分钟	5 分钟
单笔费用综合处理成本（人力成本＋水电＋办公场地＋IT 系统建设＋档案存放）	5 元	3 元

（二）资金共享，一键支付

想要实现"一键式"财务，还得打通支付环节的资金共享。圣奥常年合作的招商银行已经有了较为成熟的跨银行资金管理系统 CBS（cross-bank solution for cash management，跨银行现金管理平台）。CBS 相当于管理不同银行众多账户的统一平台，只要对接 CBS，圣奥就能轻松实现跨银行的账户统一管理和操作，实现银企直联，并利用招商银行提供的安全体系，确保资金和数据安全。在浙江省内，成功运用 CBS 系统的企业已有近百家。综合考虑下，张弛和朱文正决定采用招商银行的跨银行资金管理系统 CBS。2018 年 6 月，圣奥的财务中台正式对接招商银行的 CBS，建设过程如表 4-3 所示。

表 4-3　资金共享建设任务分工

建设阶段	单位	工作任务
第一期：建立公用设置、银企直联、银行账户管理、支付结算等功能模块	招商银行	CBS 功能开发及后台部署、系统安装、银企直联接口联调
	圣奥	硬件环境准备、申请用户数字证书、银企直联申请及子公司授权、ERP 对接开发、系统试运行
	双方	成立项目组、签订协议书、准备基础数据资料、系统培训推广、上线验收
第二期：建立票据管理、预算管理、报表统计分析、信贷管理等功能模块	双方	根据第一期的建设情况和效果进行预研

第一期的上线离不开各项系统之间的数据对接工作，资金共享建设以 CBS 为枢纽平台，对外与需要直联的银行进行接口联调，对内与泛微 OA、每刻报销、ERP、会计电子档案进行对接开发（如图 4-9 所示）。

"上线后，我们银行 U 盾的管理量从 60 多个整合为一个，实现了账户统一管理，而且资金结算效率提升显著，单笔付款平均时长从原

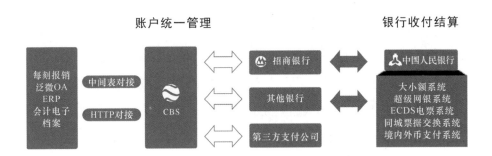

图 4-9　资金共享情况

来的 5 分钟缩短为 30 秒,收款从 3 分钟降为 1 分钟(如表 4-4 所示)。"朱文正高兴地说,"此外,CBS 还能做到智能精准的交易流水对账、银企对账,自动对账的效率比人工的效率提升了不知多少倍。"

表 4-4　资金共享项目效益

效益指标	使用前	使用后
单笔付款平均经办时长 (从复核付款单至银行支付)	5 分钟	30 秒
月均银行支付流水笔数	6250 笔	6500 笔
单笔收款平均经办时长 (从银行收款至凭证入账)	3 分钟	1 分钟
月均银行收款流水笔数	3750 笔	4000 笔
出纳人数	8 人	4 人

"第二期系统的建设已在路上,未来还能实现票据管理、信贷管理等更多强大的财资管理功能!"张弛由衷感慨道。

(三)电子档案,一键查询

会计凭证的电子化是大势所趋。早在 2019 年,市面上成熟的电子档案产品还较为匮乏时,圣奥就已提前布局电子档案系统的开发工作。在推进过程中,考虑到圣奥与每刻科技有良好的合作基础,张弛决定由圣奥 IT 团队和每刻科技以共创的方式,共同开发电子档案系统。

同年，圣奥和每刻科技联合开发了电子档案系统。该系统以圣奥的数据中台为基础，从鼎捷 ERP、CBS 资金平台等多信息系统实时获取各类业务单据、发票和会计凭证，将其同步存储到电子档案系统，同时，电子档案系统向 ERP、OA 等系统提供查询接口，开放档案查询能力（如图 4-10 所示）。

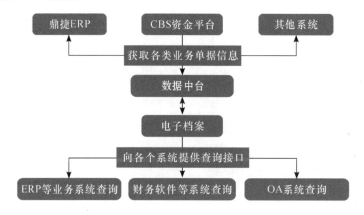

图 4-10　会计电子档案与各系统的互联互通

2020 年 3 月，财政部、国家档案局发布《关于规范电子会计凭证报销入账归档的通知》，明确规定符合档案管理要求的电子会计档案与纸质档案具有同等法律效力，可不再另以纸质形式保存。这进一步坚定了圣奥推行电子档案系统的决心，因为传统的档案管理已无法支撑企业数字化转型。

在此背景下，圣奥纸质档案的电子化存档工作也提上了日程。工作人员对于纸质档案先进行影像采集，再存入电子档案；同时将影像数据与纸质档案建立关联，实现从电子档案到纸质档案的可追溯。

在归档中，电子档案系统借助 NLP、OCR 等技术，能做到不同类型单据的自动化分类归档，以及同一纸质单据的多个电子影像间的前后一致性审核，提效明显，档案管理人员压缩了一半以上。

建立会计电子档案后，业务和财务人员能“一键式查询”各类业务单据（如图 4-11 所示），快速便捷。同时，集团也节省了纸张、油墨、档案柜和档案室租金等管理费用,年节约成本额高达 152 万元。

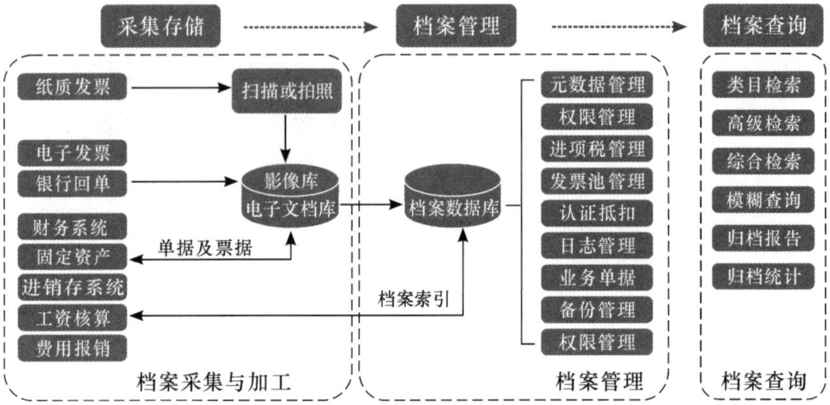

图 4-11　会计电子档案核心流程

(四)应收共享,方便快捷

为加强产业链上下游企业的协同,提升公司的运营效率,2019 年 12 月,张弛和朱文正着手推进销售应收、采购应付的共享模块建设。作为家具制造企业,圣奥的销售活动高频,家具型号众多,销售订单上商品条目众多,开票量繁重;客户众多,收款管理工作复杂,包括应收立账、应收到期催收、收款认领、应收核销等环节。

张弛率先表态:"销售应收共享这方面我了解过,市面上基本没有合适的解决方案。我建议采用自研的方式推行应收共享。"

"应收共享关键就是两块东西:销售开票自动化和收款管理。"朱文正整理了一下思绪,"销售开票方面,开票量大,负责开票的会计就有五个人。开票自动化已经迫在眉睫。"

项目组首先着手开票自动化。张弛仔细研究了开票所需的各项系统,他发现只要发挥 IT 团队的系统集成能力,打通销售业务系统、ERP、金税、电子档案等系统,做到数据的互联互通,就能实现开票申请、发票开具、应收立账、发票归档一体化管理(如图 4-12 所示)。销售代表小王乐见其成:"还真别说,以前开票我们不知道得跟财务部门沟通多少次才能拿到发票。现在不一样了，我们这边申请开票，财务一键开票，开票速度快了不少。"

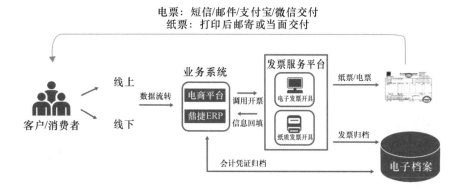

图 4-12　应收共享的开票自动化流程

另一边，收款管理流程的优化（如图 4-13 所示）也在如火如荼地进行着。出纳小刘说："在收款管理流程中，有一个重要环节叫做收款认领。以前，CBS 平台接收到一笔银行收款后，为了确认这笔收款对应的是哪张销售订单、哪个客户，我们要在 CBS 平台中将收款客户与 ERP 系统中销售订单客户进行匹配。但实际上两个系统自动匹配率只有 60% 左右，剩余部分都需要人工匹配，耗时耗力！我们匹配不上

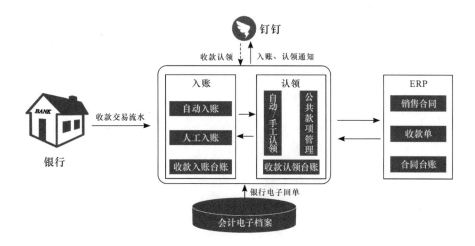

图 4-13　应收共享的收款管理流程

的,就要邮件通知相关营销人员进行人工匹配,这也称为收款的手工认领。营销人员'天上地下'地跑,根本没时间,销售收款的认领及时性就很差了。"

收款管理流程改进的关键在于对现有 CBS 资金平台和 ERP 系统的功能整合,利用机器学习等技术优化两个系统中收款客户名与订单客户名的匹配算法,提高自动化匹配率;结合营销人员需求,接入钉钉平台实现订单收款到账提醒、收款认领通知的实时推送。

"系统优化之后,自动匹配率提升到 95% 左右,需要人工匹配的收款已经很少了。"会计小钱表示很满意。营销员小胡也很开心:"钉钉推送功能上线后,不仅提升了收款认领的及时性,还让我们能随时查询到合同的最新收款情况,方便了我们的客户回款管理工作。"

(五)应付共享,协同共赢

作为家具制造企业,圣奥的采购活动高频、复杂,采购的原材料型号多达上万种,供应商遍布国内外,采购应付流程的效率显得尤为重要。采购应付流程包括采购下单、供应商发货、供应商开票、对账、发票签收、三单匹配(采购订单、入库验收单和供应商发票的匹配)、应付记账、支付货款等环节。在采购应付共享模块上,圣奥决定继续携手每刻科技,共同建设采购应付共享平台。2020 年 5 月,新系统成功上线,应付共享的整体流程如图 4-14 所示。

圣奥应付共享流程有以下特点。

一是云平台对账。供应商送货和圣奥收货的数据可以同步到云平台上,系统自动对账。供应商对账确认后,将预制的发票提交给圣奥审核。在圣奥确认发票信息无误后,供应商在线开票,同时将纸质发票线下寄给圣奥。

二是发票签收速度快。圣奥收到发票后,通过连接发票扫描仪,批量扫描发票并进行自动验真,实现快速签收。

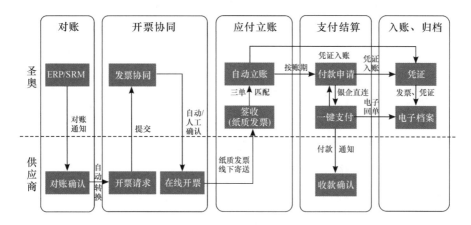

图 4-14　圣奥应付共享流程

三是三单匹配自动化。在发票签收后，圣奥借助 RPA 机器人，自动化完成三单匹配，匹配成功后自动立账，确认应付账款。

四是自动付款。系统利用规则引擎，在账期到期时自动生成付款申请单，通过银企直连进行一键支付。

会计小刘赞不绝口："就对账环节来说，之前都是我们与供应商人工对账。现在好了，送货和收货数据可以同步到云平台上，系统自动对账。再说说开票环节，之前供应商开的发票五花八门，不合格的发票还要让他们作废重开。现在双方可以在系统中预制发票，没有意见后再在平台上在线开票，开票准确性大大提高。在发票签收环节，之前我们收到供应商发票还需要人工审核并签收，现在系统批量扫描发票，实现快速签收。另外，三单匹配、记账和付款工作也实现了自动化，我们部门的对账和发票审核人员现在减少了一半，新系统的自动化效果太好了！"

应付共享项目完成后，整个应付流程的效率大幅提升，而且财务共享中心也从财务后端审核核算延伸到业务前端的采购协同，实现了功能拓展。

（六）资产管理，智能物联

关于资产盘点的难题，朱文正说："今天负责资产管理的小徐找到我，说现在公司每到年底固定资产盘点的时候，都需要人工用盘点机对着资产上的条形码标签一一扫码核对，投入了大量人力，但盘点效果却不是很好。您看这怎么解决呢？"

张弛很快给出了答复："我们可以推行 RFID（radio frequency identification，射频识别技术）盘点方法，这是物联网技术的重要应用，我之前在很多大型企业调研的时候也亲眼见过。每项资产上装上 RFID 标签，在资产管理系统建立盘点清单，找到盘点的物品存放区域，使用手持枪，环绕四周一圈，即可生成盘点报表，不仅耗时短，而且盘点效率极高。"

朱文正兴奋地说："好主意，我们可以开发 RFID 资产管理系统满足资产管理的需求，做到资产生命周期的动态管理，这样不仅能提高资产的安全性和资产金额的准确性，还能盘活闲置资产，提高资产周转效率。"

圣奥开发的资产管理系统具有资产登记、资产调拨、资产盘点、查询统计等重要功能（如图 4-15 所示），有助于实现资产的智能物联和全生命周期的动态管控。

可以看出，圣奥在建设财务中台的过程中，对六大核心的财务流程——费用报销、采购应付、销售应收、资产管理、档案管理、资金管理进行了流程再造，并实现了这些核心流程的端到端优化。比如差旅报销流程整体实现了在线化、操作自动化的转变，电子档案流程实现了档案入档和查询的电子化变革，资金共享流程消除了银行存款的人工对账和多银行账户的复杂结算操作，应收共享流程实现了一键开票和收款认领的自动化，应付共享流程则实现了供应商对账和三单匹配的自动化，资产管理流程通过 RFID 技术实现了资产的在线监控。

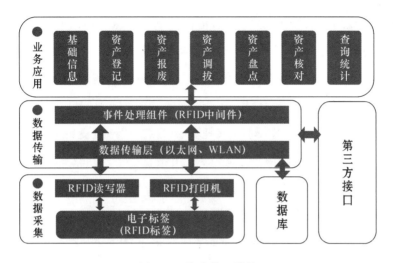

图 4-15　资产管理模块

　　所以，圣奥的流程再造有许多值得其他企业借鉴的地方，比如，在流程再造中强调全流程贯通。圣奥非常强调财务中台与内外部信息系统以及数据中台的连通，通过贯通业务前端到财务中台的数据链，从而站在系统视角做到相关流程端到端的全面贯通。如费用报销软件与 OA 办公系统、ERP 系统、HR 系统、电子档案、资金平台、数据中台进行全面打通，实现员工出差申请—报销申请—审核—支付—入账—存档的全链路闭环。应付共享流程打通了采购验收—供应商对账—收票—三单匹配—应付立账—支付—记账—存档的完整流程闭环，流程打通后，流程的自动化程度也提高了。

　　又如，圣奥在流程标准化的同时注重业财融合。由于财务中台面对的是整个集团多元化、复杂的业务情况，因此财务中台的流程再造既要求财务流程尽量标准化、规范化，实现会计制度、流程、表单、科目编码的四统一，同时也需要避免财务流程的僵化和一刀切。圣奥财务中台通过规则引擎、流程引擎等新技术实现流程规则的场景化设置、动态化适配、灵活化调整，从而做到更好的业财融合。如在费用共享系统中，集团内复杂多样的部门预算管控、差旅标准可以利用规则引擎,快速配置到系统中,实现费用报销的智能审核和管控,从而实现财务审核与差旅业务的场景化、灵活化适配。

再如,圣奥通过应用智能化技术,全面提升新流程的自动化程度。集团借助微服务化中台技术、OCR、RPA、物联网 RFID、机器学习、自然语言处理等先进技术,同时依托集团数据中台的良好基础,做到了高标准建设财务中台,应收、应付、费用报销、资金共享等重要流程实现了高度自动化和一定的智能化,凭证自动化率超过 90%,流程效率大幅提升,实现智能审核、一键开票、一键支付、实时记账、电子档案、机器人对账、三单匹配自动化、管控规则嵌入等智能化功能(如表 4-5所示)。另外,从数据链来看,通过系统集成和 OCR 技术,圣奥实现了对交易级、结构化、实时化的业财数据的全面采集,财务中台沉淀了丰富的业财数据,比如采购明细数据、差旅行为和报销明细数据、资产管理的动态数据等。以报销流程为例,新的流程集成了大量的智能化技术(如图 4-16 所示),从而有效提升了流程效率和体验。

表 4-5　财务中台各模块的智能化应用场景

财务模块	智能化应用
费用共享	1.智能填单:应用 OCR 技术自动采集纸质发票的非结构化数据,实现智能填单 2.智能审核:对发票进行查重验真,自动识别重复发票、连号发票、假票、超期发票等,自动识别超预算、超差旅标准的报销 3.预算引擎和规则引擎:对超预算、超差旅标准的报销进行预警;利用差旅标准自动计算差旅补助 4.会计引擎:实现自动记账 5.信用管理:报销记录好的员工信用分高,只要通过系统的智能审核就能收到报销款,无需人工审核
资金共享	银企直联:使用招商银行跨银行资金管理系统,应用了银企直联的功能,实现了银企自动对账,自动生成银行余额调节表
会计电子档案共享	1.自动分类归档:对各类发票、单据和凭证实现系统的智能分类归档 2.电子档案快速查询:电子档案可快速查询,可追溯至纸质档案 3.影像一致性查验:利用自然语言处理技术对影像进行一致性检查

续表

财务模块	智能化应用
应收共享	1.智能开票：利用开票机器人，批量下载开票信息，通过税企直联，实现一键开票 2.收款认领的智能化：优化收款客户和合同客户匹配算法，大幅提高自动化匹配比率
应付共享	1.快速签收发票：通过连接发票扫描仪，批量扫描发票并智能比对、验真查重，实现快速签收及审核 2.三单智能匹配：RPA 自动对账，对采购单、收货单、采购发票进行匹配 3.规则引擎：根据合同账期自动生成付款排程 4.RPA 自动付款：根据付款排程自动生成付款申请 5.会计引擎：自动记账
资产管理	RFID 应用：对所有固定资产增加 RFID 电子标签，实现快速盘点、资产调拨、统计分析等功能

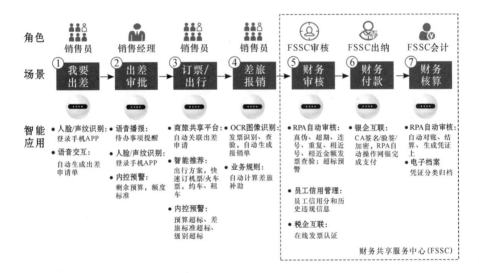

图 4-16　报销流程中的智能化应用

与此同时，圣奥在建设财务中台时，坚持结合自身实际，外购、共同研发、自行研发三种方式交叉结合，有效整合企业内外部资源，实现优势互补、量身定制、方案领先（如表 4-6 所示）。圣奥根据企业实际业务特点、定制化需求程度、市场现有解决方案等情况，在外部引进与内部自研中做出了最适合自己的选择。在部分业务标准化程度较高的模块,圣奥集团秉承开放包容的理念,从外部引进先进的第三方软件,如费用共享使用每刻科技的费控产品、资金共享使用招商银行跨银行资金管理系统。而在部分业务较为复杂、定制化需求较高、市场缺乏合适解决方案的模块,圣奥集团不盲目从众,而是选择由自身专业的 IT 团队自研或与第三方共同研发,高度匹配集团业务需求,比如会计电子档案模块和应付共享模块采用了与每刻科技共研的方式,而应收共享和资产管理模块则采用了自研方案。

表 4-6   圣奥集团财务中台建设方式

财务模块	建设方式
费用共享	使用每刻科技费用管控产品
资金共享	使用招商银行跨银行资金管理系统
会计电子档案	与每刻科技共同开发
应收共享	自行研发
应付共享	与每刻科技共同开发
资产管理	自行研发

无论是对于外购系统,还是对于内部自研的系统,圣奥始终强调系统集成以实现各专业系统间的互联互通,防止数据孤岛的出现。圣奥为自研系统预留应用程序编程接口,外部引入的系统也要求供应方提供接口,之后由信息部门统一进行系统集成,打通各子系统,实现数据在各子系统间的无障碍流转与全系统共享,形成统一的数据中台。

六、变革显效,任重道远

各项共享模块均已上线运行后,信息部门又和财务部门围绕"助力财务转型,挖掘数据价值"的财务数字化转型召开了一个展望会。不同于财务中台建设前期的"吐槽大会",大家明显轻松了许多,他们热烈讨论着财务共享给大家带来的便利,感慨一路走过来的艰辛(如图 4-17 所示)。

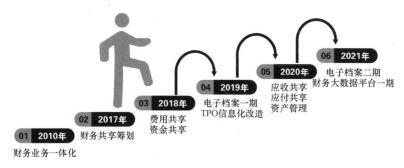

图 4-17　财务中台项目历程

朱文正脸上布满了笑容。"经过为期四年的艰苦奋斗,财务中台 1.0 版本成功运行,降本增效显著,从事基础会计的人员规模缩减了一半以上,而支持业务决策的管理会计人员规模增长了一倍,而且这种趋势还将持续! 在此,我向奋战在项目一线的同志们表示衷心的感谢!"朱文正话音刚落,会议室里就响起了热烈的掌声。

"不过,财务数字化建设是一个长期过程。"赵天成笑着说道,"鼎捷 ERP 的全面上线使圣奥迈过了财务信息化的第一阶段,实现了业务管理规范化和财务核算标准化。近几年打造的财务中台标志着我们进入了第二阶段:财务共享和业财融合。借助微服务化中台技术、OCR、物联网、机器学习、自然语言处理等先进技术,同时依托集团数据中台的良好基础,我们的财务中台做到了高标准建设,从业务到财务的流程被完全贯通,重要流程实现了高度自动化,凭证自动化率超过 90%,实现了智能审核、一键开票、一键支付、电子档案、机器人对账等先进功能。另外,财务中台沉淀了丰富的业财大数据,'一切业务数据化'的目标已经实现。接下来,我们要迈向第三阶段:智能财务,我们将在财务中台里搭建财务大数据平台,利用新技术进一步挖掘这些数据的价值,实现数据分析的场景化、数据呈现的可视化和财务决策的智能化,让财务更好地赋能业务!"

朱文正赞同道:"赵总,您说得太好了,我们目前的财务中台主要是实现了交易处理的自动化,离决策智能化还有一定的差距,财务中台沉淀的业财数据大多处于'沉睡'中。在数字化时代,数据是最宝贵的资产,实现财务的智能化是我们努力的方向。比如费用共享系统上沉淀了大量交易级的商旅行程、报销数据,该如何利用这些数据呢?我曾经听说,一个龙头公司利用数据挖掘技术,将每个销售代表的报销数据和产出数据对应起来,分析员工的投入产出比,从而为费控和绩效评价提供支持,这就是典型的数智赋能的例子。接下来,我们要好好规划财务大数据平台的建设。"

虽然财务数字化建设任重而道远,但是这些圣奥人脸上依然充满了干劲和希望,因为他们相信明天会更好,财务的价值会越来越大。

第二辑　重塑：数字生态铸新势

发展数字经济已上升为国家战略，信息化、数字化时代已经到来。在这样的背景下，面对资金不够、能力不足、路径不清晰等问题，不管是企业，还是其他群体组织，都亟须重构发展逻辑。而打造开放、健康、安全的数字生态是大势所趋。因为这不仅可以助力企业获取更多资源，挖掘数据价值，实现对产业链、价值链的优化升级和融合融通，还可以使各类组织形成命运共同体，为行业注入新动力，奠定可持续发展根基。

第五章 从来往到钉钉：
"无招"如何"向死而生"?[①]

阿里巴巴集团(以下简称阿里)旗下的钉钉是中国近年来大公司内部创业的典型案例,其开发了办公即时通信(IM)产品钉钉、系列协同办公服务产品和智能办公硬件以及开放平台,是全球最大的软硬件一体化智能移动工作平台。然而钉钉在阿里内部创业不易,其团队源于陈航(花名为无招,以下简称无招)执掌的"来往"——一个马云亲自站台、汇集大量资源狙击微信,却铩羽而归的项目。再出发的来往团队在无招的带领下,决定转向企业服务市场的即时通信产品,发展到2019年6月底,钉钉已经有超2亿个人用户、1000万家企业组织用户,成为数字时代组织智能协同的基础设施。本章介绍了在负责的来往项目失败后,无招是如何重新识别创业机会,吸取来往的教训再次创业,并带领钉钉迅速发展的。阿里的内部创业也为其他企业依靠内部创业助力公司发展提供了样板。

2013年,无招主导阿里旗下的移动即时通信来往项目,高开低走,折戟沉沙。2014年,无招负重前行,带着七八个开发人员入驻"阿

---

① 本章作者为邬爱其、郑刚、林文丰。

里圣地"湖畔花园①，开发钉钉。从是年5月内部立项、开始研发，到2015年1月正式上线，钉钉取得了令人瞩目的成功。

根据钉钉官方披露的信息，截至2019年6月底，钉钉已经有超过1000万家企业组织用户；2015年底这个数字还是100万；2016年底这个数字是300万；2017年9月底，超过500万；2018年3月底，达到700万；2019年6月底，突破1000万。而截至2023年底，钉钉用户数已超7亿，平均来说，每两个中国人就有一人是钉钉的用户。可以说，钉钉飞速发展，建立了软硬件协同优势，已成为数字时代组织智能协同的基础设施。

钉钉这场翻身之仗，对无招、对阿里而言都极其重要。它意味着阿里在即时通信市场一雪前耻，更意味着阿里在企业服务市场有更强的业务开展能力和更高的话语权。

来往的失败和钉钉的成功之间的强烈对比不禁让人好奇：同样是无招，同样是在阿里内部创业，来往项目为何失败？无招又是如何识别企业即时通信市场的创业机会的？钉钉是如何低成本快速试错迭代的？其转型成功的主要内外因素有哪些？阿里的内部创业模式对其他企业改革创新有哪些可借鉴之处？是否可以复制？

一、来往：山穷水尽疑无路？

2020年2月3日——春节假期结束后的第一个工作日，由于疫情原因，不少企业都选择让员工在家办公，以钉钉或者企业微信作为沟通方式。截至2020年2月12日，钉钉已连续在苹果应用商店霸榜七天。

面对此次疫情，钉钉宣布对1000万家企业组织发布支持"在家办

---

① 参见：《阿里钉钉创业记：疯子"无招"向死而生》（https://www.jiemian.com/article/1217079.html）。

公"的全套免费解决方案,包括远程视频会议、群直播、DING 功能、任务协同、远程打卡功能、智能人事、钉邮、公告等网上办公基础功能,全部免费开放。钉钉数据显示,全国上千万家企业、近两亿人开启在家办公模式,全国各地学校也纷纷通过钉钉直播开学典礼。截至 2020 年 2 月 2 日,广东、河南、山西、山东、湖北等 20 多个省份的 220 多个教育局加入钉钉"在家上课"计划,超过两万所中小学、1200 万名学生用上了钉钉。

钉钉在疫情期间迎来了用户的爆发性增长,对此,创始人无招,这个年轻的阿里创业老兵百感交集。

（一）来势汹汹的微信

微信由腾讯负责"手机邮件"的张小龙团队于 2011 年 1 月 21 日推出,起初功能仅有快速消息、分享照片、设置头像等。马化腾谈及微信时提到①:"微信最初就是一个邮箱。微信其实是邮件,是个快速的短邮件,只是它快到让你以为不是邮件。有这个班底在,我们在设计和开发上的速度很快,所以很快就研发出来了。张小龙带领这个团队,包括他本人对这个产品的把握度都非常到位,是非常好的。"

微信的用户数和产品功能发展之快,让马云、雷军等艳羡不已。微信于 2011 年 3 月,推出支持多人会话的群聊功能;4 月,推出发表情功能,在月底已获得了四五百万注册用户;5 月,推出语音对讲功能,使得用户可以录音并发给对方;7 月,推出寻找手机通讯录好友功能和推荐 QQ 好友与手机通讯录好友功能。到同年 8 月,微信添加了"查看附近的人"的陌生人交友功能,用户数达到 1500 万。到 2011 年底,微信用户已超过 5000 万。2013 年 1 月 15 日深夜,腾讯微信团队在微博上宣布微信用户数突破 3 亿,成为全球下载量和用户量最多的

---

① 参见:《马化腾谈腾讯三次存亡危机:新浪当年看不上 QQ,只好砸手里》(https://www.thepaper. cn/newsDetail_forward_1547955)。

通信软件;7月25日,微信的国内用户超过4亿;8月15日,微信的海外用户超过了1亿。微信的商业化也在这一年突飞猛进,此时的微信已经增加了微信公众号、微信支付、小游戏等功能。①

微信发展之初,马化腾也曾有用户增长方面的担心②:"最主要的问题是,刚出来时用户数据起不来,大家觉得这就是一个简单的QQ。真正的启动是语音,按了就可以讲话,录音就出去了。这是国外同类产品没有的功能。我发现有这个功能之后,(微信)迅速就火爆了。它把很多不习惯手机打字的高管变成了微信用户。还有就是跟手机通讯录的整合,QQ用户数据的导入,你一看通讯录好友装了微信,就赶紧也装上了,这是社交链的能量。"

当微信发展起来后,日夜担心的人就变为了马云。

(二)折戟沉沙的来往

在"急得挠头"的马云的任命下,无招开始主导阿里旗下的移动即时通信项目。经过紧张的开发,于2013年9月23日正式发布产品"来往"。来往似乎"迟到"了太久:这时微信的国内用户已超过4亿,其产品功能也在用户的反馈中日臻完善。

没有轻敌的阿里将微信作为最直接的竞争对手,计划用10亿元发展资金来支持来往。在和微信竞争的时候,来往主打"扎堆"和"私密"两个差异化功能。其中,"扎堆"功能是明星、名人、音乐人入驻发布内容;"私密"则是具有电商基因的阿里的自然选择:用户不仅不能像微信一样低门槛地加好友甚至进行陌生人社交,更不能从淘宝、支付宝导入好友。③ 更糟糕的是,用户发现来往的产品设计保留了PC

---

① 根据微信官网和公开信息整理。

② 参见《马化腾谈腾讯三次存亡危机:新浪当年看不上QQ,只好砸手里》(https://www.thepaper.cn/newsDetail_forward_1547955)。

③ 参见《"来往":强硬推广的背后是产品特性与用户体验》(https://tech.huanqiu.com/article/9CaKrnJCPFM)。

端大而多的特点，相比微信的"聊天、发现、通讯录"三个主要页面，来往有"来往、通讯录、扎堆、探索、我的"五个页面。

未解决痛点的"扎堆"功能、影响用户拉新的"私密"功能和复杂的界面设计，让已经落后于微信的来往，没能迎来用户数量的高速增长。

2014年初，来往的用户数据依然很难看，丝毫未能撼动微信的地位，反而在和微信竞争的近半年里，倒逼微信陆续推出绑定银行卡、微信支付、微信红包、滴滴打车、买电影票等功能。为什么会出现这样的情况？

客观地讲，相比较于马化腾让张小龙开发微信的放权，马云在来往项目上亲力亲为，无招团队没有被充分授权。同时，来往的产品定位、功能设计和推广也不尽如人意。它一直在模仿微信，用户体验未超越微信，却在发布时间上晚于微信。此外，开发来往是在阿里总部里做跨界颠覆性新业务，易受阿里浓厚的电商氛围影响，与其主打社交场景的定位相矛盾。

谈到对来往最深刻的印象，无招的回答是"辛苦"，几乎没有在晚上12点前离开过公司。然而这些辛苦并没有换回喝彩声，而是一声声的叹息。

二、无招"无招"？

（一）"只要没死透，就有希望"

在无招看来，来往不是失败，它是团队成长的一个过程，带来了宝贵经验。无招甚至认为，没有来往就没有钉钉。

但对无招本人而言，他的处境却不太乐观。无招在来往之前的一个项目是阿里的明星项目"一淘"（阿里旗下官方促销导购平台），发展也不尽如人意。接连在阿里做的两个明星项目都没成，无招一时间有些灰头土脸。

在 2018 年底钉钉举办的 2018 秋冬新品发布会上，无招回忆起当年"无路可去"的境地和向死而生的决心①："有两条路深深印在我的脑海，一条是从加拿大抵达北极圈，人类史上最北的高速公路丹普斯特（Dempste Highway）。路的尽头有这样一句话，'到这里，路已经没有了，而你的故事才刚刚开始'。钉钉诞生于来往，'来往'的尽头连接着钉钉的涅槃，向死而生，只要没死透，就有希望。我们的故事也才刚刚开始。还有一条路，印在 *The Whole Earth Catalog*（《全球概览》杂志）的封底。这本深深影响乔布斯的杂志在 20 世纪 70 年代停刊时，最后一期的封底是一张清晨乡村公路的照片，上面写着'Stay hungry, stay foolish'（保持好奇，不断寻找成功）。我们钉钉的 slogan（口号）是'Stay hungry, stay foolish, but be crazy'（求知若渴，虚怀若谷，但勇于创新）。"

（二）"为中小企业开发即时通信软件"

时间回到 2014 年，中国互联网已经诞生了阿里、腾讯、百度等世界级的企业，这些企业基本是服务 C 端用户。中国没有体量相当的知名企业服务企业。而美国同时期企业服务赛道已经有 Dropbox（多宝箱）、SAP、Salesforce（客户关系管理 CRM 软件服务提供商）等知名企业，后来发展成为市值 100 亿美元企业的通信软件 Slack 也在 2013 年 3 月开发完成，为内部团队广泛使用。

2014 年 1 月，无招带头反思来往为何没有成功，结论是来往一直在模仿微信，用户体验未超越微信，却在发布时间上晚于微信。项目核心成员一岱（本名钟兴德）提出："在社会活动中除朋友关系外，还有一个很强的关系是工作关系。"团队由此开始讨论是不是可以在工作

---

① 参见：《阿里钉钉宣布打通企业"人财物事"》（http://it. people. com. cn/n1/2018/1210/c1009-30453381. html）。

关系中寻找方向。

2014 年 3 月的一天,一直关注来往发展的张瑛找到无招,提议其在工作和商务领域做一些产品突破。无招回忆那段时间时表示:"刚开始说工作和商务领域,大家都是很排斥的,我一开始也不是很支持。因为大家普遍认为这是一个 To C(to customer,面向终端客户)的时代,做 To B(to business,面向企业)的事情似乎很落伍,想象空间似乎也不大,与此同时,市场上也并没有一些强势的企业社交产品存在,此前的很多类似尝试也都以失败告终。"来往团队此时正在全力做扎堆,并小有起色,不愿意在来往中加入被命名为"工作圈"的工作社交功能。

2014 年 4 月,无招召集包括一岱在内的六人团队去走访企业客户,了解他们在企业社交方面的需求,却越谈越没有底气。无招在回忆这段经历时表示:"那天下午,我们拜访完一个客户,心情非常沮丧,感觉没有什么市场机会。在和企业的访谈中,它们也提不出什么好的需求,都是靠我们自己在想象。要是我们再找不到切入点,项目在月底就要被关闭了。"

穷途末路中,一岱突然想起他的一个同学创立的公司就在附近楼上,问无招要不要去聊聊。公司名为康帕斯,是一家"卖了十年电脑"的贸易公司,只有 80 多名员工,而当时"工作圈"假设的服务对象是"200—300 人的企业",因此康帕斯最初被无招团队排除在"受访企业"之外。

无招和拥有 80 多名员工的电脑贸易公司老板史楠的相遇对彼此而言都是极其幸运的。那时史楠非常苦恼工作信息的繁杂:"公司有七八十个员工,沟通起来非常痛苦,有人用 QQ 发消息,有人用短信,有人用邮件,还有人用微信,工作消息和生活消息混杂在一起,分拣起来非常痛苦。"此时的史楠正在寻找一款线上管理软件,将工作上的东西统一到一个平台上,他花了几周时间找到了一家厂商,需要花费 40 万元,还要全体员工集体脱岗学习两周。

　　史楠的痛点像锐利的匕首一样刺中了无招。"我就是要做一个让你用到爽的产品"。无招和他的团队承诺。这份承诺打动了史楠,他执掌的康帕斯成为钉钉首家共创企业。

　　中国的企业通信软件就这样在无招的带领下悄悄成长起来。2014年5月,无招带着七八个开发人员入驻杭州市文一西路176号的湖畔花园小区,在这个阿里的"圣地"、十八罗汉创建阿里的地方,闷头从C端社交产品来往转向企业端即时通信产品钉钉。此时的钉钉属于阿里创新业务事业群的钉钉事业部,是内部创新中的"新事业部"形式。

　　在钉钉雏形生成后,湖畔花园康帕斯的办公室内,合作双方进行了多次交流。史楠回忆起当时的情景时说:"钉钉团队的人驻扎在我们公司,和各个岗位的人聊,大概磨合了几个月的时间。"

　　最终在三个月后——2014年9月,第一版安卓版钉钉在康帕斯内部开启灰度测试。无招在回忆这段经历时,非常感慨地说道:"康帕斯的调研,才让我们真正了解到中小企业是如何运转的,员工每天是怎样工作的,我们才知道什么样的功能是中小企业需要的,很可惜的是,在这之前我们一直都是团队内部在凭空构想'伪需求'。"

　　2014年12月1日,无招团队发布钉钉1.0测试版。钉钉的意思是"言之凿凿、板上钉钉",颇有破釜沉舟的决心。[①]

　　谈及钉钉如何抓住企业端即时通信市场机会时,无招很低调[②]:"我说我们走了狗屎运,踩中了一个风口。这个风口就是,中国中小企业从传统的纸质办公时代,进入云时代和移动时代。今天他们有机会跨越一个时代,跨越IT时代。"

　　[①]　参见:《阿里钉钉创业记:疯子"无招"向死而生》(https://www.jiemian.com/article/1217079.html)。

　　[②]　参见:《钉钉"升格"全球最大企业服务平台 称踩中智能移动办公风口》(http://www.chinatimes.net.cn/article/72447.html)。

然而不可否认的是,"运气"背后是无招的洞察①:"中国以前做企业软件的公司只关注大型企业,服务的企业总数只有十万家,剩下99.9%的企业是没有人关注的。大家都以为中小企业只是在拼命赚钱活下来,不会关注提升效率。事实上,中小企业有很多管理诉求,当了解到优秀企业和普通企业之间的差距后,也能产生强大的爆发力。"就这样,无招抓住了"中国中小企业进入云时代和移动时代"的风口,"钉钉要做的,就是让众多的中小企业能享受到阿里一样的管理方式"。

显然,无招能够准时搭上即时通信市场这班快车,得益于对创业机会的识别。他通过敏锐的市场动向观察,发现中小企业"云化"(基于云计算理念的技术趋势)和移动转型趋势。

拓展阅读

创业机会识别

创业机会识别(entrepreneurial opportunity recognition)是指创业者识别新的创业机会的过程,尤其是在创业的初始阶段。

研究者们关于机会识别的理解分为两种。持客观观点的学者认为,机会是客观存在于外部环境之中的,需要创业者去发现。另一些则认为机会识别事实上是主观的,是创造过程而非发现过程,甚至机会识别本身就是创造性的。随着探索的不断深入,研究者们逐渐意识到以上两种观点并不矛盾,是互相补充的。研究者提出创业者在信息加工过程中会同时使用算法和探索两种方式,因而创业机会既可以被发现,同时也可以被创造。甚至有研究者认为机会识别中主客观因素的作用是同等重要的。

与无招想到企业端即时通信市场机会同等重要的是,马云和阿里

---

① 参见:《阿里钉钉创业记:疯子"无招"向死而生》(https://www.jiemian.com/article/1217079.html)。

没有放弃他的团队,而是再次选择了鼎力支持。马云不但没有辞退失败两次的无招,反而为无招的团队提供了办公地点,鼓励无招的团队再次创业。这份支持的背后,也与无招想做成的事和阿里的使命联系紧密有关,即服务中小企业,"让天下没有难做的生意"。

更重要的是,身为阿里内部著名的"loser"(失败者),无招没有放弃自己和团队,而是跌跌撞撞地站了起来,搬离阿里总部,在湖畔花园这个阿里福地,隔绝了阿里电商文化的影响。他不去想复杂的"招数",而是靠近了企业用户,"共创"钉钉。

三、钉钉:柳暗花明又一村

(一)与种子用户"共创"

因为发现了企业端即时通信软件的市场机会,无招开始尝试做企业工作场景的社交服务。然而,企业的痛点是什么? 它们会接受"来往"吗?

史楠及其公司是钉钉的第一个共创伙伴。共创期间,无招展现出极度的谦逊,双方因此建立起深厚的信任,以至于在后来谈及共创伙伴时,无招对这些种子用户都满怀感激。

同时,无招多次对团队成员强调:"所有的互联网产品,无论 To B 还是 To C,都必须本着'用户第一'的原则去发现用户需求。"言行合一的无招带领团队至少调研了 1200 家企业,得到了两个结论:一是企业的需求是问不出来的,但是可以从观察中感受出来;二是具有观察能力、能够观察出产品需求的人凤毛麟角,钉钉就要培养这种观察能力。

无招要求钉钉团队所有人员必须坚持拜访中小企业,每周上百个员工都要深入最基层获取用户体验,通过调研、访谈、观察企业去发现它们的真实需求,这在钉钉内部已经形成了一种团队文化。

　　在做着"慢生意"的企业服务领域，无招不仅通过共创发现了真实的需求，获得了种子用户的信赖，还通过借鉴互联网式的"小步快跑，快速迭代"打法，加速产品迭代。钉钉副总裁白惠源表示："钉钉能够做到每三周一次迭代，这在移动互联网领域，是非常惊人的速度了。而且，我们每一次的产品升级都坚持与客户共创，这是钉钉的核心价值。"

　　在无招的带领下，钉钉团队关注着"在这个事情当中到底解决了用户什么问题，让用户的什么场景变得更好了"，快速开发"日志""极速打卡"等基于企业实际运营场景的功能以满足用户需求。

　　沿着这样的产品逻辑，钉钉的功能突飞猛进：2015年1月发布的1.0版本核心是沟通，以DING一下（发送一个提醒或通知）、免费电话会议功能为亮点；2015年5月发布的2.0版本核心是协同，以邮件、OA、共享存储、员工考勤等功能为亮点；2016年9月发布的3.0版本核心是平台，将企业内部的沟通、协同拓展到企业之间，着眼于企业内外部的连通，以外部联系人的企业通讯录、嵌入IM界面的工作往来、智能化办公电话等功能为亮点（如图5-1所示）。

图5-1　钉钉智能办公软件

资料来源：钉钉官网。

（二）发布智能前台等智能硬件

　　在2017年11月19日的超级发布会上，钉钉推出了4.0版本，最重要的战略升级就是实现了软硬件的智能化融合。无招在发布会上发布了智能前台（M2）、钉钉智能通讯中心（C1）等智能硬件产品。在被问及为何要进入硬件市场时，无招非常自信地说道："我们解决的是客户痛点，不论是硬件还是软件，只要是'共创'过程中客户所需要的，就是我们愿意提供的。钉钉开发硬件和做软件的目的是一样的，都是为了解决企业的痛点。而钉钉此次推出的硬件设备，所有功能设计也都来源于客户需求，而非臆想。"

在钉钉和企业微信的激烈比拼中，钉钉的软硬件融合可以说是拉开两者差距的关键。钉钉的硬件产品智能前台的访客接待、员工考勤等功能，钉钉智能通讯中心的路由器功能等都与钉钉软件有一定的协同关系，加强了钉钉与企业的深度绑定关系。钉钉的智能硬件实现了办公空间的数字化，与其协同办公软件一起实现了企业数字化的全面整合，比企业微信明显领先一步，并被后来的追随者所模仿。

通过自研和生态合作两种方式，无招带领钉钉逐步完善智能办公硬件产品线，涵盖门禁人脸识别、访客接待、无线上网、会议投屏、远程视频会议、云打印等工作场景，为企业组织提供软硬件一体化的全面数字化协同解决方案。[①]

（三）建设钉钉生态，并入阿里云智能事业群

早在 2015 年 8 月，无招就在杭州举办了一场声势浩大的发布会，宣布启动"C＋＋战略暨开放平台"。谈及为何要走向开放平台时，无招说道："我们每天都会收到 6000 多个客户反馈和需求，数据太多，根本做不完，必须要推行'C＋＋战略'。"

无招继续解释道，C 指的是钉钉自身的统一通信和工作商务关系等基础服务；第一个"＋"指的是合作伙伴接入钉钉后实现云和移动互

---

① 参见：《阿里钉钉新推多款智能硬件，"软硬一体"开启数字化未来》（https://www.thepaper.cn/newsDetail_forward_4264316）。

联网时代能力提升、服务提升和渠道提升;第二个"＋"指的是钉钉与ISV(independent software vendors,独立软件开发商)一起为中小企业用户带来工作沟通协同效率的提升。ISV 可以为平台上的企业提供丰富多样、无所不包的组织管理和业务管理应用,就像微信上的小程序、公众号能满足个人消费者全方位的生活需要一样,钉钉平台上的海量应用也将全面满足企业等组织的管理、生产所需。

宣布该战略后不到 80 天,在钉钉注册的 ISV 超过 300 家,合作 ISV 超过 50 家,钉钉开放平台负责人陶钧在媒体共创日上说道:"1000 个企业测试名额 6 分钟就被抢完,这是我们都没想到的。"

钉钉始终坚持自研,其野蛮式成长方式令 ISV 们心生戒备,唯恐被取代。同时,面对高企的获客成本和钉钉平台上高速增长的企业用户,ISV 们,如蓝凌董事长杨健伟都陷入了一种复杂而矛盾的境地:与钉钉保持必要的合作,但又不得不保持距离。

无招很清楚杨健伟的顾忌,便开始与他进行了更多沟通。一年后,蓝凌获得钉钉数亿元投资,双方携手共建钉钉企业服务大生态,从战略合作升级至战略投资。

2018 年 9 月,钉钉尝试性推出开发者平台"E 应用",入局小程序。2019 年 6 月,钉钉推出小程序开发者平台,原有的数万个"E 应用"会被全部替换为"小程序"。"E 应用是上一代的产品,未来小程序会成为钉钉开放平台(如图 5-2 至图 5-4 所示)里唯一的开发标准与技术标准,该项目现在在钉钉内部有着较高的优先级。过去开发钉钉小程序的周期是 10 天,现在我们针对部分工作流、审批类场景的小程序,一小时就可以完成开发。"阿里钉钉开放平台负责人郭振表示。

小程序开发者平台构建了钉钉的企业服务生态。截至 2019 年 6 月,钉钉开放平台的入驻开发者已经超过 20 万个,企业级应用服务数量已超过 30 万个。截至 2020 年 2 月,已经有超过 100 家企业服务领域标杆服务商入驻钉钉开放平台,为钉钉上超 1000 万家企业提供服务。

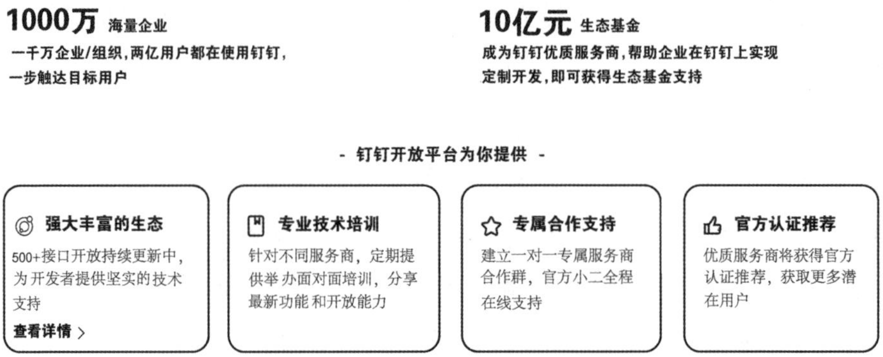

1000万 海量企业
一千万企业/组织,两亿用户都在使用钉钉,
一步触达目标用户

10亿元 生态基金
成为钉钉优质服务商,帮助企业在钉钉上实现
定制开发,即可获得生态基金支持

- 钉钉开放平台为你提供 -

强大丰富的生态 500+接口开放持续更新中,为开发者提供坚实的技术支持 **查看详情 >**	**专业技术培训** 针对不同服务商,定期提供举办面对面培训,分享最新功能和开放能力	**专属合作支持** 建立一对一专属服务商合作群,官方小二全程在线支持	**官方认证推荐** 优质服务商将获得官方认证推荐,获取更多潜在用户

图 5-2　钉钉开放平台基本情况

资料来源:钉钉官网。

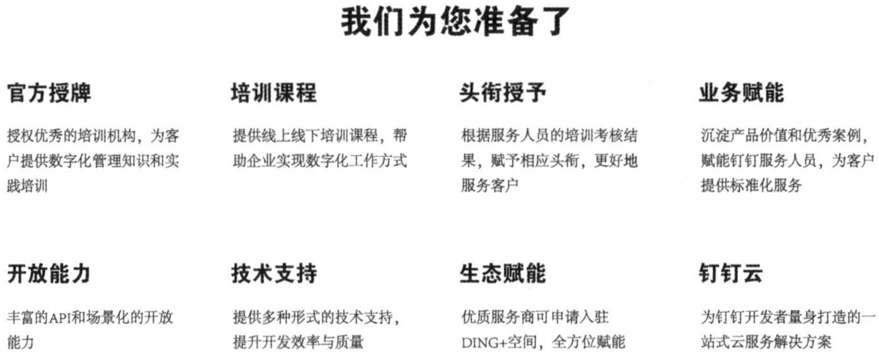

我们为您准备了

官方授牌
授权优秀的培训机构,为客户提供数字化管理知识和实践培训

培训课程
提供线上线下培训课程,帮助企业实现数字化工作方式

头衔授予
根据服务人员的培训考核结果,赋予相应头衔,更好地服务客户

业务赋能
沉淀产品价值和优秀案例,赋能钉钉服务人员,为客户提供标准化服务

开放能力
丰富的API和场景化的开放能力

技术支持
提供多种形式的技术支持,提升开发效率与质量

生态赋能
优质服务商可申请入驻DING+空间,全方位赋能

钉钉云
为钉钉开发者量身打造的一站式云服务解决方案

图 5-3　钉钉开放平台功能

资料来源:钉钉官网。

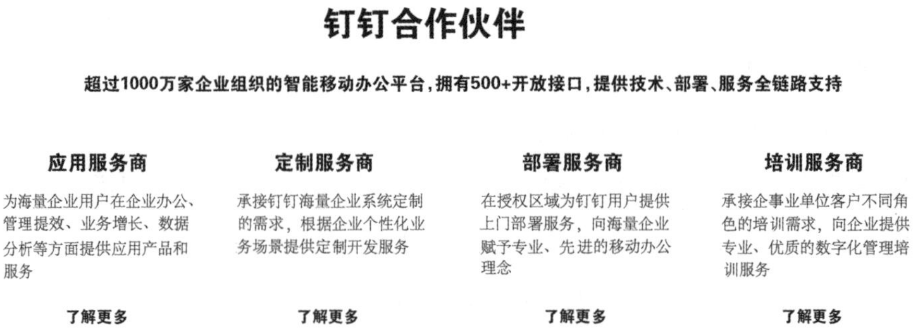

钉钉合作伙伴

超过1000万家企业组织的智能移动办公平台,拥有500+开放接口,提供技术、部署、服务全链路支持

应用服务商
为海量企业用户在企业办公、管理提效、业务增长、数据分析等方面提供应用产品和服务

定制服务商
承接钉钉海量企业系统定制的需求,根据企业个性化业务场景提供定制开发服务

部署服务商
在授权区域为钉钉用户提供上门部署服务,向海量企业赋予专业、先进的移动办公理念

培训服务商
承接企事业单位客户不同角色的培训需求,向企业提供专业、优质的数字化管理培训服务

了解更多　　了解更多　　了解更多　　了解更多

图 5-4　钉钉合作伙伴

资料来源:钉钉官网。

2019 年 1 月，在完成菜鸟、蜂鸟配送、阿里妈妈、蚂蚁金服与阿里云的整合后，阿里云智能平台就具备了物流、数字营销和数据管理、支付和金融服务的一体化输出能力。2019 年 5 月 14 日，阿里公布 2019 财年四季度财报。数据显示，阿里云计算业务的营收同比增长 84%，意味着阿里云已经告别了过去的三位数增长时代。与此同时，腾讯云、亚马逊云、百度云等都对阿里云造成了一定的竞争威胁。阿里云面向 To B 市场如何开拓新发展空间？不断提升竞争力成为它的重要课题。

"最频繁地"与企业客户打交道的钉钉，正是解决阿里云难题的利器。而对于钉钉而言，阿里云及其背后的阿里巴巴集团不仅打通了阿里生态，为其带来企业客户，更是在技术上全力支持它，依托于阿里云打造的钉钉云，成了钉钉服务于其开发者的一站式解决方案的利器。

2019 年 6 月，钉钉在阿里新一轮组织架构调整中由创新业务事业群进入云智能事业群（如图 5-5 所示）。被纳入阿里云体系后，钉钉在无招的带领下，持续加强与阿里云旗下产品的协同效应，为企业客户提供更完整的解决方案。这意味着一个开放的、能够为企业系统性地解决问题的"数字大脑"正式成形。

2020 年 2 月，钉钉发布"春雷计划"，目标是从平台能力、技术能力、营销能力、获客能力、组织能力五个维度，为合作伙伴赋能。彼时钉钉计划优选 100 家集成商伙伴、100 家服务商伙伴，为其提供流量、接口、能力支持。这标志着钉钉在并入阿里云体系后，在钉钉生态建设上的再一次升级（如表 5-1 所示）。

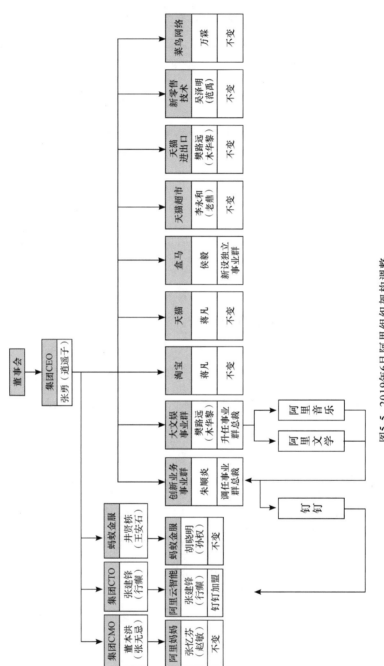

图5-5 2019年6月阿里组织架构调整

表 5-1　钉钉大事记

时间	重要事件
2013 年 9 月	钉钉团队前身正式发布产品来往
2014 年 1 月	无招带头反思来往为何没有成功
2014 年 5 月	钉钉创始团队入驻湖畔花园
2014 年 12 月	无招团队发布钉钉 1.0 测试版
2015 年 1 月	钉钉 1.0 版本正式发布,以沟通为核心,以 DING 一下、免费电话会议功能为亮点
2015 年 5 月	发布 2.0 版本,核心是协同,以邮件、OA、共享存储、员工考勤等功能为亮点
2015 年 8 月	钉钉 C++战略暨开放平台发布会
2015 年 12 月	钉钉企业组织客户超过 100 万家
2016 年 4 月	阿里钉钉 2016 春季战略发布会
2016 年 8 月	钉钉企业组织客户超过 240 万家
2016 年 9 月	阿里钉钉 3.0 版本暨 2016 秋季战略发布会,3.0 版本核心是将企业内部的沟通、协同拓展到企业之间,着眼于企业内外部的连通,以外部联系人的企业通讯录、嵌入 IM 界面的工作往来、智能化办公电话等功能为亮点
2017 年 11 月	钉钉智联未来超级发布会举办,钉钉 4.0 版本正式发布,最重要的战略升级就是实现了软硬件的智能化融合
2017 年 12 月	钉钉宣布注册用户数突破一亿
2018 年 5 月	钉钉在智能移动办公领域活跃用户数排第一,超过第二名至第十名之和
2018 年 8 月	钉钉开放平台发布"春雨计划"
2018 年 9 月	钉钉尝试性推出开发者平台"E 应用",入局小程序
2019 年 6 月	钉钉推出小程序开发者平台,原有的数万个"E 应用"会被全部替换为"小程序"。钉钉在阿里新一轮组织架构调整中由创新业务事业群进入云智能事业群。钉钉用户数突破两亿,企业组织数突破 1000 万家
2019 年 8 月	钉钉开放平台发布"秋实计划"
2019 年 12 月	杭州 ONE 商业大会
2020 年 2 月	钉钉连续在苹果应用商店霸榜七天。钉钉 5.0 版本发布,以"圈子"为亮点,同时发布"春雷计划"扶持开发生态

资料来源:根据钉钉官网、公开信息整理。

四、机遇和挑战并存

(一)打造数字时代组织智能协同的基础设施

钉钉有效利用移动互联网、云计算技术、人工智能技术、智能硬件技术,帮助企业将产业数据与管理数据打通,将过去企业使用的 OA 系统、企业邮箱、人力资源系统、财务系统、ERP 系统与 CRM 系统等多个价格昂贵、培训费力的信息系统有效连接、产生协同效应,并依托于移动端的便捷性降低其上手的难度。企业运用钉钉可以实现"人、财、物、事"的互联互通,降本增效。而钉钉上的 ISV 可以依托钉钉的海量用户以更低廉的成本拓展企业用户,并在同品类竞争中打磨自己的产品和服务。

在阿里于 2019 年 9 月举行的云栖大会上,阿里云智能总裁张建锋透露,钉钉是重要的公共基础平台。他将钉钉与淘宝类比[1]:"淘宝上有 1000 多万个卖家,相当于帮 1000 多万个品牌实现了数字化,而钉钉平台上有 1000 万家以上的企业组织,相当于帮 1000 万家企业实现了组织的在线化和数字化。我认为这两件事情的意义是一样大的,因为中国有这么多的中小企业,它(们)要做信息化、移动化,是非常有挑战性的一件事情,需要公共的基础平台,而钉钉就是这样一个公共基础平台。"

2019 年 12 月 3 日,在 2019 阿里云广东峰会上,钉钉首次亮相阿里云峰会。峰会上,无招自豪地在主题演讲中介绍了钉钉作为组织智能移动协同基础设施在组织数智化转型中所起到的重要作用[2]:"随着

---

[1]　参见:《阿里云智能总裁张建锋:钉钉和淘宝一样有划时代意义》(https://developer.aliyun.com/article/719508)。

[2]　参见:《阿里钉钉 CEO:企业组织进入智能移动协同时代》(https://www.chinanews.com.cn/business/2019/12-03/9023600.shtml)。

数字经济规模的扩大，中国企业组织正式进入智能移动协同的数智化时代……钉钉的五个在线（组织、沟通、协同、业务、生态）通过软硬一体化的方式为企业组织提供了最底层的数智化能力，是数字时代组织智能协同的基础设施。"

钉钉并入阿里云也意味着更多制约。一方面，钉钉在中短期内不太可能独立运作；另一方面，钉钉的客户未来将更有可能被打包"阿里云"的服务，这可能会使得部分客户产生抵触情绪。

2020 年 2 月 25 日，钉钉 5.0 版本通过在线直播发布，新增了在线办公室、钉钉"圈子"、健康打卡等功能。这个版本最亮眼的功能就是圈子，分为内部圈、在线教学圈、商业交流圈、社群运营圈四种模式，企业及其他组织可以免费试用四种钉钉圈子进行私域社群管理。在无招看来，圈子意味着钉钉组织智能协同服务的进一步升级："群是社群的即时沟通场，社区是精华内容沉淀互动场。在钉钉圈子里，圈子和群聊统一融合在一起，社群更像一个整体，而不是各种零散工具的拼凑，这样的结合，让社群更有活力。"

（二）直面企业微信、飞书等的竞争

2016 年 4 月 18 日，腾讯正式发布企业微信 App 1.0 版本，提供公费电话、邮件、公告、考勤、请假、报销，以及接收企业邮箱提醒、重要聊天记录直接邮件发送等功能。企业微信延续了微信的基础操作体验，围绕"将微信难以解决的需求放在企业微信中加以解决"的思路，2018 年 5 月，企业微信新增"连接微信"板块，提供"消息互通""小程序""企业支付""微工作台"四项基础能力。

企业微信得到了众多企业用户的使用与认可。张小龙曾如此表述过企业微信的发展愿景[①]："当企业微信延伸到企业外部的时候，会

---

① 参见：《张小龙 4 小时演讲全文：我的微信 8 年总结和下一步要做什么》（https://www.thepaper.cn/newsDetail_forward_2834574）。

产生更大的价值。企业微信后续新的变化将基于新的理念——让每个企业员工都成为企业服务的窗口。"

国内另一家互联网巨头字节跳动敏锐地注意到了新的机会点，并推出自家的企业级服务产品飞书，以"高效愉悦"为产品理念，与钉钉和企业微信展开竞争。在协同办公市场掀起波澜的，还有华为。2019年12月26日，华为云正式向外推出协同办公平台 WeLink 以满足办公应用协同、安全、开放的需求，并发布数据：WeLink 全球华为用户已达19.5万，日活率99.8%，日联接量超过1200万次，联接团队52万个，典型客户包括华为集团、中软国际、国汽智联、人才安居等。①

我们通过表5-2将钉钉与上述产品进行对比。

表 5-2　产品对比

产品情况	钉钉	企业微信	飞书	华为云 WeLink
母公司	阿里	腾讯	字节跳动	华为
推出时间	2015年1月	2016年4月	2019年9月	2019年12月
理念	偏重内部管理和沟通，满足企业后端需求，主打通用型产品，兼顾垂直行业的定制化，软硬件结合	兼顾外部沟通和内部管理，满足企业前端需求，主打通用型产品，兼顾垂直行业的定制化，软硬件结合	高效愉悦，内部协同，兼顾通用和垂直行业的定制化，只有软件产品	协同、安全、开放，内部协同，兼顾通用和垂直行业的定制化，软硬件结合
运营数据	截至2019年6月底，钉钉用户数突破2亿，企业组织数突破1000万	已被250万家真实企业采用，覆盖50多个行业，80%的国内500强企业已开通企业微信，月活跃用户达6000万人	N/A	全球用户数已达34万，日活跃用户数达27万，日联接量超过1200万次，联接团队52万个

① 参见：《华为云 WeLink 正式发布，19万华为人都在使用的智能工作平台》（https://www.huaweicloud.com/intl/zh-cn/news/2019/1226143509893.html）。

续表

产品情况	钉钉	企业微信	飞书	华为云 WeLink
功能	即时通信，日程、内外勤管理，ISV 开发的各种协作工具，通讯录等	即时通信、日程、会议、微文档、微盘、打卡、通讯录管理、企业邮箱、ISV 开发的各种协作工具等	即时通信、智能日历、在线文档、ISV 开发的各种协作工具等	智能翻译、智能云空间、智能邮箱、智能会议室、智能协同等
开放平台ISV	超过 100 家企业服务领域标杆服务商已入驻钉钉开放平台，包括石墨文档、简道云、销帮帮CRM 等	道一云 OA、泛微eteams 云办公OA、易 HR、携程企业商旅等小程序	三节课企业服务、问卷网、Google Analytics、赤狐CRM 等	金山办公、沪江网校、罗技、福昕等
典型客户	中国联通、海底捞、统一企业、链家、天弘基金、汽车之家等	万科物业、珍爱网、成都地铁、雀巢等	字节跳动、实习僧、玩加电竞、源码资本等	华为集团、中软国际、国汽智联、人才安居等

（三）盈利模式是否可行？

在商业化层面，钉钉软件产品基础服务面对用户永久免费，仅定制服务和对个别大客户服务收取一定费用，钉钉软件产品的商业化收入大多来自第三方开发者入驻的渠道分成。如今，钉钉另外一块收入源自其售卖的智能办公硬件产品。

对于钉钉的盈利模式，无招完全不焦虑，因为背靠阿里的钉钉无需"杀鸡取卵"，为短期盈利发愁。这两年，更加关注长期价值的钉钉对 ISV 越来越包容，愿意把做产品、做运营的很多经验分享给 ISV 伙伴，并引导这些伙伴一起为客户创造长期价值。

五、保持清醒，一往无前

从来往到钉钉，无招已经在即时通信赛道上内部创业了七年。发展至今，钉钉已经取得较为显著的阶段性成果，坐上了协同办公市场的头把交椅。时间来到2020年初，在疫情暴发、越来越多公司开启线上办公的背景下，钉钉、企业微信、飞书、华为云Welink都推出了免费服务，引爆企业即时通信市场，一时间硝烟四起。在混战中，钉钉攻城略地，大幅获客，凭借实力跃升苹果免费应用榜第一名，首次超越微信。

回顾钉钉过去的五年，无招没有被成功冲昏头脑。对于内部连续创业的经历，无招觉得这离不开母公司在文化上鼓励创新，包容失败，马云对他的宽容、信任和支持，是钉钉成功的重要保障。而"小步快跑，快速迭代"的精益创业方法论，让他面对充满不确定性的创新业务时，可以先拿出一小部分资源，做出一个最小化可行产品（minimum viable product，MVP），去低成本快速试错。就算产品失败了，也不影响原有主营业务；如果试点顺利，则可以逐步加大投入力度。当然，搬离母公司总部也是一个助力因素。它让创新业务在地理上与母公司分开，以独立团队和新的考核机制去做创新业务，这就增加了钉钉成功的可能性。

然而，我们依然要问：阿里近年来重要的内部创业项目之一、目前在企业服务市场取得领先地位的钉钉，有哪些值得总结的经验与应当反思的教训？钉钉能否持续助力阿里云乃至阿里成为更伟大的商业帝国，一同实现"让天下没有难做的生意"的梦想？

拓展阅读

公司内部创业理论

关于内部创业这一概念，学者们分别用过多个名词来表述，如"公司创业"（corporate entrepreneurship）、"内企业家精神"（intrapreneurship）、"内部企业家精神"（internal entrepreneurship）、"公司风险活动"（corporate venturing）、"创业导向"（entrepreneurial orientation）等。

该理论最早由丹尼·米勒（Danny Miller）在 1983 年提出，他认为成熟大企业面临的重要挑战是如何在企业内部模拟创业型企业的积极属性，如灵活性、适应性、创新性，也就是把组织视为创业公司的连续体，内部创业的研究也就是公司创业研究的纵深发展。

1. 内部创业的策略与模式

通过内部创业进行转型的公司通常在公司成长期的后期和大环境的变革转型期开展内部创业。常用的内部创业转型策略有：①在原有业务的基础上启动全新的业务，达到转型升级目的（如美的）。②围绕新的战略规划，重组事业部（如腾讯）。③以全资或合资的形式，在公司外部建立新公司（如阿里巴巴）。④在原有业务产业链的基础上，改变商业模式，实现转型（如奈飞）。

2. 企业选择内部创业的行业适用条件

企业选择内部创业的行业适用条件包括：①新进入的行业属于新兴产业，尚未形成垄断局面。②行业存在着恶性竞争，且短期内没有改善的可能性。③企业拥有的资源与新项目的经营具有关联性，能帮助新项目取得领先优势。④企业拥有绝对的优势，进入该领域后能影响或改变原有的行业结构。⑤进入该领域对企业原有业务具有重大帮助，如提高经营业绩。

内部创业是传统企业在危机中顺应趋势、涅槃重生的一剂良药,它把公司为了保护自己的优势地位建立起来的封闭体系再一次打开,拥抱外界的变化。

精益创业

精益创业指的是"小步快跑,快速迭代"的创业方式,即先推出最小化可行产品,然后通过市场反馈和消费者评价不断进行迭代和改进,即通过"开发—测量—认知"的反馈循环进行迭代更新或调整转型(如图 5-6 所示)。精益创业不能保证创业成功,但能大大降低创业失败率,可以实现快速低成本试错,提升创业成功率。

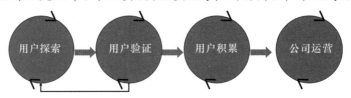

图 5-6　精益创业的基本步骤

在精益创业的指导思想下,互联网平台新产品开发的逻辑是"目标顾客—小范围实验—反馈修改—产品迭代—获得核心认知—高速增长"。在第一阶段,根据精益创业的"开发—测量—认知"模型(如图 5-7 所示),创业者通过概念程序开发出产品来,但该阶段的产品并不全面,而是一款 MVP,只有核心功能模块。在该阶段,创业者花费较少的时间和精力做出一个粗糙的产品,投放到市场上接受检验,最大地降低开发成本。在第二阶段,创业者用MVP 在市场上测量并产生数据。通过数据,创业者能够明确当前开发的软件是否有市场,是否被早期用户认可。其实,这也是验证概念是否正确的时刻,有人买单说明有市场,无人光顾说明概念出现了偏差,早点发现问题并解决,才能高效地面对挑战。在第三阶段,创业者在测量后通过数据调整产品认知,向着用户更加需要的方向进行产品功能迭代，保证迭代后的产品得到更多用户的认可，有更加可观的测量数据。

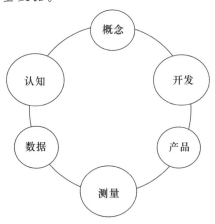

图 5-7　精益创业的"开发—测量—认知"模型

第六章　游侠客从"驴友"到
"好玩的主题旅行平台"的探索之旅①

　　2009 年初,郑天明创办游侠客网,以"旅行＋交友"的方式,创建出一种全新的出游方式;2011 年,游侠客旅行社正式成立,开展户外旅游业务;面对数字化浪潮的冲击,游侠客转型为"好玩的主题旅行平台",借助数字科技不断完善平台功能、内容和质量,采用"社交网络＋旅行电子商务平台"的平台化商业模式,创造了旅行生活新场景。本章回顾了游侠客十年的发展轨迹,由此引出旅行社如何通过平台商业模式创新实现可持续发展,为传统旅行社的转型发展提供了启示。

　　春意盎然,来自天南海北的"驴友"们在游侠客领队的带领下,翻山越岭,去往传说中的神秘村落,期待着想象中的原始和古朴,在静谧的村庄中享受岁月静好,忘却生活琐碎,在陌生的地域里,和一群志同道合者把酒放歌、畅谈人生……这是无数个"游侠客"逃离庸常生活、纵情山水的真实剪影。

　　"做好玩的主题旅行平台",这是游侠客创始人郑天明的理想。十余年间,游侠客的团队从 2 个人到 400 人,客户积累从 0 到 1000 万,

---

① 本章作者为唐婧怡、黄浏英、应天煜、周亚庆。

销售额从 0 到 5 亿元,公司规模从杭州的夫妻店到拥有北京、上海、苏州、丽江、深圳等地 20 余家分/子公司,慢慢探索出一套迥异于传统旅行社的商业模式:不是单纯地做组团社或地接社,不是单纯地卖线路看景点,不是导游带团游览或购物……游侠客是怎么做"好玩的主题旅行平台"的?这个平台背后有着怎样的秘密?郑天明的思绪,回到游侠客创办之初。

一、缘起:热爱户外,创立游侠客旅游网

游侠客创始人郑天明是一位地道的杭州人。自幼生长在西子湖畔的他,痴迷于苏堤春晓的迷人春景,也沉醉于水波潋滟的十里湖光。在莺鸟鸣啼的徐徐清风中,在曲院风荷的怡人香气中,郑天明耳濡目染西湖的柔美,也对祖国的大好河山产生了深深的向往,一颗热爱户外、亲近自然的心在他年幼的胸膛里扎根生长!

因为对户外旅行的热爱,2009 年,郑天明和妻子林末末投入 100 万元,创立游侠客旅游网。这个时期的旅行社行业还是一个低技术含量行业,业内号称一台传真机、一根电话线和一张桌子就可以办旅行社。他们的"驴行者"事业,起点是一个网站。当然,彼时的旅游业也在寻求转变:传统的旅行社也开始建立起旅游网站,如中青旅网、春秋旅游网;综合信息服务类网站也开始涉足旅游业务,如新浪、搜狐和中华网的旅游频道;还出现了一批支持服务类网站,如携程旅行网、华夏旅游网、E 龙网等。郑天明创办的游侠客旅游网,有什么稀奇之处吗?

在郑天明看来,"游侠客"三个字有着丰富的意义:"游"代表人生之旅,"侠"体现侠义和互助的精神,"客"则代表一种旅行者不打扰他人、注重体验的态度。郑天明深信每个人内心都有一个想要成为大侠的梦想,而游侠客旅游网的创办就是为了满足这一梦想,成为人们心中的"猛虎"。

郑天明希望让旅行充满想象,成立网站的愿景是"创造旅行生活新场景,改变城市人的生活方式,坚持负责任的旅行"。由此,这颗充满希望的种子开始萌芽,期待在未来成为一棵高耸入云的大树……

二、困难:游侠客网站发展遇挫折

2009年游侠客网站创建之初,夫妻二人齐心协力,分工明确,设计出身的林末末操刀了网站设计,郑天明则依靠多年的户外经历,在分享旅游攻略、打造互动体验方面下足功夫。然而,事与愿违,游侠客逐渐陷入举步维艰的境地,面临资金压力大、流量变现难、同类网站竞争大的难题。

(一)困难一:资金压力

游侠客网站发展早期,网站开发和细节优化需要大量资金支持,100万元难以打造一个用户体验极佳的产品。游侠客要想提供高质量的服务,需要在技术研发、服务器维护、市场推广等方面投入大量资金。在起步阶段,游侠客网站的资金来源主要是郑天明的个人积蓄和家庭支持,资金压力较大。

郑天明也曾尝试过寻求风险投资和融资来获得更多资金。然而,由于游侠客并非采用传统商业模式的创新型企业,而是一个垂直领域的社交平台,因此很难受到投资人的青睐。此外,在旅游行业这一竞争激烈的市场中,短时间内很难快速发展、获取商业利润,这也增加了投资人的疑虑。因此,游侠客网站的资金短缺问题一度成为制约其发展的重要瓶颈。除此之外,网站的开发和细节优化也需要高水平的技术人才,这在一定程度上也增加了网站的开发成本和运营难度。

(二)困难二:流量变现难

游侠客是线上社交平台,缺乏理想的流量变现渠道。一般来说,网站的变现模式主要有三种:广告收入、电商收入和会员收入。但对于游侠客这样一个旅游社交网站来说,"广告收入"模式的变现能力并不强,因为用户使用该平台的目的是获取旅游信息和建立旅游社交关系,而不是为了接收广告信息。

"电商收入"模式需要平台有足够的用户访问量和购买能力,才能实现商业价值,但游侠客网站在起步阶段,用户规模较小,这种模式的变现能力也不理想。

同时,"会员收入"模式需要平台用户具备较高的黏性和忠诚度,但游侠客网站还没有形成强大的用户群体,这种变现方式也不太现实。因此,缺乏理想的流量变现渠道也成为游侠客网站发展的一大挑战。

尽管面临缺乏理想的流量变现渠道的问题,但游侠客网站还是积累了一部分线下用户和粉丝。彼时,都市快报旗下的 19 楼网站通过引导大众生活服务的各类话题,深度挖掘本地生活,聚集了大量优质用户,这让 19 楼在所在城市的影响力非常大。游侠客网站上线之初,就主动在 19 楼"旅游休闲""摄影天堂""我要结婚""亲子乐园"等热门板块担任论坛版主,并通过创设热门话题、发布旅游攻略、分享旅途趣闻等方式,暴露游侠客品牌,并适时进行引流。很多 19 楼的论坛版主同时也成了游侠客的论坛版主。

在运营一年多的时间里,游侠客网站已经成为很多户外达人的精神家园,他们在这里分享旅游见闻和攻略,也相约线下户外活动。郑天明曾组织过一个杭州的非商业性质的登山活动,有上千人参加。这说明游侠客网站有很多忠实用户。

(三)困难三:同类网站竞争大

随着互联网的普及和社交媒体的兴起,垂直领域的社交网站数量不断增加,市场竞争也变得更加激烈。同类网站之间的竞争主要集中在用户规模和流量上,谁能吸引更多的用户,谁就能在市场中立于不败之地。

但是,这种同类网站的竞争具有很强的资本属性,一些具备强大资本实力的公司往往能够在短时间内投入大量资金,利用广告、促销等手段快速扩大用户规模,从而形成一定的竞争优势,例如携程、驴妈妈、途牛旅游、马蜂窝等网站,它们纷纷抢占市场,完成布局。而对于小型创业公司来说,想要在这样的市场竞争中生存下来,实现"弯道超车",就必须不断提升自己的用户体验、做好产品创新,同时也需要有足够的资金和策略支持。

然而,郑天明发现,这些具备强大资本实力的网站,如携程、驴妈妈、途牛旅游、马蜂窝等也存在不少问题,它们采用粗放、单一的外包模式,难以满足当今消费者的口味。而传统旅行社采用千篇一律的批发模式,即外包给当地旅行社,旅行社通过与当地酒店、餐厅合作来实现旅行线路的不断复制,由此,低价、宰客等情况屡见不鲜,"上车睡觉＋下车拍照""购物＋隐藏自费项目"等不断降低用户的体验感。

三、试水:"旅游＋交友"主题旅行平台

在互联网时代,所有行业都面临着重新洗牌的挑战。在阅读大量行业咨询报告后,郑天明发现,中国有 16.3% 的旅行者正在寻求户外旅游的经历,这也预示着户外探险旅游市场在中国有着巨大的发展机遇。特别是随着全民摄影、抖音和西瓜直播等热潮的兴起,越来越多的人也开始追求摄影摄像旅游。目前,在国内的摄影旅游机构中,除了游侠客,能够在产品和规模上形成一定体量的机构寥寥无几。

郑天明意识到,主题旅游已经成为当下最重要的旅游趋势之一,它所带来的市场需求将会迅速增长。然而,由于主题旅游产品比较小众,而且运营成本也相对较高,因此 OTA(online travel agency,在线旅行社)大平台并不敢轻易涉足这个领域,同时也很难保证产品质量。

而目前,国内正缺少一个覆盖全球户外产品的平台。这些因素让郑天明意识到,游侠客在主题游领域将会有很大的发展空间,并且能够在激烈的市场竞争中弯道超车。

经过深思熟虑后,郑天明认为游侠客有以下优势:首先,游侠客自成立之初就聚集了大量好玩的旅行达人和关键意见领袖(key opinion leader,KOL),这些人追求个性,注重体验,往往不走寻常路,为主题旅游提供了大量的灵感;其次,这些旅行达人善于组织活动,能够充满激情地开发原创旅行产品,并吸引更多志同道合的达人参与,他们能够以游客的视角去设计旅游路线。这些优势都是游侠客开拓主题旅游领域时最大的资本。

尽管"不走寻常路"的定位能够促使游侠客开拓丰富的主题旅游资源,但同时也会增加其线路开发和运营成本。面对相对小众的市场,一旦某条主题旅游线路被认可,就会立刻遭到竞争者的模仿和抄袭。然而,郑天明并没有放弃,在粉丝、妻子和朋友的支持、鼓励下,他重燃斗志和雄心。为整合线上线下的资源,他投入400万元,开始重新布局和转型,专注于做个性化的主题旅游和深度旅行产品。

2011年,游侠客旅行社正式成立,从户外业务起步,以"旅游+交友"的模式,在跟团游和自助游之间,创建出一种全新的出游模式,开启了国内社交旅行的新篇章。

(一)跟我来,从玩家视角开发产品

旅游线路是旅行社最重要的产品,而旅游线路产品创新的关键在于从玩家视角进行开发。郑天明不再拘泥于传统的旅行社组织架构,而是将互联网公司的架构运用到游侠客的业务体系中,创造性地设立产品经理岗位,专门负责线路开发和打磨。

产品经理是游侠客最核心的资产,他们占到了游侠客团队的三分之一。这些产品经理并不是传统意义上的导游,而是前期游侠客网站上的户外达人、摄影爱好者和关键意见领袖。他们对传统旅游行业没有太多知识储备，因此能完全抛开传统旅游行业的发展包袱，有大量的激情去开发原创旅行产品，更能以玩家的心态来设计产品。

为激励产品经理们探索出小众又好玩的路线，郑天明设置专项踩线资金，成立了一支全球美景探索分队，进行线路挖掘与创新。本着用户至上的原则，也为了增强与用户的互动，游侠客面向用户，以成本价招募踩线队员。如此一来，队员不仅是游侠客的用户，更是游侠客的旅游体验师，不但对线路优化出谋划策，还赋予了踩线活动最大的营销价值。从内蒙古克什克腾旗无人区到云南小中甸千湖山，从雪域新疆到青海极西之地，这些传统旅游业尚未涉足的处女地，都由游侠客团队揭开了神秘面纱。

游侠客的踩线不止于境内，也通过探索星球系列活动将足迹深入六大洲最遥远的地方：南美、非洲南部、挪威、冰岛、瓦努阿图、南极联合冰川营地……每一条线路实践后带来的影响力不但起到了很好的营销效果，也引起了各方资源关注——纷纷给予游侠客资金支持，或授予其独家踩线代理权。就这样，通过全球踩线，游侠客实现了线路开发、创意营销、国际化布局的多赢局面。

从玩家视角开发出有趣的线路，也使游侠客面临着"游线产权保护"的老问题。但凡旅游市场上出现了金牌游线，就会成为诸多同行模仿甚至"抄袭"的对象。这也是一直以来很多旅行社不愿意花精力去认真组织游线的重要原因之一。

（二）在一起，用主题聚合同质人群

树立了路线的核心竞争优势后，游侠客很快吸引了一批追求高质量旅行体验的人群。为提升用户的旅行体验，郑天明一直在思考如何改进产品。彼时，传统旅行社采用批发商的模式，提供以目的地为导向的标准化产品，一个旅行团中，有上至七旬的老人，也有牙牙学语的孩童,除了不同年龄群体的一锅端,还有不加区分的圈层大融合,游客来自各个阶层,拥有不同职业和爱好,只是因为同一个目的地而聚在一起,缺乏思想交流和碰撞,这使旅行的深度体验大打折扣。而OTA平台基于目的地的搜索逻辑,同样导致它的产品同质化严重,用户在选择线路时,并不能找到非常适合自己的产品。

彼时,主题旅行的概念尚未兴起,游侠客在该领域试水,将用户按照不同的出游目的和兴趣进行细分,把共同爱好的人聚在一起。公司从户外摄影和亲子旅游模块开始,慢慢地,基于用户的个性化需求,逐步丰富和完善主题旅行品类,目前已经形成摄影旅拍、体育赛事、亲子研学、深度人文、瑜伽静修等几大主题业务模块(如表6-1所示)。

表6-1　游侠客业务模块

业务模块	定位	涵盖范围
摄影旅拍	商业约拍、技术交流平台、图片分享	风光摄影、人像摄影、商业摄影、写真旅拍、摄影培训
体育赛事	文化＋体育＋旅游	都市毅行、城市坐标、打造赛事IP
亲子研学	专注于体验式教育的策划和组织	亲子休闲、自然教育、科学教育、艺术教育、研学、独立营
深度人文	文艺青年和知识分子的人文之旅,人文＋旅游	寻味城市、历史拾遗、古今对话等
瑜伽静修	瑜伽＋旅游,为都市人提供健康生活方式的想象	自然疗愈、瑜伽体验等
越野派	越野车主题产品	越野探游:轻越野线路 挑战荒野:深度越野线路
向野房车	房车旅游	自由、美学、灵感、即兴新生活方式
宝藏小城	挖掘小城的惊喜体验	小车环游小城

每一个业务模块都精准锁定了一个圈层。这种按圈层需求设计产品的思路,游侠客称之为反向定制。每一类人群都能在游侠客找到自己的兴趣所在,通过"旅行＋"模式,将爱好与旅游相结合,创造出独一无二的产品和旅行体验。这种模式增强了游侠客用户的黏性,也为

其带来了金口碑。

游侠客在玩法上加入了很多体验性项目,结合一些非遗、文创元素,让游客融入当地的风土人情中,获得深层次的生命体验。例如,在西北传奇路线中,游侠们可以在藏地虔诚地抄一份经书,也可以尝试亲手绘制一幅唐卡,体验做藏香,还可以参加青海湖的祭湖仪式。在内蒙古的草原基地上,游侠客设置了很多体验式运动,比如滑草、射箭、漂流。在三亚海边,领队们会组织游客体验在海滩打椰子等。这种提升参与感和体验感的产品设计,超越了观光本身。

主题旅游渐渐兴起后,携程、马蜂窝都对这一市场密切关注。游侠客不仅要面对这些"行业大佬"的挑战,还要面临其他的风险,比如有些主题线路因为人数不足而被迫临时取消。虽然公司在每一条线路报名界面都提示了"人数不足将无法成行",但对报了名的游客而言,无法成行肯定是一种遗憾,很多游客也因担心无法成行而持观望态度。

此外,主题旅游急需大量新型岗位,比如摄影指导、体育指导等专业"导师",因此游侠客还面临人才评价标准缺失、行业内缺乏相关的职业资格证明等问题,传统的导游证考核已经难以适应主题旅游行业的健康发展。因此,在掌握主题旅游行业话语权的同时,郑天明也一直在思考如何推进该行业标准化的问题。

(三)留下来,用专业品质保持用户黏性

一条条好玩的线路,一群有共同爱好的人,他们需要被一根线串起来,也需要一个坚强的领路人,为大家解决各种问题。充当这个角色的,正是游侠客的3000多名领队。他们是游侠客与用户保持黏性的重要一环,也是游侠客产品情怀的支柱。领队们不仅要带"游侠"去目的地,发挥引导和陪伴作用,还要懂聆听,他们是团队欢乐的缔造者,更是正能量的传播者。

主题旅游的特性要求领队具备某一领域的专业知识和经验,这与普通跟团游对导游的要求不同。在户外主题旅游中,领队需要拥有丰富的户外经验,能够解决各种野外生存的突发问题;而在摄影主题旅游中,领队需要有较高的摄影技术,不仅要为客户拍照,还要讲解摄影技巧和原理;在亲子主题旅游中,领队必须具备亲和力和教育心理学知识。领队们来自不同的行业和地域,但他们凭着热爱和用心服务,让旅行成为一场放松身心、心灵交流的旅程。很多人在旅游结束后和领队成为"铁杆朋友",一次旅行,一生朋友。这种深度关系在传统旅行社中很难找到,正是领队文化让游侠客脱颖而出,用关怀和温暖提高了用户的黏性和复购率。

游侠客有自己的"社群圈",在不同的主题游线群里都有社群意见领袖,例如侠魁、亲子导师、摄影高手、户外高手、游飞侠等。他们大多有自己的本职工作,有的是全职宝妈,有的是摄影师,因为热爱旅游而走到了一起;在周末或节假日相聚,分享着共同的兴趣和爱好,也喜欢在游侠客平台上发表游记,渐渐地成为该领域的意见领袖。如何进一步发挥这批种子意见领袖的作用,通过他们的号召力和影响力,逐步做大做强各个主题旅游的板块,是游侠客面临的挑战。

从2009年的游侠客网站到2011年的游侠客旅行社,其商业模式发生了很大的变化,具体体现在以下五个方面。

第一,核心竞争优势。在2009年的游侠客旅游网时期,游侠客的核心竞争优势主要集中在平台战略上,其以"社交平台＋旅游电子商务"为核心定位,通过整合各类旅游资源,提供一站式旅游服务。2011年转型成旅行社后,游侠客不再是单纯的线上旅游服务提供商,而是在原有的线上平台基础上,加入了线下旅游服务,基于其产品、人群、用户黏性的优势,在线下提供更加丰富、个性化、高品质的旅游服务,来与其他竞争对手形成区分。此外,游侠客还通过加强品牌塑造,提高市场影响力,进一步增强其核心竞争优势。

第二,运营管理模式。具体来说,从旅游网站转型为旅行社后,游侠客需要更多地承担旅游产品的供应、定价、销售等责任,因此需要更多地投入资源来管理整个供应链,同时需要更加注重内部组织架构的搭建和优化,如创造性地设立"产品经理"岗位,专门负责线路开发和打磨。此外,游侠客还需要在客户服务模式方面进行变革,包括游客定位及分类、挖掘游客需求、分析游客价值、管理游客关系以及完善游客服务内容等,以提高游客满意度和黏性。

第三,客户服务模式。在旅游网站时期,游侠客主要通过提供旅游攻略和旅游资讯等内容,以用户社区的形式来实现客户服务。而在2011年成为旅行社后,游侠客需要更好地理解和满足用户对旅游服务的需求,提供更加专业和个性化的服务。例如,提供量身定制的旅游线路;推荐个性化的旅游产品;做主题旅游聚合同质人群;开发更加完善的在线预订和支付系统,使得客户能够更加便捷地完成旅游产品的购买。

第四,盈利模式。游侠客在旅游网站时期主要依靠广告、内容付费等方式实现盈利。而在成为旅行社后,游侠客需要建立更加稳定和可持续的盈利模式,具体可以从以下三个方面着手:一是增加收入来源。作为旅行社,游侠客能够提供更多的旅游产品和服务,例如酒店、旅游线路等,从而获得更多的收入。相比于旅游网站时期,旅行社的收入来源更加多元化。二是提高产品溢价(收取较高的客单价)。向旅行社转型后,游侠客能够提供更加专业、个性化和高效的服务,做主题旅游,其产品的价值和溢价程度也提高了,能够更好地满足客户的需求。这也进一步提高了游侠客的盈利能力。三是提高利润率。相对于旅游网站,旅行社的利润率更高。因为旅行社能够提供更加全面的服务,并且能够将各种服务组合在一起,形成附加值更高的产品,从而获得更高的利润率。

第五,利益分配模式。在成为旅行社后,游侠客需要建立一个合理、公正的利益分配机制,以调动各参与方的积极性,维护平台生态的稳定与和谐,其中包括对供应商、旅行社、用户等多个参与方的利益进行合理的分配和协调,具体做法如下。一是增加供应商的份额。转型后,游侠客能够提供更多的旅游产品和服务,并且能够更加精准地满足供应商的需求。因此,在利益分配上,游侠客能够为供应商提供更大的份额,使供应商从中获得更多的利益。二是优化客户服务。作为旅行社,游侠客能够更加全面地为客户提供服务,满足客户的需求。因此在利益分配上,游侠客应更加重视客户的利益,为客户提供更加优质的服务,从而提高客户的满意度和忠诚度。三是平衡平台和用户的利益。作为平台,游侠客需要平衡不同利益方的需求。在转型过程中,游侠客需要考虑如何平衡供应商和客户的利益,同时为平台自身创造利润。

拓展阅读

平台商业模式

Johnson et al.(2008)细化了平台商业模式的构成要素,认为其包括核心竞争优势、运营管理模式、客户服务模式、盈利模式以及利益分配模式五个方面(如图 6-1 所示),以下是这五个方面的详细解读。

图 6-1　平台商业模式三角形理论分析框架

(1)核心竞争优势:不断培育核心竞争优势是平台实现价值主张、立足战略定位实现战略目标的重要抓手。核心竞争力本质上是平台结合战略、管理、技术、人才等基础形成的保持平台长远发展和长期竞争优势的能力。平台的核心竞争优势需紧密围绕平台实际,立足平台战略、管理、技术、人才、创新、品牌等方面来培育。

(2)运营管理模式:平台的运营管理模式是实现平台价值创造的保障,是由平台方主导,联合相关供应方、客户、其他利益相关者等构建的以实现价值共创为目标的模式。平台的运营管理模式包括平台的搭建、客户引流方案的设计、组织架构的设计与优化、运营流程的优化整合与重组、信息系统的构建、资源的整合、绩效考核与管理、奖惩及淘汰机制的实施、平台文化的营造以及平台各主体企业文化的融合、平台各主体关系的协调等。

(3)客户服务模式:客户服务是实现平台价值传递的重要渠道,平台价值创造的立足点是客户,直接目标是让客户感知价值、体验价值进而获得价值,而客户服务模式则是平台传递价值进而使客户感知价值并提高对平台黏性的重要手段。客户服务模式主要包括客户定位及分类、客户需求挖掘、客户价值分析、客户关系管理、客户服务内容的完善、客户服务评价与管理等。

(4)盈利模式:盈利模式是实现平台价值获取的基础,也是确保平台持续、健康稳定发展的重要因素。盈利模式主要包括平台定价机制、价格撮合机制、收费机制、补贴机制、交易规则、成本结构及机制、收入来源等。

(5)利益分配模式:利益分配模式是平台价值获取顺利完成的关键,合理的利益分配模式有利于实现价值在平台不同主体间的合理流动与分享,有利于调动平台各参与方以及客户的积极性,有利于保持平台生态圈的稳定与和谐。平台利益分配需考虑平台各参与方利益诉求、各参与方投入／贡献情况、各参与方承担风险情况、各参与方公平偏好、各参与方博弈能力、利益分配模型设计、利益分配制度等。

四、升级：渐入佳境的探索

"前期积累了好的产品和团队，是远远不够的，平台的支撑运营至关重要！"做互联网出身的郑天明明白，在数字化浪潮下，数字科技将给行业和平台带来翻天覆地的变化，他也尝试着一步步升级游侠客。

（一）平台系统如何合理布局？

在郑天明看来，公司业务开展和运营所必需的支撑平台一定要强大且专业，这一理念让游侠客在网络平台上投入不少的人力和资金，其中网络中心人员 70 余人，资深开发人员 30 余人，运营人员 20 人，设计人员 15 人。其中游侠客网络中心主要集开发、设计、运营为一体，可承接开发内容种草平台（从种草到拔草的内容营销）、文旅产品预订平台、商城小程序（让目的地或景区上线）、侠客 OMS（order management system，订单管理系统）、SaaS 系统等。游侠客的内部系统包括业务系统、品控系统、结算系统、领队系统、销售系统、内容系统，涵盖了售前、售中、售后全流程（如表 6-2 所示）。

表 6-2　游侠客系统简介

系统名称	简介
业务系统	线路发布、订单处理、旅行团队操作
品控系统	用于质量红、黄、绿码预警，制作品质荣辱榜
结算系统	实时在线结算；数据及时、准确；供应商往来明晰

续表

系统名称	简介
领队系统	领队派遣、管理；领队出团信息电子化；领队在线报账一条龙服务；领取薪酬等
销售系统	销售码追踪管理；销售数据实时呈现；销售结算
内容系统	目的地系统，对目的地进行全方位的介绍，包括相关的视频、图片、摄影作品、线路游记、攻略 直播系统（无缝带货） 图库系统，专业摄影作业展示及比赛，上传的照片有自主版权

　　做平台出身的郑天明，非常重视将客流稳定在自有平台渠道中，避免出现被几个 OTA 巨头"分蛋糕"的情况。游侠客成立之初，郑天明便创立了游侠客旅游网，但随着移动互联网时代的到来，游侠客 PC 端平台（如图 6-2 所示）订单量逐年减少，已降低到公司自有平台订单量的 10% 以下。

图 6-2　游侠客 PC 端

　　游侠客于 2015 年上线了游侠客 App（如图 6-3 所示），订单获客量占自有平台订单量的 56%。随后，游侠客又发布了 M 站，获客率也达到了 13%。

图 6-3　游侠客 App

　　到 2018 年,游侠客小程序正式上线(如图 6-4 所示),成为自有平台订单的第二大来源,占比 26%。经过将近 10 年的自有平台建设,游侠客销售渠道为自有平台占比 94%,第三方渠道(如飞猪、马蜂窝、携程等)占比仅为 6%。

图 6-4 游侠客小程序

(二)平台内容如何持续输出?

真正好玩的旅行,不仅包括在途的快乐体验,也包括游后的高品质分享,游侠客营造了一种立体的游侠文化,持续输出"有趣好玩的内容"。在社区运营方面,为了提高用户活跃度,游侠客设计了"遇见"系统,遇见就像是一个垂直领域的朋友圈,用户可以通过遇见发表图文、视频,并进行在线的互动(点赞、评论、分享等)。其细分的内容、清爽的界面信息营造了很好的阅读体验,发表者也很容易获得关注和点赞,因而激发了用户的分享欲和表现欲。

游侠客公众号则是另一块图文传播阵地。这里鼓励玩家通过发布高质量的攻略和游记换取积分,每日还推送新鲜的旅游资讯、小众玩法、全球精选目的地、时下流行的旅游攻略、旅游线路等,还有免费线路、周边礼品等回馈活动,起到了培育旅游市场、获取新客的效果。

2013 年,游侠客推出吉祥物"游小侠",其以明亮的黄色为基调,寓意亚洲黄种人的身份,而拉风斗篷和酷帅的假面,更是彰显了游侠客的活力与朝气。游小侠自诞生以来,已经衍生出了抱枕、行李牌、扑克牌、公仔、钥匙扣等系列周边产品,对于打造品牌形象、拉近用户距离功不可没。

2013 年,游女郎品牌创立。游女郎是游侠客摄影网旗下模特品牌,是一群爱旅游、爱摄影、爱打扮的青春模特,她们担当游侠客摄影网环境人像模特和旅游线路体验师,活跃在百万游侠客会员之中。游女郎不仅仅是一个游侠客时尚美女展示外貌的平台,也体现了当下私人生活方式对网络围观群众的自愿展示。

游飞侠则是游侠客的另一群灵魂人物,他们活跃于世界各地,拥有各种职业,爱旅游,爱分享。"为一切旅行者,推荐你所知的小世界",并乐于将旅行用图文、视频等形式记录成精彩游记并分享给他人。

随着短视频时代的到来,游侠客又成立了一支专业的视频团队,逐步为游侠客的每一个产品提供更直观的视觉、听觉体验。这些视频除了在游侠客的自有平台上发布,还会在抖音、西瓜等视频平台上发布,收获了大量粉丝及点赞。

郑天明想要寻求那些闪光的游记、精彩的美图、实用的攻略、字里行间有趣的灵魂,让这些志同道合者成为游飞侠,为游侠客提供原创内容。

(三)平台流量如何有效变现?

2013年,游侠客上海站成立,从此跨出杭州,彼时,游侠客旅游网注册用户数刚突破100万。随后,游侠客继续发力,将脚步迈向贵阳、昆明;2015年,游侠客广州站成立,开始布局珠三角,同年获得A轮5000万元融资。到2018年,游侠客相继布局武汉、北京、苏州、丽江、重庆、喀什、深圳、厦门、西安,覆盖国内一、二线城市,平台注册用户数突破1000万,日活用户数超过3万。

如此庞大的客流量该如何变现? 这让郑天明犯了难。旅行活动具有低频次性,因此很难通过广告变现。2015年起,郑天明开始布局线下,通过成立游侠客旅游开发公司,与当地政府、旅游开发公司、目的地酒店、景区等展开合作,合作范围覆盖打造特色小镇、露营基地以及举办公益活动。旅游目的地相关企业看重游侠客的优质用户群体,找游侠客导流引源,并直接支付其推广费用,更有一些景区看重游侠客出色的策划和组织能力,邀请其为景区做活动策划营销。而游侠客需要打造深度旅游产品,提升用户体验,并将流量变现,双方实现共赢。

游侠客投资布局的特色小镇涵盖浙江杭州运河别院、四川丹巴德吉康瓦、内蒙古乌兰布统坝上牧歌、浙江海宁侠客小镇、云南普者黑游侠家园、青海湖莫热云端牧场。位于四川丹巴的德吉康瓦,曾被《中国国家地理》杂志评选为中国最美乡村,游客们可以体验藏式住所,欣赏随风舞动的经幡、镌刻图腾的石墙、质朴的木具铜器,乡村的每一个角落都镌刻着深刻的藏文化印记,为游客讲述东女国的故事。位于杭州的运河别院以旅游和摄影为主题。在这里,游客们可以结交新友,或是体验他乡遇故知;品味拥有江南特色的徽派建筑外观——马头墙、旱庭院、水庭院,感受从祖辈的毛石土屋到近代的民国青砖洋房,品味建筑的变迁。在浙江海宁,游侠客围绕着金庸旧居,跟当地政府、基金公司一起投资,其中一期投资 5 亿元,创建了一个以武侠文化为主题的特色小镇。为迎合年轻人的喜好,游侠客还计划加入仙侠元素。凡此种种,都表明了游侠客布局线下的雄心。

　　游侠客也举办了不少公益性质的活动,探索从小众到大众的转变,意图承担更多的社会责任,培育爱出游、爱运动的社会风尚。游侠客还举办了各种城市户外活动,比如夜爬、城市徒步、趣味户外活动。更具广泛影响力的是一系列文旅项目与目的地营销活动,例如,游侠客与杭州文旅局携手飞猪,参与"5·14"全国首场城市文旅专场直播,其中"龙井问茶"的线路吸引 4300 余人下单;与西湖区文化和广电旅游体育局合作举办西湖国际毅行;与永嘉县人民政府、浙旅投有限公司合作举办亲水楠溪——夏天主题玩水节。2018 年,游侠客与携程共同发布并签署了《徒步登山星级标准》,这是国内首个受到 70% 以上主流户外机构认可的徒步登山标准体系……这些活动为游侠客赢得了政府背书,树立了良好的企业形象,也巩固了游侠客在主题旅行行业的引领地位,为其赢得了良好的口碑。

　　为什么游侠客能从一个网站发展成公司? 2009—2020 年,游侠客的创业成长历程如表 6-3 所示。

表 6-3　游侠客创业成长历程

年份	大事记
2009	游侠客旅游网上线,进入测试
2010	游侠客旅游网社区正式运营
2011	游侠客旅行社成立,从户外业务起步,开启国内社交旅行的新篇章
2012	游侠客摄影网上线,之后用四年时间,跻身国内摄影业务收客龙头
2013	游侠客上海站成立 游侠客旅游网注册用户数突破 100 万 游女郎品牌创立 推出游侠客吉祥物游小侠

续表

年份	大事记
2014	游侠客贵州站、西北站、昆明站成立,夯实了游侠客个性化路线的服务实力
2015	游侠客 App 正式上线 游侠客开始向珠三角布局 游侠客获得 A 轮 5000 万元融资
2016	游侠客旅行社升级为国际旅行社,开始布局海外线路 游侠客武汉站、北京站、苏州站、丽江站成立 酒店管理公司成立,先后在浙江、内蒙古、青海、云南投资民宿项目
2017	游侠客成都站成立 游侠客体育公司注册成立 游侠客业务线继"旅行＋户外""旅行＋摄影""旅行＋亲子研学"后,又新增"旅行＋体育"
2018	游侠客南京站、重庆站、新疆站、深圳站、厦门站成立 游侠客国内站点布局完成 游侠客小程序上线,注册用户数突破 650 万
2019	游侠客西安站成立 游侠客注册用户数突破 1000 万 游侠客深化品牌定位——好玩的主题旅行平台 游侠客荣获"浙江省百强旅行社"称号
2020	游侠客公布最新企业文化。公司定位是"好玩的主题旅行平台",使命是"让旅行充满想象",愿景是"创造旅行生活新场景,坚持负责任的旅行,改变城市人的生活方式",价值观是"游侠五义",即侠智(创新)、侠行(服务至上)、侠骨(负责任)、侠气(相互成就)、侠情(激情) 游侠客在全国 13 个主要城市设立了分/子公司,在册员工 400 人,兼职领队近 3000 人

从当时的时代背景来看,受数字化浪潮、人们旅游需求的多样化和个性化以及互联网技术发展的影响,传统旅行社的业务模式和服务方式已经无法满足消费者的需求,也难以与互联网旅游平台竞争。郑天明创办的"游侠客"采用了新型的"社交网络＋旅行电子商务平台"的商业模式,目的是满足消费者需求。

从用户角色来看,不同于以往传统在线旅游平台各年龄群体一锅端,游侠客的用户是"80后""90后"中热爱户外、喜欢主题旅游的群体。游侠客的价值主张是"好玩的主题旅行平台",旅行不仅仅是为了游览风景,更是为了寻求新的体验和认识新的人。因此,游侠客强调"旅行＋交友"的体验,通过社交网络将有共同兴趣爱好的人聚集在一起,共同探索新的旅行方式。

　　从用户体验流程来看,游侠客用户的旅游体验主要分为三个阶段:游前、游中和游后。各个阶段又可从行为、接触点、用户需求、痛点和机会点几个方面来进行分析。游侠客通过对比传统在线旅行社平台(携程、驴妈妈、途牛旅游等)和自己的一系列服务流程,得知旅游者在传统旅行社体验过程中的痛点,从而获悉用户需求,确立自身服务创新的机会点。通过梳理用户旅程,游侠客构建了参与主题旅游的旅游者体验地图,如表6-4所示。

表 6-4　游侠客用户体验流程分析

阶段	行为	接触点	用户需求	痛点	机会点
游前	1.了解旅游目的地基本信息 2.乘坐交通工具,到达目的地	1.公众号、微信小程序、官方网站 2.领队、司机、交通设施	尽可能搜集目的地信息,挖掘目的地好玩的玩法	1.信息不对称 2.找不到志同道合的出游者 3.想去传统旅游业未涉足的处女地,但苦于没有攻略	1.开发完整的系统来提升内部效率(开发业务系统、品控系统、结算系统、领队系统、销售系统和内容系统) 2.培养具备某一领域的专业知识和经验的合格领队

续表

阶段	行为	接触点	用户需求	痛点	机会点
游中	1.体验当地民俗、参与节事活动 2.体验当地美食 3.领略绝美风光	1.当地居民、领队、同行游客 2.当地居民、餐饮店主 3.领队、同行游客	1.拒绝走马观花，期待深入的场景式体验，融入当地的风土人情中 2.高质量的旅游体验，拒绝一个旅行团不分年龄层的大杂烩模式，与志同道合的人一起 3.多样的个性化需求，拒绝标准化产品 4.疫情后，大众特别注重旅游过程中的健康安全问题 5.满足感官刺激、情感体验、知识体验	1.传统在线旅行社千篇一律，批发模式，低价、宰客等情况屡见不鲜，高度同质化，模式粗放又单一 2.传统在线旅行社"上车睡觉＋下车拍照""购物＋隐藏自费项目"饱受诟病 3.带团的导游缺乏相关主题旅游领域的知识，体验效果不佳	1.开发独一无二的小众线路，在玩法上加入很多体验性项目，带给用户高质量的出游体验 2.设置专项踩线资金，成立一支全球美景探索分队，进行线路挖掘与创新 3.招募产品经理（以户外达人、摄影爱好者为主），以玩家的心态来设计产品 4.与当地政府、旅游开发公司、目的地酒店、景区等合作方展开合作，合作范围覆盖打造特色小镇、举办公益活动、建设营地
游后	1.回家 2.反馈	1.交通设施 2.内容系统、朋友圈	1.通过内容系统（垂直领域的朋友圈），给朋友展示图文、视频并与之进行在线的交流（点赞、评论、分享等），满足分享欲，传递体验价值 2.通过朋友圈来展示个人生活品位，在人际传播、群体传播中实现口碑营销	用户对旅游体验的负面评价很难被及时调整和修复	1.建立完善的品控系统，通过质量红、黄、绿码预警，以及设立品质荣辱榜等方式做好口碑管理 2.做好游女郎、游飞侠等品牌的社群管理 3.举办公益性质的活动，树立良好的企业形象，巩固其在主题旅行行业的引领地位

　　需要注意的是,在用户不断流失的行业常态下,游侠客形成了基于价值共创理论的商业模式创新链(如表 6-5 所示)。

表 6-5　游侠客基于价值共创理论的商业模式创新链

创新链模块	二级指标	主要要素
价值共同主张	目标用户	用户群体年轻化、注重旅行品质
	价值主张	企业定位是"好玩的主题旅行平台"
价值共同创造	关键业务	主题旅游线路、线下布局体验点、社群营造、线上短视频和图片平台建设
	合作网络	媒体、当地政府、旅游开发公司、目的地酒店、景区管理方
价值共同传递	用户关系	用户激励计划、有共同兴趣爱好的用户社群、全球美景探索分队
	渠道通路	通过搜索引擎、社交媒体、人际传播、群体传播等实现口碑营销,提供在线客服和旅游顾问服务
价值共同获取	盈利模式	客单价浮盈 20%、广告盈利
	成本结构	用户获取成本、开发成本、设计成本、运营成本、计调出单成本

　　游侠客的商业模式创新链包含以下四个模块。

　　第一,价值主张模块。游侠客作为一家旅游平台,核心价值主张是"做好玩的主题旅行平台",强调提供给年轻的客源一个满足多样化旅游需求的平台。游侠客通过深入了解用户需求和精准匹配来提供个性化、专业化的旅游产品与服务,满足用户的多样化需求。例如,针对年轻客源的需求,游侠客推出"深度人文""瑜伽静修"等主题旅游产品,让用户可以在旅行中找到自己的兴趣点和乐趣。

　　第二,价值共创模块。游侠客主要包含四个方面的关键业务:主题旅游线路、线下布局体验点、社群营造、线上短视频和图片平台建设。在主题旅游方面,游侠客在其平台上提供多种主题的旅游线路,如美食之旅、探险之旅、文化之旅等,以满足用户多样化的旅游需求。在线下布局体验点方面,游侠客在各个目的地布局了线下的体验点,如浙江杭州运河别院、四川丹巴德吉康瓦、内蒙古乌兰布统坝上牧歌、浙江海宁侠客小镇、云南普者黑游侠家园,用户可以在这些地方获得更多关于旅游目的地的信息,并与其他旅游爱好者交流。在社群营造方面,游侠客通过线上和线下的社群营造,帮助用户建立自己的社交圈子,从而提升用户对游侠客的黏性和忠诚度。在线上短视频和图片平台建设方面,游侠客建立了自己的短视频和图片平台——"遇见",持续输出"有趣好玩的内容",让用户在其中分享自己的旅游体验和感受,从而吸引更多用户关注和参与。

在合作网络方面,除了媒体,游侠客还与当地政府、旅游开发公司、目的地酒店、景区管理方合作,具体体现在:一是与合作伙伴建立良好的关系,洽谈优惠价格,以获得更低的成本,提供更具竞争力的旅游产品和服务。二是与合作伙伴共同探索新的旅游资源,开发新的旅游产品和服务,满足用户不断变化的需求;为合作伙伴提供市场推广支持,帮助他们提升品牌知名度和曝光率,促进销售增长。三是与合作伙伴建立长期战略合作关系,共同打造稳定的旅游生态系统,提供更加丰富的旅游产品和服务。

第三,价值传递模块。游侠客通过制订用户激励计划、组建有共同兴趣爱好的用户社群、建立全球美景探索分队来促进价值传递。具体而言,用户激励计划就是通过会员积分、优惠券、折扣等,来鼓励用户使用平台和分享旅游体验。这可以提高用户忠诚度和活跃度,并促进用户口碑传播。建立有共同兴趣爱好的用户社群,就是通过主题旅游,利用文化探索、美食探索、户外运动等形式,来满足用户不同的旅游需求和偏好。这可以帮助游侠客更好地了解用户需求和提供个性化服务。游侠客还建立了全球美景探索分队,邀请用户加入,一起探索全球美景。这可以提高用户参与度和互动性,并促进用户口碑传播和品牌影响力的提升。

在渠道通路方面,游侠客通过搜索引擎优化(SEO)、搜索引擎营销(SEM)、社交媒体营销、人际传播、群体传播等渠道推广自己的产品和服务。在搜索引擎优化方面,游侠客通过搜索引擎优化自己的网站,使其在搜索引擎中排名更靠前,提高其曝光率和访问量。在搜索引擎营销方面,游侠客通过搜索引擎广告投放,提高品牌曝光率和点击率,吸引更多的潜在用户。此外,游侠客还通过在社交媒体平台上发布相关的旅游信息、游记、图片和视频,吸引用户关注和参与,提高品牌知名度。在人际传播和群体传播方面,游侠客利用用户的口碑和分享行为,实现品牌形象与产品信息的人际传播和群体传播。

此外,游侠客还通过提供在线客服和旅游顾问服务,帮助用户解决旅游中的各种问题,提升用户体验感和满意度。

第四,价值获取模块。在盈利模式方面,游侠客的主要收入来自客单价浮盈和广告盈利。客单价浮盈,就是游侠客通过向用户收取服务费用实现盈利。通过控制成本和提高服务费用,游侠客可以实现客单价浮盈,即平台收入与成本之间的差距。广告盈利,就是游侠客通过向旅游资源供应商、旅游服务提供商等商家提供广告投放服务来实现盈利。游侠客平台可以根据用户的需求和偏好,向商家建议提供相关的旅游产品和服务,同时向商家提供广告投放服务,帮助商家推广产品和服务。通过这种方式,游侠客可以获得商家的广告费用。此外,游侠客还通过会员制度和提供优惠券等营销手段来吸引用户。

在成本方面,游侠客主要控制用户获取成本、开发成本、设计成本、运营成本、计调出单成本等。例如,游侠客通过社交媒体、口碑营销等提高品牌知名度和曝光率,从而减少用户获取成本。此外,游侠客还通过推荐有潜在需求的用户和优惠活动等方式,降低用户获取成本。在开发成本和设计成本方面,游侠客关注用户体验,通过快速迭代和用户反馈,减少开发和设计成本。在运营成本方面,游侠客采用自动化运营和数据驱动的方式,例如,通过采用客服机器人来解决用户的常见问题,降低人工客服成本。在计调出单成本方面,游侠客采用信息化和规范化管理的方式,提高计调工作效率,降低计调出单成本。例如,游侠客利用信息化系统(结算系统)来自动生成计调单,减少人工操作,提高效率。

拓展阅读

用户体验地图

用户体验地图是一种全阶段、全流程和可视化的流程分析工具,能定位并描述用户与产品、环境之间的复杂交互体验过程(Hassenzahl,2001;Hassenzahl and Tractinsky,2006)。构建用户体验地图一般分为两步:①定义用户角色。对目标用户的刻画可反映出目标用户的爱好、兴趣等特征。通过对用户进行定量、定性的分析与归类,我们可以得出目标用户的原型,即用户角色。②梳理用户旅程体验,即针对目标用户在相应情境下的行为体验进行分析,采用可视化的方式描述用户在旅程中各个阶段的体验情况(王博文、许占民,2021)。

基于价值共创理论的商业模式创新链

价值共创理论重新定义了用户角色,它认为价值不是由生产者单方面创造的,而是由生产者和消费者在互动中共同创造的。该理论强调了生产者和消费者之间的互动和合作,二者共同创造和分配价值,而不是由生产者单方面地将价值传递给消费者(Prahalad and Ramaswamy,2004;Vargo and Lusch,2004)。

在价值共创理论中,价值是通过各方之间的互动和合作来创造与分配的,而不是通过交换商品和服务来传递的。生产者和消费者之间的互动可以使生产者更好地了解消费者的需求和偏好,从而更好地创造和提供价值。同时,消费者也可以通过参与生产过程,为生产者提供反馈和建议,从而促进生产者更好地创造价值。

因此,价值共创理论认为,生产者和消费者之间应该建立一种互动和合作的关系,从而共同创造和分配价值。价值共创理论还强调了价值的个性化和动态性。由于每个消费者的需求和偏好都不同,因此生产者需要根据消费者的不同需求和偏好,提供个性化的价值创造和分配方案。此外,由于市场环境的不断变化和技术的不断进步,生产者也需要不断地适应市场环境的变化,从而不断地创造和分配价值。

Johnson et al.(2008)提出了基于价值共创理论的商业模式创新链,该创新链分为四个模块(如图 6-5 所示)。

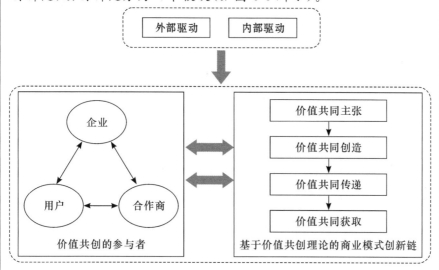

图 6-5　基于价值共创理论的企业商业模式分析模型

(1)价值主张模块。它包括企业的商业战略、目标市场和核心能力等,用于定义企业的竞争优势和未来的发展方向。

(2)价值共创模块。它涉及企业与客户之间的互动和合作,包括通过创新的方式、通过与客户合作来共同创造和分配价值。在这个模块中,企业需要了解客户的需求和偏好,通过与客户的互动和合作,提供定制化的产品和服务以满足客户需求。

（3）价值传递模块。它主要涉及企业与其合作伙伴（供应商、分销商和其他关键的合作伙伴等）之间的互动和合作。企业需要与合作伙伴共同合作，通过合理的资源配置和协调来实现最佳的供应链管理和流程优化。

（4）价值获取模块。它主要涉及企业如何从创造和分配价值中获得经济利益，包括销售收入、产品和服务的附加值等。企业需要通过有效的商业模式和收费机制，以及灵活的定价策略来获取价值。

这四个模块相互关联，构成了基于价值共创理论的商业模式创新链，企业需要将其视为一个整体来设计和运用商业模式，从而实现长期的竞争优势和可持续的发展。

五、探寻未来无限可能

成立十年的游侠客，从一个行业的闯入者，渐渐成为行业的新标杆，不知不觉中，给传统旅行社带来了一些思考和改变：游侠客不是传统的标准化的组团社，提供的不仅仅是在途的旅游体验，其职员也不是传统的相对稳定的公司内部员工，其游客也可以多出游客之外的身份……

如何谋划未来？在数字化背景下，基于现有资源禀赋，游侠客可以继续深耕主题旅游领域，提供更加个性化、多样化的旅游产品和服务，满足用户日益增长的旅游需求。具体来说，有以下五项措施。

一是增加科技投入和加快数字化转型。在数字化时代，增加科技投入和进行数字化转型已成为旅游企业的必然选择。游侠客可以继续增加对技术和数据的投入以提高自身的效率和竞争力。在数字化转型方面，游侠客可以尝试更多地运用人工智能、大数据和云计算等技术来提高平台的运营效率。比如，通过大数据了解用户的偏好和需求,进一步提高旅游产品和服务的个性化程度。又比如,引入 AR (augmented reality,增强现实)、VR(virtual reality,虚拟现实)技术,将目的地的各种信息整合起来呈现给用户,让用户在虚拟现实中了解目的地的文化背景、地理位置、气候等。

二是进一步提升用户体验和加强社区建设。在旅游市场上,用户体验和社区建设是非常重要的。游侠客可以继续通过提供高品质、个性化的旅游产品和服务来提升用户体验,并通过社区建设促进用户之间的交流和互动。在社区建设方面,游侠客可以尝试引入更多的社会化功能,比如在线直播、用户生产内容(UGC)分享、打卡签到等,来提高用户黏性和互动性。

三是拓展更多的主题旅游线路和目的地。随着旅游市场的竞争越来越激烈,游侠客需要不断拓展新的主题旅游线路和目的地,以满足用户的多样化需求。在线下布局方面,游侠客可以进一步加强与当地政府、旅游开发公司、目的地酒店、景区管理方的合作,通过资源共享和互补,提供更加优质、丰富的旅游产品和服务。

四是探索更多的盈利模式。目前,游侠客主要依靠客单价浮盈和广告盈利来获得收入。未来,游侠客可以探索更多的盈利模式,比如增值服务收费、代理销售、跨界合作等,以提高收入和利润。例如,游侠客可以与其他行业进行跨界合作,如与互联网巨头合作推出旅游产品、与线下品牌合作开展联合促销等,以扩大用户群体和提高收入。

五是探索新的商业模式。在快速变化的市场环境下,游侠客需要不断探索和创造新的商业模式以应对市场的挑战和机遇。例如,游侠客可以考虑采用基于区块链技术的旅游平台,以提高交易的透明度和安全性;也可以探索共享经济模式,让用户成为旅游资源的共享者和分享者。

总之,游侠客作为一家"好玩的主题旅行平台",在未来的发展中需要不断加强自身的核心竞争力,不断创新和完善商业模式以适应市场和用户需求的变化,从而实现更加长期和可持续的发展。

　　当然,这个世界并不是平的,答案不止一个。"让旅行充满想象",这是郑天明的初心,也代表着游侠客的未来——拥有无限的想象空间,但能否将这些想象付诸实践,还很难给出答案……探索,一直在路上!

第七章 以小"建"大,生态制胜:
微医的数字医疗探索之路[①]

从挂号网到全国第一家互联网医院,再到国际上规模最大、最具成长力的数字健康独角兽,微医从未停下创业的脚步。本章描述了微医通过持续的新业务拓展,构筑多平台嵌套的数字医疗生态系统,重塑医疗健康体系的成长历程。

微医以平台战略为核心,牢牢扎根并拓展医疗、医药、研发等领域的业务,以自身平台为支点,逐区域整合各级医院、医生、医保支付、药厂等医疗供应资源及服务,打造"医疗—医保—医药"闭环的"数字健共体"生态,为用户提供线上线下一体化的医疗服务。

如今,微医已基本实现了生态能力积累,并开始试点性地进行生态系统价值输出。然而,微医也面临着盈利困难、技术与服务边界模糊、医院等核心参与者动力不足、政策制度压力较大与互联网巨头的市场竞争激烈等严峻考验。在瞬息万变的数字医疗改革浪潮之中,如何才能克服上述挑战,找到可持续的商业模式? 微医还需要在未来的发展中给出答案。

---

① 本章作者为王颂、张涵茹、张了丹。

我国传统医疗健康服务体系在医疗、医药和医保三大板块都存在痛点。对于医疗体系(如图 7-1 所示)而言,一方面,优质医疗资源分布不均,表现为中西部内陆地区与东部沿海地区之间存在差距;医疗资源主要集中在市区三甲医院,县域与基层医疗资源供给不足,导致群众对基层医疗机构治疗水平认可度较低。截至 2020 年,在医院总数中占比 8.2%的三级医院提供了 51%的诊疗服务,覆盖了全国 22%的诊疗人次。另一方面,慢病院外管理乏力,具体体现在慢病管理信息化发展过程中存在数据记录不严谨等问题,部分医院对患者用药缺乏及时、恰当的指导。而对于医药体系而言,一方面,药物流通环节利益复杂、药价虚高,主要原因在于医药市场中包括制造商、批发商、零售商以及医疗保健机构在内的多个参与者之间利益分配存在不合理之处;另一方面,药品溯源机制有待完善,因为药品产业链的透明度与数字化程度不高。对于医保体系而言,其痛点具体表现为医保支付方式与结构待优化,因为按次、按项目计费的支付方式容易滋生医疗服务过度的投机行为;医保控费难,对不合理检查、不合理治疗、不合理收费等现象缺乏有效监管。

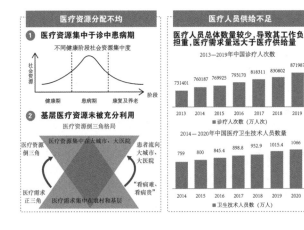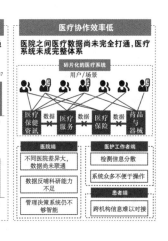

图 7-1　传统医疗体系的痛点

资料来源:公开资料、艾瑞咨询研究院。

　　不容忽视的是,上述医疗痛点致使医院与患者之间医疗服务的传输、医院与药厂之间药械器材的交易以及医院与医保之间供需的精准匹配存在壁垒。而互联网医疗与基于此形成的数字医疗生态系统提供了数字化、互联化、集成化的医疗健康服务体系升级手段,正是缓解上述医疗痛点的有效方案。正如国家卫生健康委规划发展与信息化司原司长毛群安所言,如今"互联网+医疗健康"已逐步从"可选项"变成了"必选项",互联网医疗已成为医疗服务的重要组成部分。

　　与此同时,微医创始人廖杰远的一段陪同家人辗转就医的艰难经历让他目睹了中国医疗领域存在的种种壁垒和缺失,使他痛下决心进入中国互联网医疗行业。而其中的一个助力因素是,廖杰远曾是科大讯飞早期联合创始人之一,拥有多项智能语音识别发明专利。

　　在上述种种因素的综合驱动下,致力于实现"健康有道、就医不难"的互联网医疗平台——微医,应运而生。自 2010 年创立挂号网以来,微医从为患者和医院提供免费对接服务以及互联网实名预约挂号服务开始,一点点打破封闭与割据的医疗系统的重重壁垒。如今,微医以互联网医院为支点,逐区域整合各级医院、医生、医保支付、药厂等医疗供应资源及服务,打造"医—医保—医药"闭环的"数字健共体"生态,为用户提供线上线下一体化的医疗服务。从挂号网到全国第一家互联网医院,再到国际上规模较大、较具成长力的数字健康独角兽之一,微医一路走来,披荆斩棘,意气风发(如表 7-1 所示)。微医已建成"医—药—保"闭环的生态系统,依托自身的 26 家互联网医院与 303 家慢病服务中心,连接了全国 31 个省(自治区、直辖市)的 8095 家医院、30.8 万名医生、2.7 万家药企和 80 家保险公司,共同构建医疗服务保障体系。该体系已为全国超过 2.95 亿名实名注册用户提供了健康管护服务,并且覆盖到了个人、企业、基层组织等。

表 7-1　微医发展历程大事记

时间	关键事件
2010 年 3 月	挂号网成立,包括挂号服务、线上问诊、专科问诊等模块
2014 年 9 月	腾讯领投挂号网(微医)
2015 年 9 月	公司品牌升级为"微医"
2015 年 12 月	成立海西医药交易平台 在乌镇建立了全国第一家互联网医院
2017 年 3 月	微医人工智能研究中心成立
2018 年 11 月	发布"三医联"平台,接入医保支付
2019 年 3 月	海西医药交易平台帮助厦门市落地全国"4＋7"城市药品集中采购首单
2020 年 4 月	开出中国第一张互联网医院的电子医保结算单; 在山东省发布全国首个省级互联网医保大健康平台; 在天津全面启动基层"数字健共体"建设
2021 年 3 月	江西数字中医药健共体发布

　　廖杰远在一次采访中提道:"新医疗的第一要义在于连接,以及连接所实现的数据和能力协同。"那么,微医是如何通过生态制胜,从无到有地连接各主体,搭建数字医疗生态系统的呢? 回溯微医十余载的成长故事,跃然纸上的是一段通过构筑平台生态重塑医疗体系的破壁征程……

一、微医生态 1.0:筑稳根基,平台是连接的基石

(一)医疗平台:挂号网与互联网医院

　　微医起源于 2010 年成立的挂号网,是一家"天生"的平台企业,最初的 1.0 版本主要是为单体医院建立预约系统。挂号网拿下的第一个项目是复旦大学附属华山医院,该医院将其 5% 的号源提供给挂号网,用户可在挂号网上查询医生出诊信息,并预约挂号。然而,挂号网虽然流量很大,但不具备可变现、可盈利的商业模式,因为通过挂号抽

成的"黄牛"模式是违法的。因此,即便挂号网与大量医生和医院建立了弱连接,也很难把这些强度较弱的在线连接转化成能够提供线下资源的强连接,因而"线上资源线下化"仍是微医这一阶段需要攻克的重大难关。

对此,微医的"解题思路"是建立自有的实体医疗机构——互联网医院与全科中心,作为线下服务基地来整合线上资源。2015年,挂号网品牌升级为"微医",并在乌镇创办了全国第一家互联网医院,突破以前的轻资产运营模式,逐步把挂号网的线上医患资源集聚到线下,同时通过终端设备实现线下与线上的连通。2017年,微医成立首家面向家庭与社区的全科中心,并配备微医专职医生与远程诊疗终端。基于此,患者可以借助微医全科中心快速便捷地解决看病需求。由此,互联网医院开启了中国在线诊疗、处方流转等数字医疗新业态,着力解决老百姓挂号难、看病难的痛点。

(二)医药平台:中西药械交易服务平台

微医致力于通过数字平台实现传统交易流程的数字化与透明化。在西医药方面,2015年,微医在厦门成立海西医药交易平台,获得了政府认可并取得交易场所牌照,引领了全国药械采购流通的数字化,后来为三明医改①、福建联盟②以及国家"4＋7"城市药品集采③等提供了大量的数据支持。在中医药方面,2016年,微医打造"悬壶台"平台系统,实现了老中医的经方和名方的数字化传承,生成了知识图谱,落

---

① 三明市统筹推进医疗、医保、医药"三医"联动改革,破除以药补医机制,探索建立维护公益性、调动积极性、保障可持续性的运行机制,为全国医改树立了榜样。三明医改的主要内容为:改革整体联动;完善医改经济政策;健全医院内部激励和约束机制;推动医疗资源下沉。

② 2022年4月上旬,国家医保局曾对2022年地方联盟集采做出统一部署。按照工作安排,福建牵头开展的电生理和腔镜吻合器联盟集采,被纳入2022年拟重点推进的联盟集采项目。

③ 2018年底,随着国家大部制改革,新成立的国家医保局在探索了全国各地集中采购经验的基础上,发布《4＋7城市药品集中采购文件》,以11个城市为试点,统一执行药品集中采购竞标结果。在激烈的价格竞争后,25个品种入围第一轮"4＋7"集采,中标价格平均降幅为52%。

地 2000 多家基层中医院,累计辅助开方 650 多万张。此后,微医也进一步在中医药交易方面布局,2020 年,微医建立扁鹊中药(材)交易平台,对中药材从种植、加工、存储到运输的全流程进行数字化监管,并且联合国家中医药管理局对其进行统一定价,致力于解决市面上存在的中药材价格和质量参差不齐的问题。

(三)研发平台:数智医疗研究中心

微医在发展伊始便意识到数字技术对医疗行业的革命性影响。廖杰远认为,"通过 AI 技术,医疗行业确确实实有机会实现医疗效率的弯道超车。就像谷歌前首席执行官埃里克·施密特在乌镇说的,'人工智能最大的机会在医疗'"。因此,微医很早就开始布局数智医疗研究中心,以期挖掘平台数据价值,从而支持自己的"破壁行动"。2017 年 3 月,微医向浙江大学捐赠 1 亿元,用于支持睿医人工智能研究中心发展,并联合上海瑞金医院、四川华西医院、浙一医院、浙二医院、广东中医院等医疗机构研发数字医疗大脑,针对各医院的优势病种形成标准化诊疗方案。2024 年微医向港交所递交的招股书显示,截至 2024 年 12 月 21 日,微医已在其数字医疗平台上连接约 1.15 万家医疗机构和 31.8 万名医生,可提供线上咨询、复诊、慢病管理和健康管理等全方位的服务。

回顾微医的融资过程,2014 年,挂号网获腾讯领投的 1.065 亿美元 B 轮融资,为早期平台布局筹到了必要的资金。腾讯的加入大幅提升了微医的外部合法性,主要体现在大企业背书上。作为"腾讯系"的一员,微医在与政府沟通、与阿里健康竞争的过程中更具优势。

具体而言,微医自 2012 年至 2022 年的融资情况如表 7-2 所示。

表 7-2　微医融资大事记

年份	投资方	投资金额	融资轮次
2012	晨兴创投、风和资本	2200 万美元	A 轮
2014	腾讯、复星集团、晨兴创投、启明创投	1.06 亿美元	B 轮
2015	国开金融、腾讯、复星医药	3.94 亿美元	C 轮
2018	友邦保险、新创建集团	5 亿美元	Pre-IPO 轮
2021	红杉中国、千禧投资	4 亿美元	Pre-IPO 轮
2022	山东省国有产业投资基金	10 亿元	Pre-IPO 轮

微医 1.0 版本的主要任务是积淀内部核心资源,为未来的平台扩张与生态布局打好地基。为此,微医的关键举措是打造医疗、医药与研发多平台嵌套的集团型组织,通过"模块化"将业务活动拆分成独立的子平台。其中,医疗平台旨在打破医院与患者之间医疗服务传输的壁垒,医药平台旨在打破医院与药厂之间药械器材交易的壁垒,而研发平台则体现了微医以大数据和数字技术为支撑的平台思维。数字平台要实现多方资源的汇聚与集成,离不开大数据与数字技术的支撑,因此早在 2017 年,微医便着手布局医疗大数据业务。

二、微医生态 2.0:构建生态,链接外部资源

(一)"医—药—保"闭环的供应网络

随着企业的发展,微医逐渐意识到只靠互联网医院和自己的力量,能够提供的医疗服务非常有限,无法解决医疗资源分布不均衡的问题。此外,第一阶段微医的服务未接入医保体系,患者在互联网医院看病需自费,导致其使用微医的意愿较低。因此,微医开始从单体的互联网医院转向打造"互联网医联体",建立"医—药—保"闭环的供应网络,具体做法如下。

第一,建立医疗供应网络以提升微医与医生的关系强度,获取医

疗服务资源。医疗服务的核心资源持有者是医生与医院,二者也是微医商业模式的核心利益相关方。因此,建立与医生和医院的网络关系并提升其对平台的黏性,是贯穿微医生态构建全过程的重要命题。

微医与医生建立联系的路径有两种:一是微医团队与医生一对一结网。早期微医通过自己的团队和医生线下交流,说服其加入平台多点执业,建立合作关系。具体而言,在挂号网阶段,微医与医生之间的黏性是通过挂号来产生的,微医只是帮助医生对接更多病人。此后,微医通过补充诊前和诊后的服务来与医生深度绑定,帮助医生构建全链路的医疗服务能力以提升患者对其的黏性。二是通过医院与医生建立一对多的联系。随着国家互联网医疗政策的完善与互联网医院的建设(如表 7-3 所示),医生个人在微医平台兼职受到了医院层面的限制。因此,微医开始与医院建立合作,说服整个医院或科室将其所有的医生"打包"入驻微医平台。

表 7-3 国家促进互联网医疗发展的政策

板块	时间	政策	主要内容
医疗	2015 年 7 月 1 日	国务院出台《关于积极推进"互联网+"行动的指导意见》	推行在线预约诊疗、候诊提醒、划价缴费、诊疗报告查询、药品配送、远程医疗、互联网延伸医嘱、电子处方等服务
	2018 年 4 月 25 日	国务院办公厅出台《关于促进"互联网+医疗健康"发展的意见》	鼓励的项目包括:互联网+医疗服务、公共卫生服务、家庭医生签约服务、药品供应保障服务、医疗保障结算服务、医学教育和科普服务、人工智能应用服务
	2020 年 6 月 28 日	国家卫生健康委办公厅出台《关于做好信息化支撑常态化疫情防控工作的通知》	大力发展"互联网+医疗健康",强化数据共享,衔接线上线下服务
医药	2016 年 10 月 25 日	国务院出台《"健康中国 2030"规划纲要》	推进药品、医疗器械流通企业向供应链上下游延伸开展服务,形成现代流通体系

续表

板块	时间	政策	主要内容
医药	2018 年 4 月 25 日	国务院办公厅出台《关于促进"互联网＋医疗健康"发展的意见》	允许依托医疗机构开办互联网医院，允许在线开具部分常见病、慢性病处方，且互联网医疗机构可以将在线处方转到合作的第三方以支持药品配送
	2020 年 11 月 12 日	国家药监局出台《药品网络销售监督管理办法（征求意见稿）》	允许线上销售处方药和展示处方药信息
医保	2018 年 10 月 15 日	国家卫生健康委办公厅出台《关于公立医院开展网络支付业务的指导意见》	推进医院开展网络支付服务
	2019 年 5 月 23 日	国务院办公厅印发《深化医药卫生体制改革 2019 年重点工作任务》	对互联网诊疗收费和医保支付政策的完善提出要求
	2020 年 2 月 28 日	国家医保局、国家卫生健康委出台《关于推进新冠肺炎疫情防控期间开展"互联网＋"医保服务的指导意见》	对于符合要求的互联网医疗机构为参保人提供的常见病、慢性病线上复诊服务，各地可依规纳入医保基金支付范围

资料来源：华安证券研究所。

那么，微医如何与医院建立深度联系？微医与医院建立联系的策略同样有两种：一是一对一交互。对大医院而言，微医通过定制化服务帮助医院发挥专科优势、提升知名度，换取其合作承诺；对中小医院而言，微医利用医药供应网络帮助医院批量采购药品，大大降低这些议价权较低的医院的药品采购成本。二是通过与政府合作来与区域内多个医院建立联系。例如，微医在天津建立互联网医院，欲与各大医院开展合作，但受到了部分医院领导层的反对，因为与微医合作可能会使医院失去部分人事权、用药管理权、采购权等。微医意识到天津市基层医院能力不足导致的区域医疗资源分布不均是天津市政府的痛点所在,便从与政府合作入手。政府考虑到基层民生,会推进基层医院与微医合作,鼓励基层医院开展数字化转型以提高服务能力。

第二,建立医药供应网络以实现与药厂的网络连接,获取医药资源。医药的供应是医疗健康服务体系的另一个重要环节,也是传统医疗健康服务体系尚未打通的一个环节。2018年11月,微医携手旗下的海西医药交易平台和易联众发布"三医联"平台,打造全国首个三医联动综合改革支撑平台,致力于优化医药采购的支付方式。具体而言,原先的医药支付流程是,医院先向药厂、药企或流通商赊账买药,再把药卖给患者,从中提取一定比例的抽成;患者买药时通过医院的医保基金账户报销,隔月或者是半年之后,医保局再将相应的医保基金拨款给医院;收到医保基金后,医院再把钱付给药厂、药企或流通商。因此,传统的医保支付方式产生了将近6个月的账期。而基于连通透明的数字平台,现在的医药支付流程是,医院将一年的用药量上报给医保局,医保局再向药厂、药企或流通商采购,使用医保基金直接结算。这样一来,药厂、药企或流通商的经营成本就下降了,所以更愿意降低药品价格。

此外,2019年3月,微医旗下海西医药交易平台帮助福建省厦门市落地全国首单"4+7"城市药品集中采购。通过集成中小医院的药品采购需求,微医为药厂、药企或流通商提供了大额交易,帮助其实现更好的盈利。以处方共享平台为依托,微医规模化连接医院信息系统、零售药店药品流通配送系统和医保结算系统,实现医疗、医保、医药多方的医疗信息共享。

第三,建立医保供应网络以实现与政府的网络连接,打通医保支付环节。微医与政府建立合作,通过帮助政府节省医保支出、提升基层医院服务能力与质量,从而将医保支出转化为GDP,并切实改善民生。除了利用医药供应网络集采药品、降低药品单价,微医还利用数字技术赋能医疗供应网络管理,从而控制用药量,减少医保基金的支出。一方面,原先慢性病开药以盒为单位,药品 40％的成本在包装上,微医则推出以粒为单位的模式,减少药品浪费和包装成本;另一方面,微医通过数字化渠道共享处方信息,从而严格限制医生开药与患者取药的药量。药价和用药量的下降,使医保实现了结余。基于此,微医成功将医保系统接入生态——2020 年 4 月,微医开出中国第一张互联网医院的电子医保结算单,这标志着互联网医院正式被纳入医保体系,而医药和医保同时引入互联网医院也实现了"医—药—保"的闭环服务。

综上所述,中国"互联网＋医疗"产业链(2020 年)如图 7-2 所示。

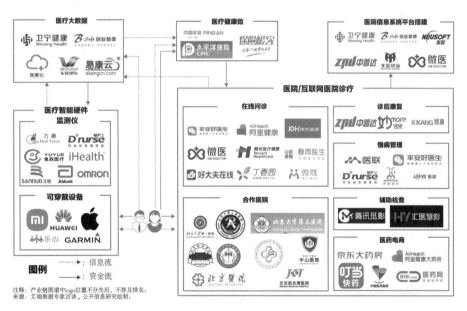

注释:产业链图谱中logo位置不分先后,不涉及排名。
来源:艾瑞根据专家访谈、公开信息研究绘制。

图 7-2 中国"互联网＋医疗"产业链(2020 年)
资料来源:艾瑞咨询。

(二)"医联体"的多方共赢

微医基于互联网医院打造的医联体模式实现了多方共赢:

患者:①通过微医的智慧导医、精准预约和对接挂号服务,患者的门诊就医等候时间从 2—3 小时缩短到了 30 分钟,大幅提升看病效率。②患者只需要线下跑一次,到慢病服务中心完成初诊,便可以回家通过智能健康终端上传每日数据,一键呼叫家庭医生,完成在线复诊和购药,且能享受到更低的药价。③通过微医的院前、院中、院后的"线上＋线下"全流程数字化监管,患者的健康指标得到改善,有效控制了慢病的发作。天津"数字健共体"在管糖尿病门特(门诊慢特)患者糖化血红蛋白合格率提升22.9％,血压达标率提升19.9％,血脂达标率提升13.3％。

医院:慢病和复诊业务的利润低,但占据门诊时间,对医院而言属于"瘦狗业务"。微医高级副总裁陶翙坦言:"本来一个内分泌科的医生一天有20个号,但是有10个号都是慢性病(病人)来配药的,对于医生的收入其实也没有好处。因为慢性病药品集采之后已经没有利润了,比如阿卡波糖已经从40块钱一盒降到20块钱一盒。"而微医帮助医院将这些业务转移至线上,可以分担门诊的压力,将医疗资源集中于需求更高的病种,实现分级诊疗。2023年4月,天津"数字健共体"基层门诊量同比增长23％,86％的签约糖尿病患者回流基层。

政府:①药价和用药量下降,医保实现了结余。2023年1月至6月,天津"数字健共体"按人头付费管理糖尿病业务,医保整体结余率约27％,慢性病医保支出结余率达到10.2％。②将医保支出转化为对互联网医院服务的政府购买,转变为GDP。

在2.0阶段,微医的主要任务是基于1.0阶段积累的平台能力,将医、药、保三大环节的主体的互补资源"网络化",形成生态闭环。通过广泛链接"医—药—保"闭环中的资源持有者,并利用自身的数字化能力,微医提供了规模化、批量化、低成本的服务,从而减少了医保支出和用户自费支出。经过前期的发展,微医积累了内部核心资源与外部互补者网络,其数字医疗生态系统已初具雏形,但本质上仍是以医疗为中心的平台组织。

在微医的数字医疗生态系统内,患者、医生、医院、政府、药厂、物流公司、科研机构、投资方等都是参与主体。根据网络编排理论，微医通过混合型平台网络编排对这些主体实现有效的生态化治理。作为平台本身，微医不具备任何医疗服务的交付能力，但平台通过网络编排集成了外部互补者的资源与能力，这是微医始终秉持的商业逻辑。具体而言，微医以互联网医院为中心，明确了生态系统中每一类医疗服务供给方的核心诉求，从而提出有针对性的价值主张并建立网络编排机制，与相关供给方建立并强化联系，具体举措如表 7-4 所示。基于此，微医将外部供应方的互补资源转化为平台的医疗、医药、医保、研发四大供应网络，并通过不同网络间的协同共生集成模块化的子平台，形成稳定、规模化、对外可供应的能力。基于此，微医生态系统中的医疗、医药和医保三个模块业务得以有效联结并彼此赋能，最终实现各业务的平衡发展。

表 7-4　微医的混合型平台网络编排结构

编排结构	参与主体	价值联结点	编排者角色	编排机制	编排功能
模块内网络编排	患者	为患者提供优质的诊前、诊中、诊后全流程医疗健康管理服务	服务者	跳远策略	获取大数据
	医生	帮助医生对接更多病人、构建全链路的医疗服务能力	服务者	靶点策略跳远策略	获取医疗服务资源
	医院	大医院：通过定制化与诊前、诊后全链路服务助其发挥专科优势，提升知名度；小医院：帮助其采购药品	服务者	靶点策略跳远策略	
	药厂、药企、流通商	优化医保支付方式；为其提供大额交易订单	交易方	配置搜索策略	获取医药资源

续表

编排结构	参与主体	价值联结点	编排者角色	编排机制	编排功能
模块内网络编排	政府	节省医保支出;提高基层医院服务能力	服务者	靶点策略	打通医保支付环节
	科研机构	为其提供研发经费与数据支持	战略合作伙伴	靶点策略	获得研发支持,将数据转化为价值
	投资者	为其提供企业股份与潜在回报	战略合作伙伴	靶点策略	获取资金
模块间网络编排	医疗—医药模块	供需对接	协调者	资源协调策略	药品集采
	医疗—医保模块	供需对接	协调者	资源协调策略	接入医保并对其使用进行监管
	医药—医保模块	缩短价值链	协调者	资源协调策略	优化医药交易中的医保支付方式
	研发—医疗、医药、医保模块	双向赋能	协调者	资源协调策略	数字技术与大数据的开发及利用

拓展阅读

网络编排理论

网络编排理论假设外部网络可以为企业提供无序的战略性资源以实现其短期商业价值,但无法形成持续的竞争优势,只有有效管理外部网络资源才能帮助企业实现可持续的价值创造,并形成创新竞争力。该理论的核心观点是企业通过实施一系列有意识和有目的的主动行动来"编排"网络(包括成员、关系、机制等),从而实现产业或组织之间的高度关联并创造更大的网络价值。

网络编排理论的核心内容包括以下四个方面(谢洪明等,2023):

(1)编排者类型与角色:根据编排者的资源基础、网络关系地位和主要动机等,编排者可以分为沉浸类编排者、促成类编排者、赞助类编排者等(Gilsing et al.,2016)。同时,为了确保网络活动的顺利运行并实现网络目标,编排者通常会在特定的时间扮演不同角色,从而进行特定的网络活动(Nyström et al.,2014)。例如,编排者可以是设计议程活动的架构师、负责联系网络成员的联络者、促进网络内知识流动与运用的看守人等。

(2)编排模式:编排者对利益相关者的管理方式,包括主导型(dominating)、基于共识型(consensus-based)和混合型(hybrid)等方式(Reypens et al.,2019)。在主导型模式下,编排者通过签订正式合同与合作伙伴建立联系;在基于共识型模式下,编排者基于信任机制与伙伴建立联系,网络成员通常以集体决策方式制订行动计划;在混合型模式下,编排者可以根据情境特征与需要,选择以合同或信任为基础,与伙伴建立并维持联系。

(3)编排机制:编排者在组建、维持或发展网络的过程中采取的实践行动集合。在企业层次与平台层次上,研究者们提出和发展了若干项卓有成效的网络编排策略(如表 7-5 所示)。结合自身的目标与资源基础,编排者可以有计划、有节奏地采取一些策略性行动,如跳远策略、资源协调策略等,从而更为高效地管理网络。

表 7-5 网络编排策略(示例)

层次	来源	策略名称	特征维度	行为表征
企业层次	Ozcan and Eisenhardt (2009)	跳远策略	精心布局	构建独特的相互依存的关系,对创业企业及其合作伙伴均有利
			机会主义诱导	将网络扩展到更广的范围
			预防性定位	增加多个网络连接来抵御新兴产业的不确定性

续表

层次	来源	策略名称	特征维度	行为表征
企业层次	Vissa(2012)	网络拓展策略	接触新伙伴	创业者在多大程度上积极尝试结识潜在伙伴以促进其创业
			了解新伙伴	创业者在多大程度上了解新结识的伙伴
		网络深化策略	基于时间的互动	创业者在多大程度上基于时间标记来进行定时互动
			关系嵌入	创业者在多大程度上寻求社会和商业关系的结合
			网络维护	创业者在多大程度上试图维护每一份关系
平台层次	Murthy and Madhok(2021)	配置搜索策略	解析焦点问题	判断问题的结构化程度、情境（如监管环境等）和复杂性
			匹配搜索模式	根据焦点问题的特征，采取试错驱动的非定向搜索、平台主导的集中定向搜索或位于二者之间的搜索过程来寻找互补者
			限定参与者自由度	在搜索过程中相应地管理平台和互补者各自的活动范围与自由度
			协调治理配置	保证焦点问题、搜索模式和平台自由度的一致性
	Zeng et al.(2021)	资源协调策略	按需适配资源	根据参与者的反馈不断更新平台资源，促进外部供应商和消费者之间的互动
			大数据驱动网络效应	收集和分析参与者网络中的大数据，改善参与者体验，从而吸引更多的参与者加入网络
			生态系统资源协调	与异质性参与者组成生态系统，在更广泛的网络中形成资源的新组合

续表

来源	策略名称	特征维度	行为表征	
平台层次	依绍华、梁威(2023)	立体互链策略	内外互联	建立平台、顾客和供应商的命运共同体,吸引外部互补者参与到共生的平台生态系统中
			纵向联结	数字化链接上下游的顾客、供应商等参与者,联动形成价值共创的闭环路径
			横向嫁接	构建同业态主体之间的横向联结,为价值创造开源

(4)编排功能:编排者在实现网络目标过程中需要拥有某些促进功能,编排功能是创造和提取价值的基本前提。常见的编排功能包括管理知识、管理网络、管理利益等。例如,编排者需要管理网络中知识的共享与获取方式,即管理网络中知识的流动与分享;编排者需要为网络成员的进入与退出制定合理的规则,从而保障网络的稳定性;编排者需要公平公正地分配网络收益,进而促进网络内创新等活动的开展。

三、微医生态3.0:转"医"为"健",生态系统价值输出

(一)从"价差模式"到"效差模式"

2020年开始,微医在山东、天津、江西等地有不同侧重点地落地并运营了多个"数字健共体"。"医联体"或"医共体"本质上是以技术手段连接并整合各方医疗资源,但微医的"健共体"更多是做健康管护以及支付方式上的改变。2022年4月,中央五部委正式发文,认可微医的"数字健共体"模式。国家卫生健康委、国家医保局也高度认可微医的"天津模式",认为其由机制创新与技术创新"双轮驱动",实现了医保资金大幅结余,有望推动全国医疗健康服务体系从"医共体"向

"健共体"升级。在"数字健共体"模式下，微医致力于打造数字化医疗服务公司，推动医疗健康服务体系从"价差模式"转向"效差模式"。过去，"价差模式"的盈利逻辑是赚取药品差价，而"效差模式"以提升医疗的整体效率为核心，将降低的支出总额转化为利润。

微医打造的"效差模式"不是单纯地与医院、药厂合作以获得结余的医保基金，而是全方位融入健康管控能力，努力提升整体效率，不断跟踪前沿技术，力求把一切能用的方案都用到极致。具体而言，微医的"效差模式"包括以下几个方面的举措：

一是过程管控。微医为患者提供诸如就诊提醒、用药提醒、主动跟催、定期体检、并发症早筛等健康管控服务。例如，在天津市，微医一个健管师负责 1000 多名病人，病人的血糖监测等各项指标与健管师的绩效直接相关——病人血红蛋白达标率提升 1％，死亡率下降 12％，健管师的绩效才符合标准。基于此，微医的服务能够有效减少或延迟并发症，减少整个医疗行业的医保支出。

二是帮助医院集采。微医服务的客户大多是二级以下的小医院，这些医院由于药物、器械需求量少而不具备采购优势。但微医将这些小医院的需求集成，达到一定规模后便具备了和药厂谈判的议价权，实现供应链降本增效。

三是 AI 辅助管控。AI 能够大大提高健康管控效率，例如，从前微医的一个健管师负责 600 人的健康管理，引入 AI 技术后其可以管理 1500 人，降低了人力成本。此外，通过流程化、透明化的用药管理，微医也能有效遏制病患骗保、倒卖药品等投机行为。

（二）基于医疗大数据平台的服务探索

廖杰远在一次采访中谈及对微医的最大期许："我们希望能够把医疗 AI 做到国际第一。"事实上，从 2017 年布局研发平台以来，微医确实一直在践行医疗健康服务体系的"数智化"转型。目前，微医得到政府的授权，依托天津互联网医院建立了医疗大数据平台，相关科技成果已应用于福建省的多个项目。具体而言，微医在"数智化"方面开展了多项服务探索。

一是数智医疗。早在 2017 年，微医便投入 1 亿元的资金，联合浙江大学打造浙大睿医人工智能研究中心，利用线上线下结合的区域内医疗健康数据开发通用大模型。基于此，微医协同上海交通大学医学院附属瑞金医院开发糖尿病 AI 诊疗系统，覆盖签约、检查、诊断、治疗、监管的全流程，现已试点数字门诊，提升了基层的标准化服务能力。在糖尿病 AI 诊疗系统的基础上，微医运用平台大数据开发了眼底筛查技术，筛查有效率位居世界第一，还获得了全国眼科第四张 III 类证书。这项技术也具有很高的应用价值，缺乏经验的年轻医生可以利用 AI 眼底筛查技术在 5 秒内得出更加准确的结果。此外，相同的模式也应用于结节的 AI 辅助诊断模型开发。

二是数智医药。该服务包括便民用药服务窗口（保供 1202 种药品）、送药到家（保供 3901 种药品）、三医联动智能审方（提升处方医疗、医药、医保合规性）、药品联采，以及手机 App 的用药提醒、用药指导，提升了基层的药品保供及合理用药能力。

三是数智监管。面向医保局，微医提供用药违规的在线数据辅助其监管，杜绝医生套保、骗保的行为。例如，医保局可通过 AI 技术筛查出诸如一个病患一天针灸上百个部位、吸氧 70 多个小时等不合理用药数据。

四是数智商保。未来，微医还将运用大数据能力帮助推广商业保险。现在商业保险在中国无法普及的主要原因是企业缺乏病患的数据，因此难以精准计算赔付概率，容易出现"带病参保"导致破保的现象。因此，微医目前也致力于建立全人群的健康档案，为商业保险企业做参考。

(三)打造"数字健共体"样板

微医在天津和山东开展"数字健共体"试点建设,成效颇丰。2020年4月,微医的天津互联网医院牵头,协同全市266家基层医疗卫生机构,在天津全面启动基层"数字健共体"建设。基于在基层医院落地的云管理、云服务、云药房、云检查"四朵云"平台及线下标准化的慢病管理中心,微医的天津"数字健共体"以自有的家庭医生团队为纽带,以慢病管理为抓手,建立起了包含逐病种标准化诊疗、集约化云药房、集约化云检查的"健康责任制"(如图7-3所示)。截至2022年7月,该健共体日门诊量已超1万人次(相当于大型三甲医院的日诊疗量),单月营收规模已逾1亿元。

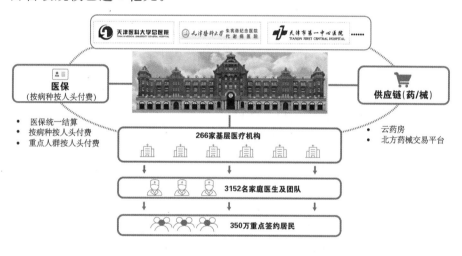

图7-3 天津微医"数字健共体"模式

微医最早是以山东泰安作为"互联网医联体"模式的试点,建立了泰山慢病互联网医院,通过慢病服务中心代理各大医院的慢病门诊业务。2019年,微医的泰山慢病互联网医院已覆盖88家医疗卫生服务机构、303家慢病服务中心。在此基础上,2020年4月,微医与济南高新控股集团发起建立山东互联网医保大健康集团有限公司,并发布全国首个省级互联网医保大健康平台——山东省互联网医保大健康服务平台，由此搭建以慢病基金托管为核心的"数字健共体"。具体而言，该健共体以泰山慢病互联网医院为核心平台，按照"政府主导、市场化运作"的模式，充分发挥医保支付的驱动作用，吸纳医疗、医药、医养、医疗商业保险公司等医疗健康服务机构进驻，构建"以人民健康为中心"的数字健康服务保障体系（如图 7-4 所示）。截至 2023 年 4 月，该健共体的服务已覆盖泰安市 23.6 万名门诊慢特病患者，分流医院门诊 20％以上的病患。

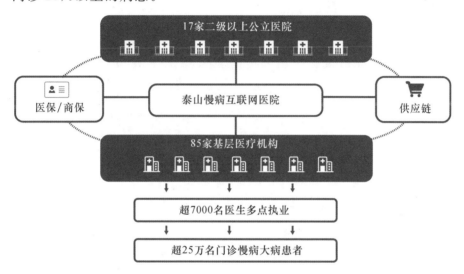

图 7-4 山东微医"数字健共体"模式

发展到 3.0 这一阶段后，微医开始将业务范围扩展至健康管理，撬动生态资源与能力，集成各模块以输出数字医疗健康管理模式。此时的微医展现出了以样板效应为成长基础的迭代路径。创业，特别是从无到有地开拓新的商业模式与生态系统，蕴含着极大的不确定性。而通过迭代与试验形成样板效应的模式是降低不确定性、最小化可能的损失的关键。一方面，微医先打造试点样板，再进行模式推广，允许早期在较小范围内发现问题，再及时解决问题，这样可以极大程度地降低失败的风险与成本，也能帮助企业用最小的成本验证商业模式的可行性;另一方面,集中资源打造样板也能帮助企业建立外部合法性,加强用户对企业的信任,为商业模式的扩张奠定基础。微医正是遵循了"打造样板效应—模式复制"的发展逻辑,在医药环节树立了"三明微医"样板,在医疗环节树立了"天津微医"样板,在医保环节树立了"泰安微医"样板,为其创新模式获得行业认可提供了有力实证,并为其日后在全国范围内的规模化扩张奠定了合法性基础。

四、迷雾中探索未来

微医在十余载的奋进历程中高歌猛进、厚积薄发,相较于传统的医疗健康服务体系,其形成了自己的特质和优势。受互联网基因影响,微医从起步阶段就开始平台化布局,如今的微医已不仅是一个平台企业,而是多个互补平台嵌套共生的生态系统,该系统在生态化和数字化方面表现出自己的特征。

在生态化方面,微医数字医疗生态系统具有互补性、模块化和协同性特征。所谓互补性是指,一方面,微医数字医疗生态系统中的各互补者具有独特互补性,医生与医院提供了医疗诊断服务,药厂等提供了医药器械,政府提供了医保支付服务,这三类产品或服务共同构成完整的医疗服务,任意一方缺失都将导致平台生态系统无法有效运作;另一方面,微医数字医疗生态系统中的各互补者具有超模互补性,平台入驻的医院与医生数量越多,该生态系统对药厂和政府部门的价值就越高,反之亦然。所谓模块化是指,微医的数字医疗生态系统分为医疗、医药、医保、研发四个模块,每个模块的功能由不同的子平台执行。所谓协同性是指,不同子平台上的互补者之间相互依存、相互影响,在没有完全科层制命令的情况下进行单平台与跨平台的资源整合,以实现医疗健康服务的整体输出。

在数字化方面,微医的数字医疗生态系统实现了"三化"。所谓

"三化"是指生产要素数字化、参与主体虚拟化、主体间关系生态化。其中生产要素数字化是指通过数字技术如电子病历、电子处方、电子医保结算、远程监测设备等实现患者数据的实时获取和传递；参与主体虚拟化主要表现为医生与患者两大主体通过虚拟化技术实现远程诊疗、咨询等交互行为；主体间关系生态化是指微医数字医疗生态系统将医生、患者、医学研究者、药厂等参与主体集成，促进信息共享与协同共创。

可见，微医的数字医疗生态系统是基于数字平台的多边主体相互作用、相互影响的经济联合体，相较传统的医疗健康服务体系在服务效率和服务质量方面进行了改善（如表 7-6 所示）。

表 7-6　传统的医疗健康服务体系与微医的数字医疗生态系统对比

对比维度	传统的医疗健康服务体系	微医的数字医疗生态系统
服务主体	单体化	生态化（互补性、模块化、协同性）
服务模式	部分信息化	信息化、数字化、智能化
服务效率	服务滞后，效率较低	缩短流程，效率提升
服务质量	诊前、诊后服务缺失，诊中体验差	打通全疗程，精准导诊与管理

就服务效率而言，传统的医疗健康服务体系通常面临烦琐的纸质工作和排队就诊难题，医疗服务的效率较低，这在经济发达的城市和三甲医院尤为突出。而微医的数字医疗生态系统利用数字技术有效提高了医疗服务效率，例如，预约挂号、在线病历记录和电子处方系统可以减少患者的等待时间，精简问诊流程；远程医疗和在线咨询也使得患者可以更便捷地获取医疗服务。

就服务质量而言，传统的医疗健康服务体系诊前、诊后环节服务基本缺失，且诊中环节因排队时间长、交通成本高等导致患者体验较差。而微医的数字医疗生态系统在诊前阶段通过数字化手段保障了医疗信息的实时获取和共享，通过智能导诊等服务提供便捷精准的医患对接,极大改善了患者体验;在诊中阶段,智能医疗设备和算法的应用有望提高诊断的准确性;在诊后阶段,患者也能更方便地获取医疗帮助并进行自我管理,从而提高整体就诊质量。

毫无疑问,微医通过搭建数字医疗生态系统,打破了传统的医疗健康服务体系的部分壁垒,推动了中国数字医疗的快速迭代。然而,对于数字医疗生态系统而言,技术与服务边界模糊、医院等核心参与者动力不足、政策制度造成限制及与互联网巨头竞争激烈等问题也从未消失。虽然微医现有的生态型商业模式(如图 7-5 所示)形成了生态闭环,具有了集成化价值输出的能力,通过价值共创与共享实现了降本增效,并借助良好的政府关系为其发展提供了有力的制度支持,但其对应的缺点也不容忽视。由于医疗行业的特殊性,医院和医生是微医生态的核心参与者,因此微医的整个商业模式都围绕着这些主体展开,利润分配也向他们倾斜。这也导致微医发展至今十余年,仍处于亏损状态。此外,相较于阿里健康和京东健康,微医在线售卖药品和其他服务方面的基础能力有限,需要与第三方合作,利润因此被分走很大一部分。加之微医当前的商业模式以提高效率、赚取效差为核

图 7-5　微医的商业模式

心收入来源，一旦效率提高到某个水平，进一步的节省可能会变得更加困难；同时，这一盈利模式也受到医疗需求变化（如新药物发行）和政府政策变化的高度影响，由此，盈利成为微医面临的最大难题，一直以来，微医都依靠外部投资维持运营，其造血能力遭到外界质疑。

前所未有的数字医疗的繁荣与潜伏的危机犹如一枚硬币的正反面，在瞬息万变、潮起潮落的数字医疗改革浪潮之中，公司该如何找到可持续的商业模式？这是对微医的现实拷问。扬长避短是人类本能的选择，或许，微医可以继续在其优势领域发力，即在全国范围内加速推广"数字健共体"模式，扩大其商业模式的影响力，推动"模式变现"；同时依托多年的平台大数据积累，在"AI＋医疗"领域深入布局，保持先发者优势。再或许，微医能补齐短板，寻找到新的盈利点，并在消费者端积极营销，建立品牌声誉，从而激发平台网络效应。

环境瞬息万变，答案并不唯一，唯有全力以赴。正如廖杰远所言："有的人是在水面上看浪花，我们是沉在水底下，去感受水流的方向……我们也不确定什么时候能够做到临界点，甚至不知道我们能坚持到什么时候，但我们只是全力以赴，坚持在做。"面对数字医疗行业的重重迷雾，大众期待着微医交出精彩的答卷……

拓展阅读

数字平台生态系统

1. 概念和特征

"生态系统"这一概念起源于生物学，指的是生物与环境构成一个统一的整体，在这个统一的整体中，生物与环境相互影响又相互制约，处于动态平衡中。此后，这一概念被引入管理学与战略研究领域，学者们从关系和结构两个维度对生态系统做出定义，其中将生态系统视为从属（ecosystem-as-affiliation）的学者认为生态系统指的是一组依赖于彼此的活动而相互作用的企业(Jacobides et al.,2018);而将生态系统视为结构(ecosystem-as-structure)的学者则强调多边合作伙伴相互匹配的结构,而该结构由共同的价值主张定义(Adner,2017)。

两种定义从不同角度阐述了生态系统的概念,而平台生态系统作为一种以平台为媒介的特殊商业系统,也可以从上述两个角度来进行界定。

从关系视角出发,平台生态系统体现了平台主和互补者之间的相互依赖关系,各主体通过开源技术或标准接口连接到中心平台,在平台主的协调和指导下开展协作,在一个"半监管的多边市场"中交易、互促互利(Jacobides et al.,2018)。

从结构视角出发,平台生态系统体现了以平台主为焦点的多边主体匹配结构,各主体处于彼此匹配的生态位,执行对应的功能,以实现受到普遍认可的平台价值主张(Adner,2017)。

基于 Adner(2017)和 Jacobides et al.(2018)的研究框架,平台生态系统的特征体现在以下三个方面。

一是互补性(complementarity)。平台主和互补者之间在功能或技术上的互补性,是其实现合作的必要基础。广义上的互补性指的是通用互补性(generic complementarity,如风格匹配的衣服和鞋子之间的互补性),这种互补性无法捕捉平台生态系统的独特性,因为这些产品或服务既可以在市场中独立生产,又能够与其他产品组合使用。能够体现平台生态系统独特性的互补性特指独特互补性(unique complementarity)与超模互补性(supermodular complementarity),前者是指"没有 A,B 就无法发挥作用",例如电视生产商、遥控器生产商和安装供应商之间的互补性;后者则是指"更多的 A 使 B 更有价值",例如 Android 操作系统与应用程序开发商之间的互补性。其中,超模互补性也是平台赖以生存的网络效应的基础,具体表现为平台一侧参与方的价值取决于平台另一侧各方的数量和质量(Boudreau,2010;周冬梅等,2024)。

二是模块化(modularity)。模块化的引入促进了生态系统的形成,因为它允许一组不同但相互依存的组织在没有完全科层制命令的情况下进行交换和调整,以实现各种功能。这不仅降低了产品的技术复杂性,还保证了系统的灵活性(王凤彬等,2019)。基于平台的模块化组织对价值链进行分解,形成独立负责不同环节的模块,并通过对各模块的集成化治理实现整个系统所要求的功能。尽管总体架构设计参数可能由中心的平台主设置,但各互补者在设计、定价和操作各自的模块方面具有相当大的自主权。平台互补者各司其职,按照平台主设定的规则与其他模块互联,当出现机会或问题时,平台作为统一接口提供标准化规则,支持各互补者进行协调与整合(Adner,2017;Jacobides et al.,2018)。

三是协同性(coordination)。在平台化结构下,传统层级式、完全独立的模块构成无法实现,各模块间的协同必不可少,这促成了更具复杂性的超模块系统(王凤彬等,2019)。这意味着各模块不再基于标准化的解构规则独立存在,而是相互交织、相互支持、功能互补。因此,各模块间的协同互动是平台生态系统竞争优势和价值创造的源泉(McIntyre and Srinivasan,2017)。区别于传统的科层制组织和市场,数字平台生态系统的独特之处在于其组织结构,以及基于此的价值创造方式(Jacobides et al.,2018)。

此外,区别于线下场景,数字平台生态系统是指基于数字技术形成的平台生态系统。数字技术的可重编程性、去耦性和分布性等特征增加了平台生态系统中参与者的多样性和数量,重塑了他们的交互模式(周冬梅等,2024)。具体而言,数字平台生态系统的"数字性"体现在以下三个方面:一是生产要素数字化。数字资源、数字技术与数字基础设施作为平台生态系统的关键要素,使得参与者的生产基础与生产过程呈现独特特征。二是参与主体虚拟化。基于数字技术,参与者间的联系广度及灵活度都显著提升,海量存在高度异质性的参与者成为价值创造的主体,且参与主体之间依靠平台实现无边界的虚拟链接。三是主体间关系生态化。参与者之间的关系更加动态、开放,创新合作从线性的供应链模式变为多层网状的生态系统模式(魏江、王颂,2023)。

2. 构建路径

平台生态系统的构建与形成对平台企业的持续成长和发展至关重要,由此,既有研究结合不同视角着眼于"如何构建平台生态系统",并发现其构建过程存在显著的阶段性特征。

从一般企业出发,平台生态系统的构建大致可分为三个阶段(李鹏、胡汉辉,2016):一是构建平台型企业。一般企业成长为平台型企业需要依靠其沉淀的核心资源,进而开拓自身核心业务,识别互补者与用户,并通过促进互补者与用户的交互,激发网络效应,实现多方利益共赢。二是构建平台生态系统。平台型企业在构建平台生态系统的过程中,需要完善平台技术体系与功能,夯实利益相关者间的联系。平台型企业必须努力通过一系列商业关系为生态系统的参与者带来收益。三是治理平台生态系统。平台型企业处于生态系统的核心位置,随着生态系统的不断扩大,平台需协调好多元化的供应商、消费者以及其他利益相关者之间的关系,制定公平合理的资源与知识产权保护制度。同时,平台需要进一步完善自身提供的产品与服务,为利益相关者输出更高的价值。

此外，部分研究以平台型企业为起点，聚焦平台型企业构建平台生态系统的过程，并将其划分为三个阶段（施必翔等，2021）：一是迅速获取用户基础。平台通常会采用免费、发放补贴以及横向一体化等策略解决初始的"鸡蛋相生"问题，从而扩大用户基础。二是快速激发跨边网络效应。当平台用户基础扩大到临界点时，会激发强烈的跨边网络效应（cross-side network effects）。三是持续增强交叉网络效应。为了解决规模迅速扩大可能带来的交叉网络效应减弱的问题，平台以持续增强交叉网络效应为发展重点，破解平台积聚减缓的困局，促使其持续加速积聚，并最终形成操作系统平台生态。

商业模式画布

商业模式画布（business model canvas）是由亚历山大·奥斯特瓦尔德（Alexander Osterwalder）和伊夫·皮尼尼（Yves Pigneur）共同提出的商业策略，用于帮助企业和创业者清晰、系统地构思、设计和分析他们的商业模式。商业模式画布由以下九个关键构造块组成，每个构造块都代表了商业模式的一个关键方面。

（1）客户细分（customer segments）：描述了潜在客户是谁，他们有哪些需求和特点。通常，企业会将客户分到不同的细分市场，以更好地满足不同客户的需求。

（2）价值主张（value propositions）：向客户提供的产品或服务的价值。企业需要明确指出其产品或服务如何解决客户的问题或满足他们的需求，来为客户创造价值。

（3）渠道（channels）：企业用来接触和提供价值主张给客户的方式，包括销售渠道、分发渠道、营销渠道等。企业需要考虑如何有效地将价值传递给客户。

（4）客户关系（customer relationships）：讨论了与不同客户之间的互动方式，包括决定与客户建立什么样的关系，是基于自助服务、个性化关怀还是其他方式。

（5）收入来源（revenue streams）：描述了盈利模式，即如何从客户那里获得收入，具体包括销售产品、提供订阅服务、向其发布广告以获取分成等方式。

（6）关键资源（key resources）：企业运作所需的关键资源，包括物质资源、知识资源、技术资源等，这些资源支持企业提出价值主张。

（7）关键活动（key activities）：为了实现价值主张而必须执行的关键活动，包括生产、研发、市场营销、客户服务等。

（8）关键合作伙伴（key partnerships）：描述了企业与其他组织合作的方式，这些合作伙伴包括供应商、分销渠道、技术合作伙伴等，他们对企业的业务至关重要。

（9）成本结构（cost structure）：支持企业的商业模式所需的成本，包括固定成本和变动成本。

第三辑　赋能:价值共创谱新篇

在数字化和智能化浪潮下,中小企业要实现质的提升和量的增长,必须加快数字化转型,充分发挥数字要素的赋能效应。然而,企业在数字化转型过程中仍然面临诸多挑战,亟须找到应对之策。

在诸多实践中,通过数字平台为企业赋能成为企业数字化转型的一条特色路径,因为它能让产业间、区域间紧密协作,优化资源配置,激发创新活力,推动企业向智能化、个性化方向转型,形成多方共赢、持续发展的新格局。

第八章　佳芝丰共富工坊:产业互联网平台赋能企业高质量发展的探索①

在数字经济系统建设和共同富裕示范区建设两大省级战略历史性交汇之际,浙江省各行业都在探索以产业大脑建设为抓手,推进共同富裕。台州市椒江区经信局在缝制设备产业大脑建设的基础上,结合本地劳动力的时空结构特色,推动佳芝丰服饰有限公司(以下简称佳芝丰)探索出了共富工坊的创新模式,为企业的战略选择贡献了一个鲜活的案例,也为"数字经济如何赋能实体经济并推进共同富裕?"的难题提供了一个答案。

浙江是全国数字经济发展领先的省份。2021年2月,浙江省委、省政府在全省数字化改革大会上提出构建数字经济系统的构想,要求在工业、农业、服务业、信息业四个分区以"产业大脑+未来工厂"为抓手,推进全省数字经济系统建设,贯彻落实国家经济高质量发展的总体战略部署。数字经济系统建设在企业层面体现为数字化、智能化的深度转型,以机器换人、人工智能换人为主流的无人工厂、黑灯工厂和智能工厂是劳动密集型企业的重要转型目标。

2021年5月20日,《中共中央、国务院关于支持浙江高质量发展

---

① 本章作者为魏江、苏钟海、刘洋、郑仁娇。

建设共同富裕示范区的意见》发布,标志着浙江率先进入共同富裕试验阶段。就低收入人群而言,增加其就业机会和提升其收入水平非常重要,这就要求政府部门更好地协调缩小城乡居民收入差距与经济增长的关系。就企业而言,在经济转型升级的大背景下,企业不仅要为众多低技能型劳动力提供就业岗位,还要培育和提升低技能型劳动力的技能以提高其劳动收入。

提高来自农村的大量闲散、低技能型劳动力的就业率是共同富裕的应有之义,然而这些低技能型劳动力面临明显的就业困境:首先,来自农村的劳动力通常还兼顾农业劳作,存在"农忙"情况,其就业的时间只存在于非农忙季节。其次,因为农村养老基础设施相对落后,很多农村老年人选择居家养老,这就使得部分农村青壮年需要就近灵活就业,以求同时照料家中老人的日常起居。再次,绝大部分农村外出就业者难以获取子女在工作城市受教育的机会,这就导致这些劳动者也需要时常回归居住地看望和照料留守儿童。最后,农村劳动力受教育程度普遍不高、文化水平低,或因长期的自由就业致使自身缺乏专业技能的沉淀,或因长期从事某类低技能型工作致使自身适应能力较低。这些都要求政府和企业在提高农村低技能型劳动力就业率以推进共同富裕的过程中,不能单纯依靠转移支付的方式解决其低收入甚至无收入的问题,更要创造出适合广大农村劳动力的就业岗位。

全省共同富裕建设工作的推进,要求省内各类企业不仅要增加低技能岗位,还要确保乃至提高这些低技能岗位的收入,这向浙江省内大量制造企业提出了更高的要求。

在数字经济系统建设和共同富裕示范区建设的双重压力下,劳动密集型企业该如何协同这两种战略,成为政府相关部门和劳动密集型企业共同面临的问题。椒江区是全国乃至全球最大的缝制设备产业集聚区,伴随着全省产业大脑建设工作的铺开,区经信局开始调动和协同全区各方力量,遵循"政府出资、第三方承建、市场化运作"的原则建设缝制设备产业大脑，着力解决缝制设备行业产业链供需信息获取慢、企业人才与技术引育难、企业数字化转型难、与国际龙头质量差距大等难点，力求将缝制设备产业大脑打造成全省数字经济系统建设的标杆；同时协同产业大脑平台上各企业的力量（包括区内和区外），共同探索产业互联网平台赋能劳动密集型企业转型升级、推进共同富裕示范区建设的有效路径。在此背景下，一大批像佳芝丰这样的传统制造企业承受了巨大的转型压力，亟须依托缝制设备产业大脑的基础，推进智能化改造升级。

佳芝丰成立于 2012 年，早期是一家专注于睡衣制作加工的传统企业，其前身台州佳宝制衣厂成立于 1996 年，并于 2008 年更名为台州佳芝丰制衣厂。经过 20 余年的沉淀与发展，佳芝丰已经发展成一家集研发、生产制造、品牌运营于一体的公司，并且成功转型为"工业4.0"智能数字化工厂。同时，公司通过天猫旗舰店、抖音旗舰店、阿里工厂店、小红书等渠道，基本实现品牌的线上渗透，当前正持续发力，致力于提高线上影响力。佳芝丰凭借先发的智能化优势，获得椒江缝制设备产业大脑赋能共富工坊的试点，开启了产业互联网平台赋能企业高质量发展与共同富裕建设协调共进的探索之路。

拓展阅读

经营环境变化与企业战略选择

企业战略更新是指企业因经营环境变化而调整其战略意图，改变原有路径依赖，并选择和设计新的生存与成长模式以推动企业发展。企业战略更新的动因研究主要有三种观点：环境决定论、自由意志论以及整合论。组织生态学派和组织理论学派推崇环境决定论，认为企业战略更新由环境决定，企业行为不能超越其环境，只能适应环境。相反，战略选择学派推崇自由意志论，认为企业并非只能适应环境，还可以主观能动地创造和改变环境，使之利于自身发展,并强调经理行为的主动性和自发性以及对组织环境的改造能力。在争论之外,部分研究者对这两种观点进行整合,认为企业战略更新是企业基于内部资源和能力的主动改造与基于外部环境压力的被动调整的平衡过程。

概言之,企业战略是一个"定位—取舍—配称"的过程(Porter,1996),其动力机制源自企业经营环境与企业经营现况的匹配情况以及企业家本身对两者关系的认知偏向,最终导出了企业具体的战略调整决策(如图 8-1 所示)。

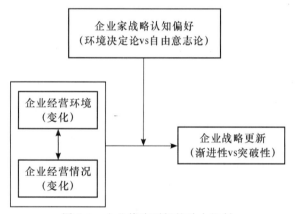

图 8-1 企业战略更新的动力机制

产业大脑[①]

产业大脑是通过加工来自政府、企业、行业的数据,提炼生成可重复使用的、数字化的工艺技术,运营管理经验,行业知识与模型等组件,汇聚形成的知识库和能力中心。针对不同应用场景,产业大脑通过运用数字技术和网络,对土地、劳动力、资本、技术等要素进行跨组织、跨区域融合,构建个性化解决方案,更好助力企业创新变革、产业生态优化、政府精准服务。产业大脑具有泛在互联、

---

① 参考资料:浙江省"十四五"规划,浙江省经信厅在全省市、县经信局数字经济发展座谈会上的报告等。

全面感知、智能优化、安全稳固等基本特征。

产业大脑总体可以分为三个模块，是基于底层数据脑、中间层组件脑和上层应用脑的多脑嵌套性存在。产业大脑的每个子脑都具备独立运算功能，底层数据脑回答数据归集、数据标准化、数据分析问题，中间层组件脑回答技术组件开发和迭代问题，上层应用脑通过对土地、劳动力、资本、技术等要素进行跨组织、跨区域融合，解决即时运算、决策支持、协同响应、监测预警、应急保障等问题，为企业创新变革、产业生态优化、政府精准服务等提供个性化解决方案。每个子脑之间又存在嵌套关系，底层数据脑提供的同一数据可以驱动不同的组件脑和应用脑，不同的组件脑可以集成不同的应用脑，所有组件脑和应用脑共同为数据脑输入数据。产业大脑为数字经济系统运行提供通用性数据、组件和解决方案，因而具有通用性。

产业大脑工业分区聚焦新发展阶段制造业的数字化、网络化、智能化发展，以"1＋N"工业互联网平台为支撑，以产业生态、新智造、共性技术为主攻方向，打造行业龙头企业参与的产业大脑建设运营生态聚合型平台，推动重点细分行业数据资源采集、共享与融合，引导关键领域智能模型、算法、工具的创新、聚合与推广，赋能制造企业和产业集群的数字化管理、平台化设计、智能化制造、网络化协同、个性化定制、服务化延伸。

多重战略冲突的应对策略

企业战略的已有研究就企业面临相冲突的多重战略诉求时可采取的协调策略给出了三种建议：①对相对投入产出比不高的战略诉求采取象征性行动；②设计二元组织以同时实施多种战略；③按照战略的紧急性在不同时间段响应不同的战略。这三种策略的优势和劣势如表 8-1 所示。

表 8-1　企业应对相冲突的多重战略诉求时可采取的策略

策略选择	策略内涵	策略优势	策略劣势
象征性行动	"做样子"式响应低回报的战略诉求	低成本地同时应对两种战略诉求	难以真正满足战略诉求,经不起长期战略效果检验
二元组织	设立两个组织来分别执行不同战略诉求	有效地同时应对两种战略诉求	高成本,往往不能兼顾两种战略诉求
优先级响应	动态且优先响应优先级高的战略诉求	兼顾不同战略诉求,避免严重失误	优先级低的战略诉求可能被忽视或延迟

一、佳芝丰共富工坊建设是巧是合

(一)在农忙间隙成长起来的台州睡衣制造业

台州是全国有名的橘子和杨梅种植基地,全市农业收入的大头来自柑橘和杨梅产业,这使得辖区内农村劳动力的农忙时间比较集中:柑橘种植的农忙时间集中在 10 月,而杨梅种植的农忙时间主要集中在秋末(施肥)和春末(收果)。在非农忙时节,台州的绝大部分农村就会出现大量的闲散劳动力,这些劳动力有一部分会选择外出务工,但仍有部分选择居家或就近工作,这逐渐催生了符合当地时空特色的第二产业。

椒江区章安街道的东埭村是台州"一村一业"的代表之一,整个村有 4600 多人、1400 余户,几乎家家户户都在做睡衣生意,村街道两边大大小小的睡衣加工厂、手工作坊和销售店面鳞次栉比,随处可见各式各样的睡衣。

睡衣产业之所以能够在这里兴起,主要是因为睡衣的消费主要集中在初春和初秋两季,其生产时间主要分布在前一年的冬季到当年的夏季(即 11 月到次年 5 月),其用工时间完美地契合了台州东埭村及周边农村的非农忙时节,这逐步奠定和巩固了东埭村在全国乃至全球睡衣产业中的重要地位。

(二)厂二代的智能转型梦遇上共富工坊试点

佳芝丰是一家从事睡衣加工制作的传统家族企业,经过 20 余年的发展,现已成为台州市最大的睡衣加工制作企业(如图 8-2 所示),公司也进入了"创一代"与"厂二代"的权力交接阶段。"厂二代"洪佳丰 2017 年大学毕业后就进入佳芝丰工作。经过两年的基层历练,洪佳丰深刻意识到自家的公司乃至整个台州睡衣制作产业普遍存在规模小且管理不规范、因设备陈旧且型号凌乱而无法有效收集决策信息、代工普遍而品牌较弱、生产存在明显淡旺季而劳动力分配不均等问题,亟须进行整个体系的转型升级,只有提高效率、提高品质、提振品牌,才能在未来的竞争中立足。

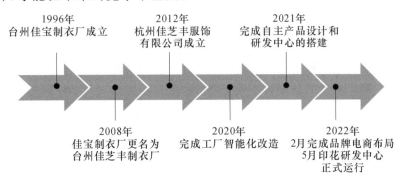

图 8-2 佳芝丰发展历程

2019 年,洪佳丰在佳芝丰启动智能化改造项目。通过智能化改造,佳芝丰已基本实现生产的专业设备和管理信息系统的连通,集成多种自动化硬件设备、生产执行系统(MES)、生产管理系统(ERP)、品质管理系统(QMS)、供应链管理系统(SCM)等。管理平台集合了排产与生产调度、在线质量控制、车间物料规划与控制、生产过程追溯、可视化过程监控和生产状态分析等功能,最终将工厂智能制造能力、自主设计和研发能力、品牌能力提升到更高水平，更好地参与市场竞争。

当椒江区经信局决定在辖区内遴选能够开展共富工坊试点的工厂时，佳芝丰凭借坚实的智能化基础脱颖而出，获得接入缝制设备产业大脑的机会。共富工坊是浙江省实施党建引领强村富民的乡村集成改革创新项目，旨在破除农村剩余劳动力的就近就业难题，同时降低企业生产用工和用地成本，推进共同富裕建设。共富工坊需要适应农村剩余劳动力零散、灵活、低技能的状态，也要快速建立起有效的培训、用工、管理体系，统一协调安排，这些都要求共富工坊采用更为先进的生产设备、管理设备、生产工艺与流程设计，即共富工坊的建设需要依托一揽子的智能化工具，而这些恰巧都与台州睡衣产业、与佳芝丰的战略不谋而合。

佳芝丰的共富工坊战略是在外部经营环境和企业内部经营现实的双重压力下，洪佳丰主动选择的结果，也是佳芝丰做出共富工坊战略决策的核心逻辑。换言之，企业经营环境的变化、企业经营情况的变化以及两者之间的匹配程度都是诱发企业调整战略的前置因素，但究竟要做出何种调整，是渐进式地调整企业战略还是超越当前的战略而提出突破性的新战略，则受到企业家的战略认知偏好影响。秉承环境决定论的企业家倾向于在企业现有基础上进行渐进性的战略调整，而秉承自由意志论的企业家则倾向于做出突破性的战略更新决策，设立长远宏大的战略目标。洪佳丰对经营环境与企业战略关系的认知是典型的"环境决定论"，认为公司需要去适应整个行业技术发展的智能化趋势。

正如洪佳丰在接受访谈时所说的："我最初选择让公司做智能化转型主要是看到智能化的趋势，顺着经济高质量发展的趋势做，确保公司在未来能够葆有竞争力，至于后来能够借此获得共富工坊的试点，也是顺势而为！"

（三）多主体助力共建共富工坊

佳芝丰共富工坊项目由椒江区经信局牵头，佳芝丰作为建设和运营主体，为椒江区缝制设备产业大脑提供主要的技术支持，通过联合上游设备制造商杰克集团、原料供应商浙江伟星实业以及下游森林包装集团等上市主体，共富工坊在三个月内就完成了建设投产。佳芝丰共富工坊项目的主要参与者及其在项目中发挥的作用如表8-2所示。

表8-2　佳芝丰共富工坊项目的主要参与者及其作用

序号	参与者	项目角色	提供的资源、能力或服务
1	椒江区经信局	产业力量联结者	企业链接、合法性背书
2	佳芝丰	项目实施、建设和运营	场地、生产能力、订单资源
3	缝制设备产业大脑	平台技术提供商	产业大脑的数据、软件
4	杰克集团	智能物联设备提供商	智能物联缝制设备
5	伟星实业	原料提供商	标牌、绳带、纽扣、拉链等
6	森林包装	包装材料提供商	产品包装

佳芝丰的共富工坊探索没有复用佳芝丰原有的生产体系，而是选择在厂区内开辟一个约2000平方米的独立空间，设立共富专区，购置新设备，开发新流程，引进新系统，设计新商业模式，招募新员工（周边闲散劳动力），通过共享公司生产体系配套的订单、供应链和销售体系，将劳动力密集的生产环节对外开放，为周边农村的闲散劳动力提供就业岗位。

"共富工坊在全国范围内都是一个全新的探索，为更好地应对其不确定性，我们并没有将其与公司原有的经营体系相整合，而是'另起炉灶'，用项目制的方式来落地，事实证明这是对的。一方面，这个项目一点都没有影响我们原有经营体系的正常运转；另一方面，它还为公司达成了低成本的扩产，也切实帮助政府解决了一部分闲散劳动力的就业问题。"洪佳丰在接受采访时说道。

共富工坊本身流程和组织的灵活性,使得佳芝丰能够接入很多以前没有能力达成的零散订单,在帮助农村闲散劳动力就业的同时,也拓宽了公司的业务范畴,提高了公司的收入。

二、产业互联网技术也可以有温度

工厂的智能化转型本身会替代一些简单重复的人工环节,但这并不意味着技术进步就必然淘汰低技能型劳动力。在共同富裕的框架下,佳芝丰通过运用缝制设备产业大脑的各项资源,推动其生产加工流程的改造、组织结构的调整、商业模式的创新等,使得周边农村低技能的闲散劳动力可以共享技术进步带来的红利,切实推进共同富裕。

(一)先进设备降低就业门槛

在椒江区经信局主导的共富工坊试点的政策支持下,佳芝丰共富工坊以低于市场价 10%—15% 的优惠价格购入上游企业杰克集团的新机器,升级物联网缝制设备、智能吊挂系统等高精尖设备,新增"共富生产线"。这些先进的设备并不替代人工,而是将原本复杂、高技能要求的工作内容简化,从而为低技能人群提供更多的工作岗位。该生产线既有效缩减了成本、提升了效能,又降低了劳动力准入门槛,实现"30 分钟培训上岗",为定向招工提供了岗位。

佳芝丰共富工坊通过制定员工管理、薪酬、培训等细则,明确"20%灵活就业岗""时薪超 20 元"的"双 20"制度,并设置了针对残疾人的特殊员工岗。截至 2023 年 8 月,工坊共吸纳 150 余人就业,其中定向招工 32 人、"两头跑"灵活就业 31 人、特殊员工 2 人,员工平均月薪达 3000 元。

"共富工坊的工作时间非常有弹性,平时周一到周五,我送完孩子上学,在家打扫好卫生,就来这里做工了。"来自周边建设村的王女士表示。她平均每天能在工坊做工 4 个多小时,一个月能挣 3000 多元,在一定程度上可减轻家庭负担。

(二)设备入户使农民居家上岗

佳芝丰共富工坊针对部分低收入农户,专门设置劳务外包"流动岗",在农户上工时间达到最低要求时,佳芝丰会主动"送机上门",将具有物联网功能、高效率、操作门槛低的缝制机送到农户家中,提供安装调试服务和必要的使用培训,确保缝制机能够被使用。

同时,佳芝丰还设置了共富专线,以"定人定点、快包快发"的形式将待加工产品定点、定时发至农户家门口,并安排专人上门回收,以最短距离传导、最快速度配送、最高效率开路,助力闲散劳动力和残疾劳动力实现"家门口就业"。截至 2023 年,佳芝丰共富工坊共送出缝纫机 6 台,共富专线共串联周边 23 家农户,每户每月增收 2000—3000 元。

"我原来是在药企上班的,去年退休在家。6 月,我在村支书的介绍下到工坊上班,经过技术培训,很快就上岗了,现在也是公司的熟练工了。"东埭村的陈阿姨说,"工坊里的洪先生是个聋哑人,他原来都找不到工作,现在即使足不出户,也已经是我们工坊里的'员工之星'了。"

(三)订单管理代替员工管理

佳芝丰加入缝制设备产业大脑后,产业大脑有针对性地对所提供的订单管理微信小程序进行了"适老化"改造,使之便于周边农户用手机"抢活""接单",以"网约"方式实现全职或兼职就业。农户可根据自身情况和订单要求选择接单时间和订单数量,按时收取原料,及时加工,按时返回成品。这种以订单来管理员工的方式给予员工高度的办公时间和空间自由,同时不影响公司的生产。

共富工坊还以"绣·红色"党建联盟为纽带,由联盟内的村党组织包村联户,动员"适工"村民 231 名,逐个普及微信小程序的使用方式。依托小程序,该工坊共招募劳动者 100 余名,完成线上派单 9000 余件,每小时订单完成量同比增长 5.8%。

佳芝丰共富工坊微信小程序的适老化开发,解决了村里老年人不会操作智能机的难题,农户普遍反映小程序很方便。"这个小程序非常好操作,字体也非常大,每天厂里都会把要做的衣服图案、样式挂在网上,我已经在手机上抢到过两次单了。"回浦村的王大叔说道。对于闲散劳动力较多的农村而言,共富工坊微信小程序提供了一种灵活的就业形式。

（四）模式延伸温暖每个员工

佳芝丰共富工坊在佳芝丰现有办公区格局的基础上,进行"暖心改造",开辟出了"自助茶歇间""育苗托育区"等区域,同时推出"6 元爱心午餐"、健康体检、安全保险、家人慰问等 9 项暖心服务,使员工免除"后顾之忧",助其"轻装上阵"。

此外,佳芝丰还升级企业直播间,不仅售卖睡衣,还开展卖衣助农等活动,帮助农户销售杨梅、柑橘、大米等农副产品,为低收入农民群体搭建农货销售桥梁,助其增收。仅 7 月,佳芝丰就帮助农户销售葡萄、火龙果达 500 斤。这些行动提升了员工对公司的好感度,员工在工作过程中会更多地为公司考虑,因而极大提高了生产效率。

共富工坊负责人洪佳丰表示:"每天晚上,村里的党员志愿者都会上门帮忙看管孩子,这样员工们在车间工作,孩子们在托育室玩耍或做作业,也就不愁没人带了。"大烫工张某补充道:"有了茶水室,大家可以在里面稍作午休,这样下午干活也更有劲了。"

佳芝丰为实施共富工坊的战略,在原来的组织架构之外以项目形式设计共富工坊专线,并由洪佳丰担任项目负责人。共富工坊本身面向农村低技能闲散劳动力,因而在组织架构设计上要具备足够的灵活性。为此,佳芝丰一方面引入上游杰克集团的智能化设备,实现了高技能要求的制版工艺等的机械化,在提升生产效率的同时为农村闲散劳动力提供了大量的缝制工作；另一方面则与闲散低技能劳动力签订劳动合同，让其成为共富工坊的长期员工。针对时间灵活性较高的劳动力，佳芝丰通过开发在线拆单和抢单平台，以合约形式将部分劳务外包，以带动农村劳动力灵活就业。

　　然而，单纯的组织创新并没有完全实现共富工坊推动共同富裕的目标。在共富工坊获得就业机会的人员收入是提高了，但幸福感未必提升，例如，需要接送孩子同时兼顾工作的母亲变得更奔波劳碌了。对此，佳芝丰共富工坊开展了托育、提供爱心午餐、慰问家人、直播助农等暖心行动，提高共富工坊就业人员的幸福感和获得感，这进一步丰富了共富工坊的内涵。

　　佳芝丰对共富工坊项目的实践，体现了其对数字技术和平台技术的运用（如表 8-3 所示）。

表 8-3　佳芝丰运用数字技术和平台技术实践共富工坊

序号	赋能内容	具体做法
1	流程创新	1. 通过引进先进数字化设备打造共富专线，优化生产流程，提供更多低技能要求的工作岗位； 2. 通过缝制设备产业大脑的"智能找链"功能，与杰克集团、伟星实业、森林包装等上下游企业达成合作，共同推进共富工坊项目建设； 3. 为满足最低工时要求的农户安装先进的、具有物联功能的缝纫设备
2	商业模式创新	1. 基于产业互联网平台的整合能力，接入零散订单，拓展公司业务范围； 2. 利用产业大脑的直播功能，对睡衣和农民员工的农产品进行联合销售，提高农民员工的收入
3	组织创新	1. 借助 MES、SCM、ERP、QMS 等系统的支持，推进正式员工和灵活就业员工的混合管理； 2. 引入产业大脑的订单模块并进行适老化改造，运用到共富工坊的劳务外包上，提高派单效率； 3. 设置共富专线的配送岗，专门从事半成品派送和成品取件工作

拓展阅读

企业战略与组织结构变革的关系

自 Chandler(1962)提出"战略决定结构、结构跟随战略"后,该理论长期主导了战略与结构的研究范式。但随着研究情境的发展,Chandler(1962)关于战略与结构的框架的解释开始受到质疑,一方面是其静态性假设没有将时间维度加入两者互动关系的讨论,导致企业在动态发展过程中无法从该框架获得指导;另一方面则是其过于粗糙,战略到底如何决定组织结构,组织结构又如何跟随战略? Chandler(1962)基于大量企业史归纳出的结论无法为企业实操提供足够细致的答案。

对此,苏钟海等(2023)从协同演化视角选取了青岛海尔和酷特智能两家公司作为研究对象,深入探究企业战略更新与组织结构的动态演化关系,最终总结出企业战略更新与组织结构变革的协同演化机制(如图 8-3 所示)。显然,佳芝丰在实践共富工坊的过程中所展现的战略更新与组织结构的演化关系符合苏钟海等(2023)的理论框架。

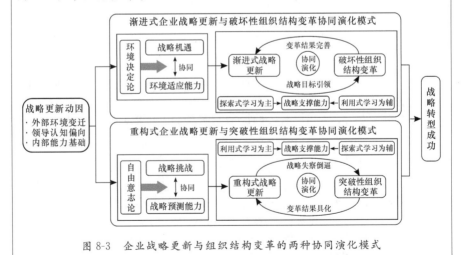

图 8-3　企业战略更新与组织结构变革的两种协同演化模式

三、站在新起点上展望共同富裕

尽管佳芝丰共富工坊的探索取得了诸多喜人的成就，还位列2022年台州市"十佳共富工坊"榜单之首，但传统劳动密集型企业若想在共同富裕道路上做出更多新颖、有效的探索，征途仍旧漫漫……

"共同富裕内涵丰富，这不是一蹴而就的事，提高收入只是其中重要的一方面，佳芝丰共富工坊的探索表明，企业不仅可以在技术进步的过程中为低技能型劳动力提供更多工作岗位，还可以在员工的工作环境和生活方面进行很多改善和提升，切实地从细节上提高老百姓的获得感和幸福感。"椒江区经信局的一位工作人员在接受访谈时谈道，"佳芝丰共富工坊项目最重要的价值是，它证明了共同富裕与高质量发展是可以在企业经营中并存的，这打消了诸多劳动密集型企业探索共同富裕的顾虑。"

当问到佳芝丰共富工坊项目的下一步规划时，缝制设备产业大脑负责人刘洪总结道："佳芝丰共富工坊前期只是让部分闲散劳动力实现灵活就业，他们只是临时性地增加了收入，共富工坊管理的合约劳动力很多，但能够维持一定的劳动时间投入、保持稳定收入的不多。下一步我们要解决阻碍这些闲散劳动力持续就业的痛点，通过更完善的制度设计和更贴切的商业模式设计，为更多农村低收入群体提供系统和可持续的就业方案，帮助部分满足条件的农村劳动力实现稳定就业，让其拥有稳定的收入，进一步迈向共同富裕。"

佳芝丰共富工坊项目的负责人洪佳丰则表示："共富工坊整体的利润率其实并不高。一是劳动力分散，培训成本相对较高，因为有很多不可控因素存在，很多人在培训前都表示能够保证每周的工作时间，但真正到用工时却很难达到预期。二是产品质量难以把控，尽管我们出台了一系列质量把控措施，比如基于质量打分的劳工排名、排名跟奖励挂钩等,但毕竟大家的缝制水平参差不齐,很多衣服的缝制质量无法达到要求,这也意味着这些产品不能走向高端市场。三是订单零散,且这些订单的差异又很大,没办法进行集中采购,这样我们的议价能力就下来了,很难实现规模效益。"

尽管困难重重,洪佳丰仍旧对共富工坊项目饱含热情:"目前,共富工坊项目是拿了政府补贴的,今后可能会撤掉,但不管怎样,只要这个项目本身能够转动,我们就不会放弃它。我们也会大胆地去创新、去探索,在更多细节上去抠、去摸索,不断地优化,从点滴做起来提升效益,也只有保证它不亏损,才能长久!"

第九章　数字"芯"途:艾为携手钉钉的数字化转型之旅[①]

在数字化和智能化浪潮下,中小企业要实现质的提升和量的增长,必须加速数字化转型,充分发挥数字经济的赋能效应。然而,企业在数字化转型过程中仍然面临诸多挑战,亟须找到破解转型痛点之策。本章聚焦上海艾为电子技术股份有限公司(以下简称艾为)的数字化转型过程,详细阐述了其在钉钉数字平台的技术支持下,是如何实现组织数字化和业务数字化,迈向全产业链的价值共创的。通过数字化转型,艾为实现了从"耗时、费力、低效"到"简单、高能、高效"的华丽转身,为芯片企业的数字化转型提供了宝贵的经验。

艾为是一家国产芯片设计公司,成立于 2008 年 6 月,专注于高性能混合信号、电源管理和信号链等集成电路设计,于 2021 年 8 月在上海证券交易所科创板成功上市。艾为现有员工 1000 余人,其中技术人员超过 700 人,累计取得国内外专利 532 项,软件著作权 111 项,在中国境内登记集成电路布图设计专有权 558 项。作为工信部认定的国家级专精特新"小巨人"企业,艾为秉持"客户需求是艾为存在的唯

---

① 本章作者为邹腾剑、孙旭航、黄思语。

一理由,高素质的团队是艾为最大的财富"的理念,深入了解客户需求,专注研发,不断迭代创新。截至 2023 年底,艾为拥有 42 种产品子类,产品型号总计超过 1200 款,涵盖"声、光、电、射、手"五大产品线,产品性能和品质已达到业内领先水平。公司产品广泛应用于消费类电子、人工智能物联网(AIoT)和汽车等领域。

艾为成立至今所经历的重要事件如表 9-1 所示。

表 9-1　艾为经历的重要事件(2008—2024 年)

年份	重要事件
2008	公司正式成立
2009	通过工信部集成电路设计企业认定
2010	通过国家高新技术企业认定,当选"十大中国 IC 设计公司"
2011	参展 2011 中国国际半导体博览会(IC China 2011),并举办艾为技术研讨会
2012	率先推出第六代 K 类音频功放,为客户的智能手机带来了"艾为好声音"
2013	被评为上海市"科技小巨人"
2014	完成股份改制
2015	成功挂牌新三板(证券代码:833221)
2016	独创 DO-Chargepump 技术,推出 Smart K 第三代(K9 plus)高端智能音频功放
2017	荣获锐伟通讯砥砺十年·扬帆锐行十周年晚会"最佳技术支持奖"
2018	孙洪军入选国家"万人计划"科技创业领军人才
2019	荣获 2019 中国模拟半导体大会"优秀企业奖"
2020	入选 2020 上海软件和信息技术服务业百强
2021	成功登陆上交所科创板(股票简称:艾为电子;证券代码:688798)
2022	通过中国合格评定国家认可委员会(CNAS)认可
2023	出货量超过 200 亿
2024	获评工信部"制造业单项冠军企业"

资料来源:艾为官网。

一、初遇瓶颈：安全效率难两全

2022 年 12 月 28 日，杭州迎来了一场科技界的盛会——以"大协同 链时代"为主题的钉钉 7.0 产品发布会在浙江西子宾馆如期召开。凭借成功的数字化转型实践，艾为联席首席执行官娄声波作为大制造行业代表，受邀出席并发表主题演讲——《一颗中国芯的诞生，安全与效率共舞》。在这短短 10 分钟的分享环节，娄声波声情并茂地向现场观众及线上嘉宾们展示了艾为在数字化造芯领域的卓越成果与丰富经验，赢得了阵阵赞叹与雷鸣般的掌声。

"芯片设计行业既要脚踏实地，又要仰望星空。我们希望与钉钉在安全、效率及全链路产业数字化协同上携手共进。"在做好、做实芯片产品的同时，艾为不断探索新的经营管理模式，持续推进数字化造芯战略。与国内最大的协同办公与应用开发平台钉钉的合作，成为艾为在高速发展过程中锐意进取的一环。如今，艾为已经从方方面面提升了组织内部的数字化水平，实现了从"耗时、费力、低效"到"简单、高能、高效"的华丽转身。

回顾往昔，在数字化"大考"中，艾为是如何借助钉钉的力量，推动"中国芯"驶上数字化快车道的呢？

和大多数知识密集型企业一样，艾为在推进数字化建设的过程中也遇到了一系列安全与效率不可兼得的问题。2021 年，随着公司在科创板上市以及业务的不断发展壮大，艾为的安全与效率变得"难以平衡"。娄声波曾坦言："如何在安全与效率之间取得平衡，是我们一直想要解决的问题。"

艾为面临的问题主要有两个。一是文档类非结构化数据的安全与共享问题，该问题尤为突出。过去，艾为内部使用多种沟通工具。这些工具在安全性能上参差不齐，且缺乏统一的沟通平台，导致组织内部无法实现实时在线交流以及高效、精准传达数据信息。员工在进行内部沟通时不仅需要频繁切换工具，还面临数据安全风险——数据易流失，知识和经验难以有效沉淀。这对艾为这样的高科技知识密集型企业的管理造成了极大困扰。

二是应用系统及其结构化数据的协同安全管理问题。为了保障公司持续高速发展，艾为在数字化建设上不断投入，选择了多种可快速迭代上线的 SaaS 产品来提升运营效率，如人力资源系统、费控报销系统、客户关系管理系统、供应商关系管理（SRM）系统和工单系统等。然而，繁多的系统迫使员工不得不去安装多个应用程序，这不仅导致入口众多、形成数据孤岛，且连最基本的审批和待办事项处理都需要在各自的系统中完成，难以保障时效性和信息传达效果。同时，由于各 SaaS 应用的安全性不同，因此数据的访问和传输安全管理也成为艾为面临的难题。

对艾为来说，知识产权无疑是企业的核心资产，需要用 120 分的努力做好保护工作。不过，如果着重解决数据安全问题，那么企业的运营效率势必会受到制约。该怎么在安全和效率之间找到一个完美的平衡点呢？自 2021 年起，艾为的数字化团队便踏上了寻求安全与效率平衡方案的征途，致力于在市场上找到一款理想的工具。然而，绝大多数产品都未能令他们满意："市面上几个主流产品有不同的特色，有的偏重于沟通协同，对于安全性的考量就没有那么多；有的产品有安全性，但可能因为起步时间晚，其覆盖场景与颗粒度没有那么全面和细化。"

功夫不负有心人，经过对主流企业协同平台的详细调研与比较，数字化团队发现钉钉是助力艾为突破发展瓶颈的不二之选。与飞书、企业微信等相比，钉钉在兼顾工作协同效率的同时，也深度融合了安全防护的理念。在效率方面，钉钉集成了即时通信、在线组队、视频会议、任务管理和文件共享等功能，提供智能审批、报销、实时沟通和多端协作等服务，使企业运行更加高效、灵活。在安全方面，钉钉将数据安全、隐私保护和安全合规视为产品发展的生命线，做到"任何动作有管控，任何行为有审计"。钉钉的强大功能让选型团队如获至宝："这正是艾为所需要的协同管理工具！"自此，艾为与钉钉结下了不解之缘。2022年，艾为开始以钉钉为数字化底座，开启数字化转型的旅程。

可以看出，艾为进行数字化转型是一项综合性的战略举措，其追求技术上的安全与效率平衡，同时优化组织结构，促进团队业务与技术的深度融合。此外，艾为还充分考虑了市场需求、政策导向和供应链协同。通过与钉钉的紧密合作，艾为成功构建了一个既安全又高效的数字化平台，为公司未来的持续发展奠定了坚实基础。

接下来我们具体分析企业数字化转型的动因。从技术角度来讲，艾为作为一家芯片设计公司，所处行业具有知识密集型特征，对技术安全有着严苛的标准；同时，业务的快速发展又呼唤着效率的提升。传统技术工具和系统虽然能解决部分问题，但无法满足企业对安全与效率的双重需求。文档类非结构化数据的安全与共享问题和应用系统及其结构化数据的协同安全管理问题并存，促使艾为寻找更先进的技术平台。同时，在艾为数字化建设初期，多系统并存导致的数据孤岛和操作烦琐成为一大挑战。这就要求新的技术平台能够兼容现有系统，实现数据和流程的无缝对接。艾为需要易于部署和迭代的技术方案以快速响应市场和内部的变化，钉钉的即时通信、在线协作、任务管理等功能恰好满足其快速实施的需要。

从组织角度来讲，高素质的团队是艾为最大的财富。艾为作为一家拥有1000余名员工的公司，首要需求是建立一个能够支撑广泛且深入协作的平台。钉钉的组织在线化策略不仅实现了艾为的全员线上管理，还极大地提升了艾为的信息传递和管理效率。艾为崇尚简单、高效、创新和协同的企业文化，其借助钉钉实现的数字化转型不仅强化了这一文化内核,更进一步促进了内部协同和团队合作。钉钉帮助艾为提升了自身的核心竞争力,确保了企业知识的有效传承和利用。此外,钉钉还通过整合人力资源、财务等系统,优化艾为的资源配置,使其决策更加迅速高效、资源利用更加合理,为其业务增长提供了强有力的支持。

从环境角度来讲,当前,各行业均将数字化转型视为实现高质量发展的重要途径,艾为所在的芯片行业竞争激烈,为在市场中有立足之地,公司需要快速响应客户需求和保持技术领先。通过与钉钉携手,艾为不仅提升了内部运营效率,还加强了技术安全,显著提升了其市场竞争力。

二、组织数字化:万丈高楼平地起

工欲善其事,必先利其器。在引入钉钉后,艾为的首要任务是实现"全员上线",即一次性将所有员工的信息迁移到线上。为了实现这一点,艾为从其现有的 HR 系统和活动目录(AD)系统中提取必要的员工数据,并直接与钉钉进行对接。在此过程中,钉钉提供了关键的技术支持,确保艾为数据迁移的顺利进行和系统配置的正确性。

组织在线化策略的实施大幅提升了数据处理与信息传递的速度,但也带来了潜在的数据管理风险。如何保证数据在传输过程中的无损准确?如何避免数据被非法访问和泄露?这是每家科技企业在推进组织数字化的过程中都必须直面的问题。能否妥善处理这些问题,将直接关乎企业数字化建设的成败。

得益于钉钉的助力,艾为在应对这些棘手的数据安全管理问题时,显得从容不迫、游刃有余。比如,在将文档统一搬到钉钉知识库后,艾为制定了细致且严格的访问权限管理措施,如禁止下载在线文档、限制文档查阅人员的权限等。公司还应用钉钉的专属网络设置,使用"电子围栏"技术对内部资料进行加密——同样一份文件，在公司网络环境内可见，离开公司网络环境则不可见。

针对某些特定岗位，钉钉也为艾为的安全管理提供了创新性的解决方案。考虑到艾为拥有全球范围内广泛的客户基础，其销售团队在每周的例会中常需共享含有客户敏感信息的文档。在使用钉钉之前，公司主要依赖传统的线下方式或办公软件编辑和共享文档，这往往带来协作不同步和信息泄露的风险。通过使用钉钉文档，艾为能够利用其表格锁定功能精确地控制每个单元格的查看和编辑权限，在安全可控的范围内进行数据的收集和协同（如图 9-1 所示）。

图 9-1　钉钉表格权限设置

图片来源：钉钉官网。

"安全造芯"只是艾为数字化造芯的一方面，在确保信息、技术和数据的安全性的同时，艾为亦致力于构建"高效造芯"的数字化办公环境。通过应用钉钉脑图、共享图纸、知识库和知识小组等多种工具，艾为实现了全球范围内团队的高效协作，显著提升了协同工作效率。这些工具的运用确保了公司知识资产的安全与高效流通，有力地支持了艾为的全球运营和发展战略。

艾为对钉钉效率工具的深入利用，不仅节省了员工的办公时间，还有效地激发了企业的创新潜力,并促进了组织内的学习与协作。例如,在团队共创阶段,艾为团队借助钉钉的脑图工具,轻松地与全球各地的分支机构进行头脑风暴,在脑图上探讨问题和安排任务,事半功倍。在会议研讨环节,艾为利用钉钉会议,允许多人在共享图纸上进行双向批注,极大地帮助集成电路芯片设计团队专注于设计创意的讨论;此外,艾为将会议纪要及时沉淀到知识库中,实现远程协作的同时保证信息的安全并进行分享。在知识管理方面,艾为利用钉钉的知识库和知识小组,成功地构建了部门间的知识门户,对分散的知识资产进行集中和有序的管理,并精确实施访问权限控制,确保知识在企业内部安全、高效地流转。

目前,基于钉钉平台的账号安全性,艾为已将公司常用的应用集成到了钉钉工作台。这意味着员工仅需在手机上安装钉钉,便能高效处理各类应用系统的工作事务。"钉钉在手,效率我有!"这是艾为员工对钉钉的高度评价。

三、业务数字化:人人都是开发者

在成功实现组织数字化转型之后,艾为随即将目标转向业务数字化的推进。此时,公司面临一个关键的决策:是选择"自研"还是"定制"来满足业务需求?自研固然能够保障自主性,但鉴于市场上已经存在诸多成熟的系统,若艾为从零开始,很可能难以在激烈的市场竞争中脱颖而出。此外,自主研发不仅需要持续的研发投入,还伴随着长期的系统维护责任,这对资源有限的艾为而言,显然是一大挑战。那选择定制策略就一定可行吗?答案是否定的。尽管定制的系统能够精确满足艾为的特定需求,但其更新的高昂成本和超长周期极易成为阻碍公司快速适应市场变化的"绊脚石"。

在权衡利弊之后,艾为采取了更为灵活的"共创模式"。这一模式结合了定制化与自研的优势,即将已有的垂直领域专业系统作为基础,同时依靠专业研发部门的支持,让业务人员也能通过低代码开发主动参与到系统的优化与调整中。这种方式旨在平衡外部专业系统的稳定性和内部业务需求的灵活性,为艾为提供了一条既高效又可持续的业务发展路径。钉钉宜搭以其低代码、快速搭建应用的优势,迅速成为艾为推动业务数字化的重要工具。

起初,钉钉宜搭作为低代码工具,主要为信息部门所青睐。然而,随着公司规模的扩大和人员数量的增加,仅依赖信息部门来进行开发已难以满足日益增长的业务需求,导致许多重要项目的推进速度放缓。因此,艾为决定将钉钉宜搭推广至全公司,旨在加速对各类需求的响应速度,并充分激发员工的创造潜能,"让最懂业务的人轻松参与开发"。

为了实现这一目标,公司组织了一系列线上线下培训,并举办了低代码大赛,鼓励员工自己动手搭建应用。这些活动不仅激发了员工的学习、工作热情,还掀起了一股"人人皆是开发者"的风潮。这样一来,每个岗位的员工都能具备应用开发的能力,能轻松将业务流程数字化,从而显著提升工作效率和业务处理能力。

在激烈的比赛中,众多优秀的应用成果接连涌现,如设备扫码巡检系统、行政差旅房管理系统、单板管理系统以及测试项目管理系统等。作为低代码大赛的参赛者之一,业务人员小凌受益匪浅,她由衷地感慨道:"钉钉宜搭的'拖、拉、拽'搭建方式极为便捷,尽管我并未系统学习过计算机理论知识,但仅凭公司群内分享的学习资料,我便能顺利完成应用搭建。每当我遇到难题时,公司技术部门的同事们总是乐于伸出援手,帮助我解决问题。"

目前,艾为已成功运用钉钉的低代码工具,自主构建了一套 OA 系统,实现了对原 OA 系统的部分替代。特别是在业务流程审批环节,艾为已全面采用宜搭平台,极大地提升了审批流程的效率和便捷性。在交流过程中,负责宜搭平台的员工无不自豪地表示:"随着低代码平台钉钉宜搭的引入和低代码大赛在内部的推广,我们不仅提升了各业务部门的数字化自助能力,快速实现了业务需求,还为公司提供了统一的业务数字化平台。我们通过自建的 200 多个流程应用,帮助公司节约了大量成本,为企业应用的发展打下了坚实的基础。"

四、转型升级:AI 赋能"芯"征程

于企业而言,做好标准化的产品不难,但提供个性化的服务不易,对艾为来说亦是如此。在同行看来,艾为是当之无愧的佼佼者——拥有近千款有自主知识产权的芯片;产品应用覆盖消费电子、物联网、工业企业和智能制造等领域;是唯一一家入选"上海市市长质量金奖"的集成电路企业……

但就是这样一家在众人眼里非常硬核的"技术宅",也有自己头疼的问题:沟通。芯片设计这一专业领域技术门槛高、产品种类繁多且参数复杂,使得售前、售中、售后的沟通变得尤为关键且充满挑战。在这一高频交互场景中,人工客服往往难以应对客户的专业追问,而自动客服又时常出现"答非所问"的尴尬情况。对芯片行业来说,咨询服务并非通用型客户服务,令客户感到满意的咨询体验能够显著推动业务的发展。因此,如何确保客户能够获得及时、准确、满意的答复,成为艾为亟待解决的问题。

对此,艾为曾尝试让七八十名具有研发背景的技术专家转型"E人"(外向的人):在本职技术工作之外,每天投入大量时间来解答顾客的专业问题。然而,即便是最资深的技术人员,面对上千款产品的复杂参数,也无法确保记忆的准确性,每次遇到疑难问题,仍需耗费时间查阅资料。此外,高昂的客服维护成本也使公司不堪重负。为缓解压力,艾为还精心编制了数百条常见问题解答(FAQ),以期减少客户咨询量。但这种方式受限于搜索匹配的准确性,一旦用户提问与预设问

题稍有出入，便难以获得满意的答案。显然，单纯依赖人工已无法高效解决客户的疑问，艾为需要寻找更加高效和经济的解决方案。

大模型应用进入产业场景，为艾为提供了改变的契机。在 AI 技术快速发展的背景下，艾为敏锐地捕捉到了客服智能化趋势。公司意识到，传统客服系统依赖大量关键词匹配模式，回复生硬、死板，难以理解和转换语意，也无法根据上下文进行有效交流。相比之下，大模型不仅具备自主学习和推理能力，还能基于语意理解进行拟人式回复，并结合上下文进行多轮对话。大模型的这些优势恰好解决了艾为在客服方面的痛点，成为艾为选择继续与钉钉合作共创的关键因素。2023 年 6 月，艾为与钉钉签订战略合作协议，共同推动芯片行业数字化平台建设，并基于生成式 AI 能力展开共创，以探索智能化方案在芯片行业的实践应用。

对艾为来说，充分利用大模型的优势、训练大模型吃透专业知识并做出准确答复绝非易事。一是专业学习的难度不容小觑。艾为的产品手册主要使用英文，其中包含的特定术语不仅涉及中英文的转换，甚至需要"三译"以适应不同的语境和行业背景。此外，芯片行业的产品手册有其独特性，不仅包含专业名词，还涵盖一系列芯片设计图纸和参数信息，这无疑增加了学习难度。二是艾为面临的问答场景极其丰富和多样化。以产品中的电压属性为例，它包含最小值、最大值、典型值等参数，并且这些参数在常温、高温等不同环境下对应的范围不同。客户在提问时，往往不会直接询问具体的数值，而是会提出如"3V 场景是否支持"等实际问题。这就要求大模型不仅要准确理解客户所询问的具体场景，还能够推理出这些场景下的参数是否符合产品的规范范围。

面对挑战，艾为和钉钉相互碰撞、反复打磨，共创智能化方案"knowledge copilot"。基于钉钉提供的 AI 技术和艾为的芯片行业知识库，"knowledge copilot"担任 AI 智能助手（小为），全天候（7×24 小时)为客户提供产品性能及技术方面的解答服务(如图 9-2 所示)。在功能方面,小为具备强大的数据理解、细节拆解、信息检索等能力。它能够深入理解近 1000 份文件,从中抽取参数或其他要素,并将这些信息以易于理解的表格形式呈现给客户,帮助他们更好地理解产品性能和技术细节。在交互方面,与传统问答机器人相比,小为具备更高的智能水平,它能够"理解"上下文对话,而非仅仅依赖关键词搜索。这使得小为在与客户的互动中,能够提供更加自然、流畅、人性化的解答,从而显著提升客户的使用体验。值得一提的是,小为还具备识别高潜力客户的能力。在与客户互动的过程中,它可以精准捕捉到客户的潜在购买意向,并通过即时通知的方式,让产品顾问能够迅速介入,为客户提供更加个性化的服务。基于小为提供的客户咨询概要,产品顾问能够迅速把握客户的需求和痛点,精准锁定商机,从而有效推动业务转化,提升整体业绩。

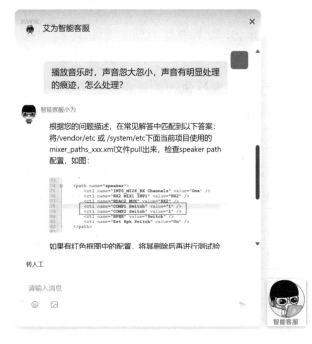

图 9-2 艾为 AI 智能助手小为在线解答

　　嵌入具体行业的生产环节,是钉钉与大模型"产生化学反应"后迈出的一小步。小为的诞生,极大地减轻了艾为原先需要投入在咨询服务上的一线技术人员的负担。现在,他们可以将这些原本用于日常解答咨询的时间和精力,转而用于解决现场更为复杂和棘手的问题。这正是钉钉在降本增效上为艾为带来的独特价值。

　　探索共创的初步成功,为艾为在数字化转型中使用 AI 赋能业务提供了坚实的基础。基于用户规模和技术优势,艾为与钉钉仍在探索无限可能。2024 年 4 月 23 日,钉钉 AI 助理创造大赛总决赛——"极客盛典"在深圳举办,艾为打造的艾为音频 AI 调试助手凭借卓越的性能和创新能力,从 700 余件作品中脱颖而出,进入决赛并一举斩获企业赛道二等奖。在钉钉推出的人工智能体 AI-Agent 的强大技术支持下,艾为音频 AI 调试助手为用户带来前所未有的自助调音体验(如图9-3 所示)。用户仅需简单地向 AI 表达自身的听觉感受,AI 便会迅速进行深度计算与分析,并即时反馈一组精准的调节方案。用户仅需选择其中一个方案,便可感受到声音效果的显著变化。整个自助调音过程仅需短短 1 分钟,真正实现了"用户一句话,AI 包落地"的全链路贯通。

　　基于钉钉的 AI 技术,艾为成功打造了智能客服系统和音频 AI 调试助手两大创新应用,不仅提高了客户服务质量和效率,巩固了其市场竞争力,而且充分展示了 AI 在产品应用领域的创新潜力和价值。

　　如今,人工智能已不再是科幻小说中的虚构概念,而是成为全球各行各业变革的核心驱动力。携手钉钉,艾为积极探索并部署前沿的AI 战略,致力于重塑业务模式,进一步提升公司的市场竞争力。钉钉在艾为的数字化蓝图中不再仅仅是一款单一的管理软件,而是一跃成为先进的数字化生产力平台。在智能化的浪潮中,艾为将与钉钉共同探索 AI 在芯片行业中的全新应用场景,开启深度共创的新篇章。

　　综上,艾为为实现数字化转型,选择了切合自身实际的三条路径。

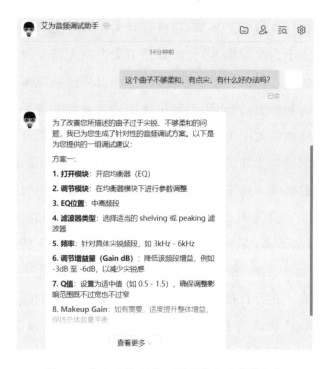

图 9-3 艾为音频 AI 调试助手为客户提供方案

一是高速迭代。艾为首先将全员的信息迁移到线上，通过从现有的 HR 系统和 AD 系统中提取员工数据，并与钉钉平台进行对接，确保数据迁移的顺利进行和系统配置的正确性。全员上线举措不仅涉及调整组织内部结构，以适应日益数字化的工作方式，更为后续组织的快速迭代和持续优化奠定了坚实基础。接着，艾为充分利用钉钉平台的丰富功能，如钉钉表单、钉钉脑图、共享图纸、知识库和知识小组等，在保障数据安全的同时，实现全球团队的高效协作，显著提升了协同工作效率。

二是自我进化。艾为积极推行组织培训，举办低代码大赛，以此激发员工的创造力和主观能动性，实现"人人皆是开发者"的愿景。这一举措不仅加速了公司对各类需求的响应速度，还充分激发了员工的创造潜能，为"共创模式"的实施奠定了坚实的团队基础。利用钉钉宜搭的低代码平台,业务人员也能轻松参与到系统的优化与调整中,从而在确保外部专业系统稳定性的同时,灵活满足了内部业务的需求。这一变革不仅提升了工作效率,还进一步重塑了企业文化,使公司更加注重团队协作和创新精神。

三是以客户为中心。艾为与钉钉紧密合作,经过反复打磨,成功推出智能化方案"knowledge copilot"。这一方案融合了钉钉强大的AI技术和艾为丰富的芯片行业知识库,孕育出 AI 智能助手"小为",能够即时为客户提供产品性能及技术方面的解答服务。这一创新不仅体现了艾为以客户为中心的服务理念,也凸显了其决策和运营模式对于客户数据和市场数据的深度依赖。

拓展阅读

AIGC

20 世纪 50 年代,艾伦·图灵提出,通过机器是否能够模仿人类思维方式"生成"内容继而与人交互来判定机器是否"智能"(Turing,2009),AIGC 的概念开始出现。AIGC 即人工智能生成内容,被认为是继专业生产内容(PGC)、用户生产内容(UGC)之后的新型内容创作方式。该技术的核心是依赖深度学习模型如生成对抗网络(generative adversarial networks,GANs)和变分自动编码器(variational autoencoders,VAEs),通过模仿人类的创造过程来生成高质量的内容。

随着 AI 大模型的持续演进和进步,AIGC 技术展现出了数据巨量化、内容创造力强、跨模态融合以及认知与交互力强等显著特点。这些特性依赖于三大核心技术要素:数据、算力和算法。数据的品质和规模直接影响着 AIGC 的性能和表现;算力不仅负责识别和修正数据中的异常与错误,还负责调节和控制 AIGC 的学习与生成过程;而算法则通过一系列技术手段处理和分析数据,全面掌控 AIGC 的学习和内容生成流程。

AIGC 的应用场景广泛且多样化,涵盖了多个领域和行业。在内容创作领域,AIGC 可用于生成新闻报道、广告文案、小说、诗歌等文本内容,以及插图、漫画、动画等图像内容。在教育领域,AIGC 可以辅助教师和学生进行知识传授和学习活动。例如,通过生成定制化的学习资料和练习题,AIGC 为学生提供个性化的学习体验和学习路径。同时,AIGC 还可以模拟教师进行教学互动,帮助学生提高学习效率和兴趣。在商业领域,AIGC 也具有广泛的应用前景。通过生成个性化的营销文案和广告创意,AIGC 能帮助企业提高品牌知名度和营销效果。此外,AIGC 还可以用于市场分析和消费者行为预测等方面,为企业提供更精准的商业决策建议。随着人工智能技术的不断进步,AIGC 将在更多场景中发挥重要作用,推动各行业的创新和发展。

五、产业智联:谱写合作"芯"乐章

钉钉总裁叶军认为,中国企业的数字化转型分为三个阶段:第一阶段是组织在线,从传统的工作方式过渡到在线办公,实现组织内的在线协同。第二阶段是从组织的数字化进化到业务的数字化,低代码变革了软件的开发方式,业务人员成为应用建设的主力军;由钉钉推出的全新场景化应用形态"酷应用"改变了软件的使用方式,将业务穿透到群聊等高频办公场景,让过去低频的业务应用"活"了起来。如今,中国企业的数字化正迈向第三阶段——企业与企业间的数字化协同,连点成线,聚线成面,最终将实现整个产业链的数字化大协同。这也正是钉钉 7.0 所期待实现的。

因此,艾为的数字"芯"途还有很长的路要走。如果说钉钉助力艾为在兼顾安全与效率的同时提升了组织内部的数字化水平,那么实现企业间供应链协同和业务价值的全链路数字化,便是艾为数字化造芯的新征程。娄声波提到,艾为上游连接晶圆制造、封装测试企业等供应商伙伴,下游连接渠道以及手机、汽车、物联网(IoT)企业等客户厂商。艾为希望在其芯片进入每一个终端设备的过程中,能够实现与上下游全链路产业的数字化协同,链接更多可能。如今,艾为与钉钉的数字化共建还在继续,其希望通过钉钉平台链接更多的上下游企业,与钉钉共同实现产业互联、价值共创的目标。

"物有甘苦,尝之者识;道有夷险,履之者知。"在数字化转型的旅途中,艾为与钉钉携手并进,为中国芯片行业带来"芯"动能。

拓展阅读

数据驱动型组织

数据驱动型组织以数据为生产要素,以数据驱动业务,实现业务的持续增长和创新发展,其核心在于将数据视为企业的重要资产,通过最大化利用数据的价值来重塑组织的生产力。因此,以数据驱动业务,打造数据驱动型组织,是企业数字化转型的必由之路。

根据朱丹(2022)的观点,数据驱动型组织有三个特征。

一是高速迭代。相较于流程驱动型组织,数据驱动型组织具有高速迭代的优势。在流程驱动时代,企业依赖流程再造进行迭代,决策主要基于管理者的经验和直觉。而在数据驱动时代,迭代是通过机器学习和智能化技术实现的,能够直接输出决策结果。这种迭代方式大幅提升了决策效率,使企业能够快速响应市场变化和用户需求。

二是自我进化。数据驱动型组织具有自我进化的能力,其核心在于数据智能和机器学习能力。通过实时或准实时的数据反馈,组织能够自动调整决策、优化模型、修改规则和改进产品,而不需要人工干预。这种自我进化能力使得企业能够灵活适应市场变化,并与生态系统中的合作伙伴进行高效协作,共同进化和发展。例如,柔性制造对供应链的颠覆性影响,促使企业与合作伙伴建立新的协同模式,实现更高效的资源配置和产品生产。

三是以客户为中心。在数据驱动型组织中,决策和运营模式依赖于数据智能,根据客户数据和市场数据的变化自动输出决策结果,而非依靠人的经验和直觉。这种方式真正实现了以客户为中心,能够更好地满足客户需求,提升客户满意度。从 Web 1.0 到 Web 3.0 的发展历程来看,去中心化和以客户为中心是内在逻辑,数据驱动型组织通过数据智能实现了这一目标,确保决策和运营更贴近客户需求。

第十章　从边缘入局：化纤邦构建化纤产业第一互联网平台之路[①]

化纤邦始于产业纵向交易服务平台，其首先基于高效率交易服务连接了产业内大量的客户企业；其次通过识别客户企业的共同痛点进行数字化管理工具创新，推动产业链企业的数字化升级；最后贯通产业链场景多维度数据，通过产业数字化与数字产业化的双向赋能，基于标准化模块打造了开放、共享的化纤产业互联网平台。化纤邦为产业边缘发起者构建产业互联网平台、推动产业变革升级提供了一定的借鉴。

在我国，化纤产业年产量在 5000 万吨左右，市场规模近万亿元。化纤产业上游的原料供应商呈寡头格局，在近百家聚酯工厂中存在几家超大型聚酯工厂，产能占比总体超 80%。在聚酯工厂的后端是几千家小规模的加弹厂，下游则有约十万家坯布厂，这些加弹厂、坯布厂遍布在江、浙、闽一带，从事"男主内、女主外"式前店后厂的制造加工业务。

由于上游原油现货受期货价格影响，下游化纤纺织产业的价格波

---

① 本章作者为魏江、苏钟海、刘洋。

动频次极高。而加弹厂、坯布厂等夫妻厂店大多是小本生意,赚的就是中间差价,所以掌握实时价格信息尤为重要,这些厂店特别渴望获得辅助采购决策的实时行业资讯。但是这些夫妻厂店的小老板一是很忙,没有精力去做信息检索和归集;二是文化水平普遍不高,不能娴熟地运用互联网获取信息,也不具备甄别真假信息的能力。

2014年,化纤邦创立,秉持"助力中小企业"的理念,坚守"化纤邦、帮化纤"的初心,致力于促进纺织化纤行业成长。时至今日,化纤邦已成为一家贯通供应链上游原料供应商、中游纤维制造商和下游织造厂的一站式智能供应链服务平台企业,也是一家集化纤交易、金融服务、物流服务、数据服务、资讯服务、化纤周边(配件)生产于一体的产业互联网平台企业。

一、何以解忧,唯有建交易服务平台

(一)销冠亦难为的产业阻碍

2021年9月18日下午两点,杭州湾信息港E座12楼的杭州君方科技①会议室里,董事长方君芳与公司各主管正在接待国内某知名高校管理学院的产业互联网平台学术调研团队。为此,她还专门从华瑞集团邀请来了前任上司沈关海到场指导和交流。

简单介绍和寒暄后,方君芳开始向调研小组介绍化纤产业和化纤邦的创新实践:"化纤产业的产业链比较长,链条涵盖上游的炼化工厂、聚酯工厂,中游的切片坊、加弹厂和纺纱厂,以及下游的坯布厂、面料商和服装厂等。化纤产业的格局也比较特殊,一是上游供应大宗原料的聚酯工厂呈寡头格局,特别强势,但它们库存压力大、资金效率低;二是中游加弹厂规模小,针对下游分散需求进行灵活生产的难度

---

① 化纤邦是福建纤链科技有限公司所有的产业互联网平台,杭州君方科技是福建纤链下属子公司。

大，原料采购难以符合生产排期；三是下游坯布厂数量众多，需求分散，询价效率低，难以匹配符合工艺要求的稳定供应商。"

作为沉浮化纤产业几十年的行家，沈关海对化纤产业的痼疾有着切肤之痛："这个行业在过去最大的毛病就是没有契约精神，履约率太低。有时候上午电话沟通好的价格，下午驱车过去提货就被告知价格上涨了，反正你不买总有人买……小方要独立出来做这个事情我很支持，鼓励她去做，做不好可以回来，仍旧做我的贸易经理。很欣慰她能做出成绩，很不容易！"

"正是因为这个产业存在信息不透明、价格波动大、供需匹配困难等问题，我才选择从熟悉的市场开始，做产业供应链的交易服务商，将原来不透明的佣金制改为透明的服务费用体系，并建立服务跟踪系统。最初，我将化纤邦形象地定位为中小企业的'外挂服务器'，对于整个产业结构而言，这其实是一个很边缘的起点，但我们一直坚守'化纤邦、帮化纤'，持续深耕，今天算是基本做成了产业互联网平台的雏形，对整个化纤产业的格局也产生了不小的影响！"方君芳补充道。

"过去，大家都认为产业互联网平台的构建有两大主流路径：一是传统工业企业的互联网化，即产业链主企业通过打通上下游物流、信息流、资金流，推动整个产业迈向共生共赢的未来；二是互联网企业的产业化，即互联网企业通过将其先进的技术、流程、规范等应用到具体行业，重构其产业格局，形成产业新生态。如果将政府及其代理发起构建产业互联网平台视为第三条路径，那么化纤邦算是贡献了第四条路径，即从产业边缘位置的产业纵向 B2B 企业起步，通过在服务深度和广度上进行延伸，最终构建起产业互联网平台（如表 10-1 所示）。从化纤产业来看，我们提供的这一模式甚至比其他模式都要成功。毫不避讳地说，化纤邦已经是化纤产业第一互联网平台。"方君芳随即通过投影仪展示了化纤邦的经营成效数据，证实她所言非虚。那么，处在化纤产业边缘位置的化纤邦，究竟是如何构建起化纤产业第一互联网平台的呢？

表 10-1　产业互联网平台四类构建主体及其优劣势比较

发起主体	产业位置	优势	劣势	构建路径	例证
传统工业企业	产业链话语权大、资源丰富的龙头企业	产业知识丰富，尤其是隐性知识	因为存在利益关联，所以数据共享风险高，上下游不信任	成立新部门或子公司构建平台→依托产业主导地位，让上游供应商和下游客户成为首批用户→凭借平台声誉、效率等吸引更多参与者→形成产业互联网平台	化纤汇
政府及其代理	（准）公共基础设施的服务主体	政府强制力量强、合法性高	技术落后、无法对辖区外企业产生强制作用、运作效率不高、灵活性低	政府委托第三方技术供应商构建平台→依托政府在产业中的监督地位，强制要求产业企业加入平台→平台产生效率而辖区外更多参与者加入→形成产业互联网平台	政府主导建设的产业大脑
互联网企业	跨产业通用技术模块提供商	平台技术能力强	缺乏行业知识，无法形成适配的产业解决方案	基于行业对通用技术的需求开发平台→依托成本优势和技术优势，进行技术包装，为不同行业构建定制化平台	犀牛智造工厂
产业纵向交易平台企业	产业链边缘位置嵌入者	有技术优势、公正性高、灵活性高	资源限制极大、启动困难	从边缘 B2B 业务切入构筑数据优势→做深交易服务推动企业数字化→贯通全产业链数据→依托全产业链数据构筑产业智能大脑→依托产业智能大脑进行数字赋能，实现数据价值→在产业数字化和数字产业化双向赋能过程中构建起产业互联网平台	化纤邦

　　方君芳向调研小组讲起她多年蝉联华瑞公司销冠的秘诀："我过去在华瑞公司，每天起床第一件事就是到几个固定新闻网站查看石油价格和产量变动信息，到多个大公司官网查看它们关于聚酯和坯布的价格调整公告，查收华瑞公司是否下发产品价格调整的通知，整理出关键信息并附上我个人的判断发送给客户……客户越来越依赖我，他们每次有采购需求都会提前问我近期的价格变动情况，然后在价格较

低的时候囤货。渐渐地,这些客户都形成了这样的惯性。"

当被问及既已是华瑞公司的销冠,缘何放弃高薪选择创立化纤邦时,方君芳解释道:"刚开始还好,长期有业务合作的客户我都能应付得过来,但是伴随着客户拓展,大家发现确实能从我提供的资讯中获益后,依赖我提供资讯的客户群体开始膨胀,并且他们咨询的频率越来越高,当客户群体超过 20 人时,我就明显感到力不从心了!"

如此看来,方君芳离开华瑞公司并创立化纤邦,为化纤产业提供专门的交易服务,倒像是客户逼迫下的无奈之举。

(二)对内是权力,对外是效益

缺兵少粮是创业企业普遍面临的困难,化纤邦同样存在这样的问题,但方君芳自有她的解决之道。在有了"搭建交易服务平台破解化纤产业交易困境"的思路后,方君芳以销冠一贯雷厉风行的办事风格,在短短几个月就凑齐了核心团队所需的各类人才(如表 10-2 所示)。

表 10-2 化纤邦早期团队核心成员构成情况

团队成员	前序公司任职/工作内容	化纤邦任职/工作内容
方君芳	华瑞集团贸易经理/产品开发与交易	董事长/公司战略与日常经营统筹
朱文迪	找钢网①CTO/产品和技术	运营总监/产品、技术与运营
孙岗	山丘科技创始人/产品开发	技术总监/平台软件开发
叶兴义	中国纺织招聘网创始人/策划	渠道总监/渠道开发
冒亚军	找钢网供应链工程师	产品总监/产品规划与设计

"我们的团队,不管是过去还是现在,能够走到一起,就是一种缘分。创业就是找一群志同道合的人一起做有意义的事,要单讲给钱,任何一个创业公司都没有底气开出行业高价来。但我们要做的事是重构一个产业的格局,真正改变一个产业的面貌。创业找人,薪资不

---

① 找钢网是钢铁行业的垂直电商平台,是备受推崇的垂直行业交易平台。

够,梦想来凑。试问拥有技术追求的,谁能拒绝重塑一个行业的诱惑?况且这种成就感不是参与,而是被委以重任,能够将自己的想法落地。"方君芳谈及她组建创业团队的心得时说道。

在"改变中国化纤产业格局"的共同愿景驱动下,化纤邦创业团队的核心成员快速组建了自己的小组,大家各司其职,发挥自己专长,化纤邦平台和移动应用 App 快速完成开发、测试和上线推广。

化纤邦交易服务平台最初靠撮合交易提佣金。其通过搭建产业纵向 B2B 平台重构产业供应链交易模式,同时为客户提供集采、金融、物流等配套服务,逐步改变了化纤产业供应链交易的格局。一方面,化纤邦积累了大量加弹厂资源,为下游坯布厂提供了优质稳定的货源,大幅降低了客户询价、采购的难度和成本。同时,化纤邦围绕加弹厂搭建的成熟交易平台可直接复用,将交易全流程线上化,大幅提高了化纤供应链的交易效率。另一方面,在积累了一定的坯布客户资源后,化纤邦可以整合坯布厂相同时间、相同类目的分散需求,与加弹厂的供给进行智能匹配并进行集采分销,帮助坯布厂获得更强的议价能力,在获得更低采购价的同时掌握更大的采购主动权,使之免受信息不对称带来的询价成本高、订单履约效率低等问题。同时,化纤邦整合加弹厂需求向上游聚酯工厂集采,为聚酯工厂提供更稳定的订单,解决供需错配问题,帮助聚酯工厂更好地排产、保价、降低库存。

化纤邦在推广其交易服务平台时运用了"先免费推广、再收取费用"的商业策略,先攻关高管团队成员过往积累的客户资源,并且以远超传统贸易商模式的效益成功吸引了一大批客户企业,为沉淀产业数据、识别产业痛点、赋能产业数字化升级等奠定了基础。

拓展阅读

企业数字化转型三阶段模型

数字化转型是企业为顺应新一轮科技革命和产业变革趋势，不断深化应用云计算、大数据、物联网、人工智能、区块链等新一代信息技术，激发数据要素的创新驱动潜能，提升信息时代生存和发展能力，加速业务优化升级和创新转型，提升传统动能，培育发展新动能，创造、传递并获取新价值，实现转型升级和创新发展的过程。

企业数字化转型被划分为三级进阶过程，即从价值点到价值链再到价值生态的数字化转型（如表 10-3 所示）。

表 10-3　企业数字化转型三阶段模型

数字化转型类型	转型落脚点	数字化结果	获益逻辑
价值点转型	单点、单环节的数据记录	效率提升	数据替代效应
价值链转型	价值链数据流的标准贯通	消除信息不对称	数据协同效应
价值生态转型	价值生态的数据协同	创新创业	数据创新效应

企业数字化转型的第一阶段是对"单点"的数字化，即价值点的数字化转型。数字化转型常常发生在能够完成价值提升的单点，因为这样才具备数字化转型的必要性，比如研发设计环节对数字技术的使用提高了研发设计的效率、精确性等。

企业数字化转型的第二阶段是对纵向价值链的数字化，价值链的数字化转型包含了价值链、价值点的数字化转型，前者能够超越价值点获得额外价值收益。价值链数字化转型强调数字技术嵌入带来链式数据协同效应，价值链上各节点或环节的数据连通能够减少因信息不对称、信息延迟、信息丢失等造成的价值创造活动效率低下、成本高昂的问题。

> 企业数字化转型的第三阶段是对价值生态的数字化,其包含了价值链的数字化,因而也就包含了价值点的数字化,同时又超越了价值链数字化,其不仅要求实现数据的协同效应,更强调价值网络的生态效应。

(三)独特身份就是竞争优势

在化纤产业中,化纤邦并不是唯一一个意识到可以利用互联网平台解决行业交易痛点的企业,但在与入局竞争者和潜在竞争者的较量中,化纤邦凭借其独特的身份取得了相对竞争优势。

方君芳介绍道:"化纤产业早期也出现了龙头企业主导的纵向交易平台,比如化纤汇。但由于下游加弹厂和坯布厂本身处于产业链弱势地位,选择加入龙头企业构建的交易平台意味着要对平台公开部分数据,引致被龙头企业锁定的风险,这将进一步削弱加弹厂和坯布厂的议价能力,而最终面临被龙头企业内部化的风险,这对江、浙、闽千万加弹厂和坯布厂的民营企业家而言是无法接受的。不仅是化纤行业,很多行业的龙头企业搭建的纵向交易平台往往无疾而终,沦为内部交易管理信息系统。"

从新中大软件首席技术官职位离职加盟化纤邦两年的首席运营官徐华,深知将互联网企业作为潜在竞争者的假设并不成立:"互联网公司不会进入这个行业,很大的原因是它们对行业知识缺乏足够的理解,无法做深服务。如果只是单纯做交易撮合,收取微薄的交易服务费,那么这对互联网公司而言没有太大吸引力。"

"浙江省现在也在推进化纤产业的产业大脑建设,我们华瑞公司就是主要承建方。讲起建产业大脑,我们也是新手,更多地是在摸索,主要还是做纵深方向的智能化,包括建智能工厂、智能车间等。因为由政府主导,有很多工作需要沟通,灵活性很低,进展很慢。"华瑞公司的沈关海补充道,"华瑞公司作为贸易商本来赚的就是渠道中间的差价,而产业大脑就是要重塑产业供应链,消除层级式的购销模式。对贸易商而言,就是自己革自己的命,实施起来阻力很大。小方这边倒是提供了一些不错的思路!"

因为独特的第三方身份,化纤邦更容易获得客户企业的青睐,很轻松就超越了产业龙头企业这一主要竞争者。即便是面对具有强大资源支撑的、由政府主导的产业大脑这一强劲竞争者,新创企业天生的灵活性也让化纤邦成功摘下化纤产业交易平台的桂冠。

综上所述,化纤邦在构建产业互联网平台初始阶段所受的限制,可以从内部、外部两个维度展开分析(如表 10-4 所示)。

表 10-4　化纤邦构建产业互联网平台所受的限制及突破策略

分析维度	具体限制	限制描述	限制突破策略
内部限制	人才限制	作为边缘发起者,其创始人对产业有深刻理解,但在构建产业互联网平台的初始阶段明显缺乏技术人才	梦想就是生产力:为补齐技术人才短板,方君芳为创业初始团队招募的都是掌握产业和技术知识的人才,并给予人才充分施展才华的职位,这样不仅能提高沟通效率,同时也能提高共同愿景对人才的吸引力
	资金限制	因资金不足,化纤邦缺乏直接构建产业互联网平台的能力	精益创业:化纤邦选择尽可能地少铺摊子,面向客户企业共同痛点,进行用户包络做相关多元化;基于可复用技术方案进行技术包络,从为坯布厂提供采购服务延展至为加弹厂提供采购服务,增加营收,小步快跑,快速迭代
外部限制	用户不信任	平台初建,用户质疑平台的公平性和效益,出现跳单等现象	利用身份和效益取胜:相较于产业龙头企业、政府及其代理、互联网企业,行业专属交易平台的独特身份所附带的中立性,使化纤邦在企业经营数据隐私方面更值得信任;公司基于高层管理团队积累的客户资源,同时做深、拓宽服务,凭借高效益不断提升平台声誉,吸引用户

二、无心赋能,却成就产业数字化升级

(一)基于"九宗罪"做多元化

光是做交易撮合并不能帮助化纤邦深度嵌入化纤产业中,占据到产业关键地位,并且,撮合服务的佣金很微薄、跳单也很多,无法支撑化纤邦做大做强,因此开拓新业务成为化纤邦成立交易服务平台之后面临的又一重要挑战。

创业伊始,化纤邦各项资源都十分有限,为在尽可能少铺摊子的前提下做大营收,方君芳决定推动公司多元化发展,围绕同一批客户实施平台包络战略,做深、做宽服务。为此,方君芳安排专门的调研团队,在2018年底对客户企业进行大量的访问和调研。两个月后,一份包含化纤产业加弹厂、坯布厂"九宗罪"(如图10-1所示)的调研报告出来了。

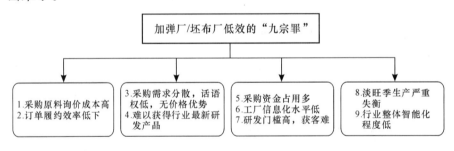

图 10-1　加弹厂、坯布厂低效的"九宗罪"

为此,化纤邦在2019年初专门组织了一次会议对调研报告进行讨论,以明确公司进一步发展的业务规划。方君芳对当时的场景记忆犹新:"这个产业太陈旧,在数字化情境下有很多痛点,经过一上午激烈的会议讨论,我们最终确定两个业务方向:其一,就加弹厂和坯布厂效率极为低下的仓管和打包问题,发挥我们的数字技术优势开发化纤产业专属ERP系统,帮助客户企业解决其数字化管理水平不高的问

题,尤其是进出库效率低下、盘点效率低下、管理混乱及易出错等问题;同时,配备开发一体化出单打包硬件设备,帮助客户企业解决传统货品打包手写开单出错率高、效率低下、难以追溯等问题。其二,挖掘我们掌握的交易数据的价值,与授信机构关联,解决银行因缺乏对客户企业真实经营状况的掌握,而对后者不予借贷的问题,为客户企业融资提供支持。"

化纤邦通过瞄准客户企业普遍存在的内部管理和融资痛点,将业务从交易服务拓展到交易服务、管理服务和数据服务,创新数据运用的场景、工具和方法,帮助客户企业在内部管理和融资两大方面提升效率。

(二)将数字工具送入夫妻厂

在内部管理上,绝大多数加弹厂、坯布厂的进销存管理不规范。但由于化纤产业中下游的企业普遍规模小,对先进管理信息系统开发公司缺乏足够吸引力,因此专属于化纤行业的数字化管理工具长期以来一直比较缺乏。同时,加弹厂因缺乏高质量且稳定的订单,导致其在需求旺、淡季的仓储基础设施(如仓库、托盘等)会出现短缺、闲置问题。这是化纤邦客户企业内部管理普遍存在的痛点。

对此,化纤邦首先选择拓宽服务,快速投入化纤产业专属轻型SaaS系统的研发工作,推出邦帮订ERP系统和打包一体机。其中,邦帮订ERP系统可以帮助客户企业实现订单全流程跟踪、工厂数据采集、企业办公自动化等,帮助客户企业提高内部的管理效率。打包一体机可以帮助客户企业实现标准化的码单、出单、打包数字化服务,解决客户企业传统手写开单出错率高、效率低下、难以追溯等问题。

达成技术解决方案只是一部分,实现方案的商业化同样需要讲求技巧。化纤邦的邦帮订ERP系统在推广时,同样遇到了很多意想不到的困难。直至今日,徐华谈及公司的解决策略时仍然拍案叫绝:"绝大多数加弹和坯布的夫妻厂店,老板和职工文化水平低,对软件、信息系统等非实体概念因缺乏了解而不信任,你给他讲软件是什么,他压根听不懂。算了,我们干脆直接将 ERP 软件安装到平板电脑上,将软件和平板电脑作为一个整体兜售给这些厂店,这样我们不用花过多精力去针对不同的操作系统开发不同版本的软件系统,同时因为平板产品看得见、摸得着,他们才觉得可靠,殊不知多花了平板的钱……系统太复杂他们也操作不来,所以我们直接将交互界面设计成了傻瓜式操作,直接将 ERP 系统连通打包一体机,实现打包、出单一体化操作……我们设计了好多'高大上'的产品推广宣传语,他们都看不明白,还不如直接跟他们讲这个精准率有多少、能省多少钱。"

邦帮订 ERP 系统的运用提高了化纤企业的数字化水平,提高了加弹厂、坯布厂的效率(如表 10-5 所示),其已成为业内应用最广、认可度最高的专属行业 ERP 系统。

表 10-5　邦帮订 ERP 取得的成效

效益项	效益指标
覆盖加弹厂(家)	逾 600(占全行业 15%)
覆盖加弹设备(台)	逾 5000
减少打包、出单时间	80%
提高库存周转率	40%
提高采购效率	66%
降低成本	50%

在订单管理上,化纤邦选择做深交易服务:做订单智能拆分和匹配以及配套签单服务。化纤邦首先依托线上 App 和线下试验点,获取下游坯布厂客户的订单,然后转交订单服务中心,由后者根据产品资源库对订单进行拆解,获得标准化的定向订单,并通过智能匹配将定向订单匹配给具备相应生产能力的纤维加工商。进一步地,行业交

易中心再帮助纤维加工商完成原料的询价、集采和代采服务。最终,化纤邦可以为织造厂客户提供价格更低、质量更好、货源交货周期更短的服务,也可以为上游原料供应商带去更多订单,助其提升人机效能、加强品控。此外,化纤邦还上线了合同代签、票代收寄、账目代理、款项代付以及合同客诉解决等一系列订单配套服务,保障交易履约率和完成及时性。

(三)三大模式提升资金周转效率

在外部协同上,资金周转效率低是化纤产业的一大痛点。加弹厂、坯布厂规模小,制造加工利润率低,议价能力弱,因而后端成衣厂普遍存在赊销情况,导致加弹厂、坯布厂常出现因现金短缺而无法下单的情况。与此同时,加弹厂、坯布厂的经营数据缺乏标准化记录,导致银行无法有效评估其风险而拒绝向这些企业借贷。

对此,化纤邦凭借其沉淀的大量交易数据、市场公开数据以及通过其他渠道获得的独占性数据,上线了"邦帮金服",创新出货押、定制代采购和金融授信三种模式,为客户交易提供金融服务支持,提高了产业资金周转效率。

就货押模式而言,首先,化纤邦对供应商进行资质审核,对准入者核定额度,同时对需求方进行资质审核,与之签订准入者服务协议。其次,由需求方向化纤邦支付保证金,并由化纤邦转入合作的第三方金融服务商。再次,化纤邦分别与供应商和需求方签订购销合同,由第三方金融服务商向供应商支付全款以锁定货品,需求方则分批向第三方金融服务商支付货款,其间由化纤邦代需求方对第三方金融服务商进行实时盯盘。最后,化纤邦依据需求方货品请求和付款情况向供应商发送发货指令,完成货物交接后,化纤邦与第三方金融服务商结清退保,并将保证金退予需求方。化纤邦的货押模式极大缓解了客户的资金短缺问题,同时让加弹厂、坯布厂获得了至少低于主流市场价

50 元/吨的优势。

就定制代采购模式而言,化纤邦推出企业交易定制、委托交易模式,即结合买方特点为其定制更为有效的购买策略,为买方带去更多价值,也帮助化纤邦从中获取更多利润分成或佣金。

就金融授信模式而言,化纤邦将自身掌握的企业数据(行业趋势、企业生产、企业仓储、交易、产品品类等)与银行的中小企业授信服务接通,帮助专业机构进行授信判断和最终放款,帮助客户企业获得申请快、额度高、保证金低的金融服务。在此过程中,银行因获得化纤邦的授信数据而可以实现更好的风险控制,客户企业获得了借贷资金,而化纤邦则获得了授信支持的数据服务费用。

从调研企业客户、确定业务规划到送数字工具入厂,再到创新三大模式提升资金效率,化纤邦通过四条路径赋能化纤产业实现数字化升级(如图 10-2 所示)。

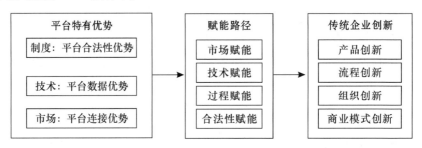

图 10-2　平台企业对传统企业数字赋能的路径模型

第一条路径是市场赋能:平台企业具有链接优势,能为客户企业提供更为广泛的链接,故而上游企业借助平台可以将货品卖给其传统渠道以外的客户。下游企业可以通过平台拥有更多选择,推动上游供应企业的产品创新。化纤邦对坯布厂的集采分销模式会促进加弹厂对自身优势产品进行精细化生产,提高产品质量,推动产品创新。由此,生产企业可以将其重心放在生产职能上,在人事安排上也做出调整,推动组织创新。

第二条路径是技术赋能:平台企业往往沉淀了海量数据,并且掌握领先的数字技术,因为链接需要,会依托其技术优势进行相关工具和方法的创新,对传统企业进行数字化改造。化纤邦基于数据优势开发的轻型 SaaS 系统赋能加弹厂的数字化升级,推动流程创新。

第三条路径是过程赋能:平台企业有数据和链接优势,从而可以对传统企业的流程改造、工艺改造、过程优化等进行赋能,推动流程创新、产品创新、组织创新和商业模式创新。化纤邦为坯布厂提供集采分销模式,重构了其采购的交易过程。

第四条路径是合法性赋能:平台企业本身会对参与者进行必要的资质审核,同时还会在其中充当"保荐人"的角色,加入平台意味着参与者获得了平台规制的认可。化纤邦会对进入者进行资质审核,相较于从其他渠道获取的交易对象,化纤邦平台额外提供了一道审核,提高了交易对象间的信任,下游采购商可以信任上游供应商供给产品的可靠性,上游供应商也可以信任下游采购商的订单真实性、付款能力等。

拓展阅读

赋能与数字赋能

赋能研究起源于授权赋能,授权赋能主要是指授予企业员工额外的权力,是企业组织主动自上向下分权的过程,其作为福列特针砭等级森严的企业组织结构的成果,成为组织结构扁平化发展的理论基础和依据。赋能强调赋予弱势个体或者群体、处境不利或被压迫的群体更大控制权、效力和社会正义感。当赋能逻辑被引入商业经济与社会活动的研究中,数字赋能的概念得到发展,并且被定义为:企业创新数据运用场景以及技能和方法以实现数据价值的过程。其意味着,数字赋能的主体和对象将作为一个整体而被考察,数字赋能的过程就是赋能主体和对象相互协同的过程,数字赋能的价值产出也会被双方共享。

　　数字赋能强调创新数据获取、分析和运用的场景、技术和方法,数据本身只是现象及现象与现象之间关系的一种表达,数据的存在并不能使数据使用主体实现额外的价值(Gunther et al.,2018)。换言之,如图 10-3 所示,数字赋能的实现需要依托一定的外在情境、方法、技术和工具,这些方法、技术和工具为赋能对象提供了能力获得和提升的可能,以及价值创造的必备条件(包括机会和资源等)。数字赋能强调赋能价值的产出,无论赋能对象通过数字赋能获得了新的能力,还是提升了原有能力,或者是获得了价值创造的必备条件等,其本质都是为了在数字赋能的过程中或者终点实现赋能价值,并且,赋能价值的实现会更加强调价值的公平分享。

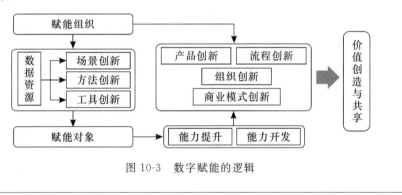

图 10-3　数字赋能的逻辑

三、移步中心,数字与产业相得益彰

(一)凭独占性数据走向产业中心

　　从 2014 年成立至今,化纤邦平台累计商品交易总额(GMV)已经突破 1000 亿元,部分品类交易额已达市场流通环节的 10%,为其数据沉淀和数据获取提供了诸多便利:一是化纤邦自身沉淀了大量交易数据,涵盖行业内数万家企业的产能、偏好、地域等,以及热门交易品种、行业供需情况、交易量及交易价格等。二是化纤邦在行业内树立了良好的口碑和强大的影响力，这使得化纤邦获取外部信息的渠道非常通畅，获取了大量更细化，甚至非标的行业数据和内部信息。三是化纤邦还从全网抓取期货市场、股票市场、现货商品（石化、聚酯、氨纶、锦纶、纱线等）市场行情数据。最终，化纤邦在化纤产业中形成了绝对的数据优势和信息优势，为其构建产业互联网平台奠定了数据基础。化纤邦沉淀数据的来源情况如图 10-4 所示。

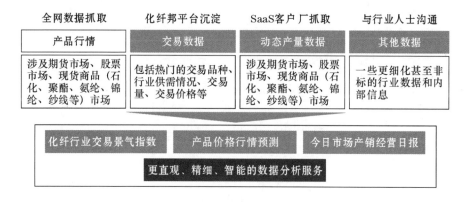

图 10-4　化纤邦沉淀数据的来源

注：灰色部分均为化纤邦独有。

方君芳自豪地向调研小组介绍道："这些独占性的数据才是我们制胜的真正法宝，正因为拥有这些数据，我们不仅知道这个产业的痛点在哪里，更知道如何利用这些数据去提供解决方案，这才有能力去赋能整个产业的转型升级，去发展产业通用的模块，从而构建产业互联网平台，去靠近产业中心位置。"

在早期奠定的数据优势和客户企业数字化基础上，化纤邦进一步推进产业数字化升级，由此形成的更高水平的数字化产业供应链体系为后端供应链决策大脑提供了全维度、全流程、标准化的数据，最终提升了产业决策大脑的决策水平。反过来，基于单点、单环节、全流程的数字化，化纤邦沉淀了大量数据，其得以通过数字赋能的方式提高产业供应链的效能,并推动产业供应链体系更进一步提高数字化水平。在产业数字化和数字产业化的双向赋能中,化纤邦构建起化纤产业第一互联网平台(如图 10-5 所示)。

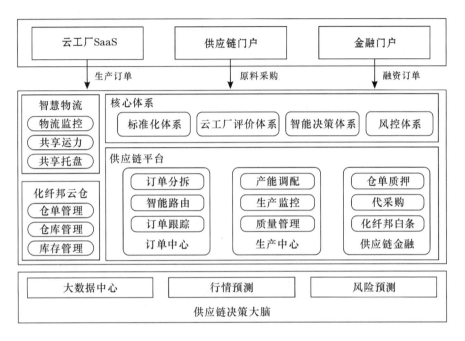

图 10-5 化纤邦构建的化纤产业互联网平台架构

(二)产业数字化提高产业效率

从前端到后台,化纤邦以产业数字化为抓手,提升产业链效率,同时依托供应链平台持续推进产业链企业和产业流程的数字化改造,实现全产业链数据监测、采集、清洗和沉淀,为后端持续输入实时、标准化、全维度的数据,提高产业互联网平台的产业决策大脑的智能化水平。化纤邦对产业链数字化改造的重点包括产业标准体系建设、云仓库建设、智慧物流建设、云工厂建设等。

在产业标准体系建设方面,化纤邦依托自身在供应链交易中的连接作用,创造了全产业链统一的产业流程和物料标准体系,并向客户企业推广,最终客户企业的关联企业也加入到该标准体系中来,逐步形成了化纤产业的通用规范,为实现全产业链数据协同提供了标准化支撑。

在云工厂建设方面,化纤邦基于 ERP 系统和 IoT 设备链入工厂制造设备,打造了化纤产业内最大的纤维制造云工厂。化纤邦通过推动工厂数字化改造全面提升合作企业的生产效率,在加工、运维、质检、仓储物流等多层面提升工厂的智能制造水平,同时为其提供稳定的订单。

在云仓库建设方面,为了提高产业内仓库的利用效率,化纤邦一方面建设自营仓库(目前已在浙江区块建成两个大型标准仓);另一方面接入符合要求(如大小,是否具备防潮、防晒、防火能力,是否具备安保及交通便利度等)的供方、需方、物流方的仓库资源,最终构建起化纤产业第四方虚拟仓库。

化纤邦构建的虚拟云仓对仓储而言具有重要意义。一方面,因为下游客户体量小、需求碎片化,化纤邦通过整合其仓储需求,对虚拟仓库进行云调配,大幅降低了第三方仓库的空置率,实现了化纤原料和货品的异地存取甚至基于电子仓单的现货超市平台,极大提高了跨区域采买和销售的仓储效率;另一方面,化纤产业上游聚酯龙头企业普遍调整了其采购政策,下游客户下单后,聚酯厂只为客户提供 10—15 天的代存期,这导致下游加弹厂的仓储需求普遍增加。同时,长丝作为比较娇贵的化纤产品,对仓储条件要求更高(不能在外堆放,风吹日晒很容易造成损毁)。最终,加弹厂一旦出现满仓,只能停止采购直至库存有所消耗,因为加弹厂不接受以临时外租的方式解决满仓问题——一是临时外租仓很难寻找到,二是仓储物流成本高。化纤邦构建的第四方虚拟仓库对解决这些问题极为有效。

在智慧物流建设方面,化纤邦一方面与第三方物流公司进行合作,另一方面将客户企业运力上线,打造第四方云物流体系。同时,化纤邦还向产业物流体系投入共享托盘等物流设备,最终得以基于订单服务对物流的需求,对第四方云物流体系进行云调度,这不仅提高了客户企业和第三方物流公司对物流资源的使用效率,还提高了产业整体的物流效率。

化纤邦基于对标准化体系、云工厂、云仓库、云物流等产业数字化项目的投入,重构了化纤产业供应链体系,并提高了产业供应链体系的效率,同时,还实现了对产业供应链全流程、全维度、标准化的数据采集,为后端产业决策大脑的智能化水平提升提供了数据支持(如图10-6所示)。

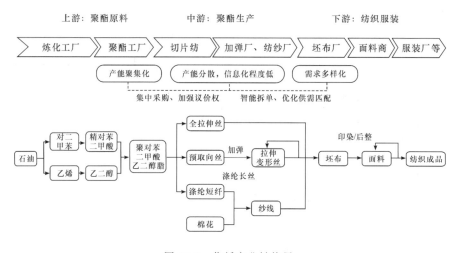

图 10-6　化纤产业链格局

(三)数字产业化释放数据价值

从后台到前端,化纤邦以数字赋能推进数字产业化,通过云计算、大数据、人工智能赋予客户企业和产业流程效能提升的工具,赋予后者新的能力与规则,为中端和前端提供智能决策支持,包括订单拆分与智能匹配、产能调配、物流与仓储调配、金融风控等。

在订单拆分与智能匹配、产能调配方面,化纤邦首先基于早期的订单服务数据积累,对订单的品类和规格进行更为细化的区分,并建立标准体系,在集采分销中帮助下游坯布厂、中游加弹厂快速实现需求拆解和同类聚合。其次，化纤邦基于 ERP 系统和打包一体机、IoT 设备等掌握了产业内近 5000 台加弹设备的运行状况，包括加工产品品类、产品质量、设备当前闲置状态等，从而得以快速将后端坯布厂的订单匹配给对应的加弹厂。最后，因为化纤邦掌握了上游聚酯厂的大量资源，所以其可以获得上游原料的实时供给状况，同时其在供应链系统中对上游原材料的品类和规格等也进行了标准化处理。故而，化纤邦可以根据加弹厂获得的订单情况，进一步联动上游聚酯厂资源，快速匹配加弹厂的集采需求。

在智慧物流方面，化纤邦根据自身掌握的虚拟云仓数据、订单数据、打包一体机数据，可以精准地计算甚至预测出平台中的物流需求，基于物流跟踪系统、共享托盘数据、共享运力数据，实现对供应链物流系统的提前布置以及云端调度，以快速响应和满足供应链物流运送需求。

在智慧仓储方面，化纤邦根据工厂生产数据、订单数据、物流数据精准测算出虚拟云仓中各工厂的仓储剩余，对原材料和产品的仓储需求进行合理规划，提供最便利、最低成本的仓储服务，最大程度提高云仓利用效率。

在金融风控方面，化纤邦基于产业宏观数据、工厂交易数据、工厂动态产量数据、其他专业人士提供的私有数据等，为金融机构对有融资需求的工厂进行风险评估提供支持，其基于最新、最全面、最真实的数据，帮助金融机构进行风险控制，同时提高有资金需求且有偿贷能力的工厂的贷款成功概率。

此外，化纤邦还基于广泛、动态、真实的产业数据，为政府、证券市场等提供更直观、精细、智能的数据分析服务，比如生成化纤产业交易景气指数、产品价格行情预测、市场产销经营日报等，为政府出台相关产业政策提供支撑。又比如，化纤邦通过物联网、云计算、人工智能等技术，帮助企业客户全面感知销售、生产、库存等环节的变动，并根据海量数据进行快速分析、决策及控制，改善企业生产经营方式，帮助中小企业各展所长,降低同质化竞争,减少产能浪费,提高产业上下游协作效率。

在产业数字化和数字产业化的双向赋能中,化纤邦基于产业互联网平台进行产能聚合、需求聚合,助力企业实现智能拆单、高效生产、柔性采购、高效交付;同时,其压缩流通环节,重构产业供应链,提高产业链运行效率,并用产业链降本增效的成果反哺上下游和平台,实现多方共赢。

四、头角崭露,剑指产销平台一体化

历经八年的艰难探索,化纤邦构建起了化纤产业互联网平台的雏形,但该平台还存在需要改进的地方(如表 10-6 所示)。不同于创业早期为生存而奔波,如今的化纤邦已有构建平台的路径和经验(如图 10-7 所示),有一定的能力去展望和规划未来。

表 10-6 化纤邦构建的产业互联网平台的不足之处与改进措施

维度	不足之处	改进措施
基础设施层	目前,化纤邦的基础设施层架构还存在不足。产业互联网平台要构建基础设施即服务(infrastructure as a service, IaaS)的架构,需要供应商为其中的用户提供存储、网络和服务器等计算资源的服务。显然,目前化纤邦并没有对后台数据、算法等进行充分开发,也未向平台用户开放,其依托大数据形成的供应链智能决策只是单纯地服务于产业供应链的交易、物流、仓储、融资等环节,没有直接开放给平台参与者	进一步加大平台数据资源的标准化沉淀、开发,形成开放的基础设施服务接口,为平台参与者的存储、计算、网络需求提供支持

续表

维度	不足之处	改进措施
中间功能层	一方面,化纤邦虽然利用中间层通用功能模块开发了云工厂、云物流(车、托盘)、云仓库、ERP系统、财务结算系统、邦帮金服,但尚未完成化纤产业基础业务的全覆盖,比如在商家资质服务(注册、资质申请)、质检等方面尚未形成平台的标准化能力供给;另一方面,所有能力模块的标准化建设还不充分,无法向第三方应用开发商开放	提升中间层通用功能模块的智能化水平,并向平台参与者开放通用功能模块,同时向第三方应用开发商提供通用模块的接口
前端应用层	前端应用接口少,也缺乏第三方应用的接入,导致平台的潜力没有被充分释放	一方面,化纤邦可以基于通用功能模块进行场景创新,推出更多应用;另一方面,公司可以向第三方应用开发商开放能力平台,提高通用模块如行情预测中心、风险预测中心的使用率,丰富前端应用的种类,拓宽化纤产业互联网平台的应用面

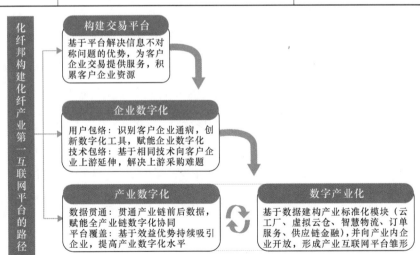

图 10-7 化纤邦构建化纤产业第一互联网平台的路径

当被问及化纤邦的下一步规划时,方君芳微微一笑,她已做好迎接新挑战的准备:"尽管化纤邦当下尚未建立起完善而成熟的产业互联网平台,但产业互联网平台不会是化纤邦的终点……我们在产业互联网平台的构建过程中,已开始尝试将服务延伸到产业后端的成衣厂,未来我们将进一步把服务向产业后端延伸,通过商城、社交、资讯三大模块接通电商平台的公域流量,接入 C 端用户需求,打通产业互联网与消费互联网。"

在化纤邦的蓝图中,其将化纤产业描绘为 C 端消费者需求驱动的化纤产业生态系统,在化纤产业生态系统中,化纤邦将致力于创造纤维趋势,引领潮流风尚,打造中国纤维的世界厂牌。在模式上,化纤邦将通过与成衣厂合作推出联名款,结合直播等线上渠道将纤维价值文化直接输出给 C 端消费者,让 C 端消费者建立起对纤维材料品牌的认知,再反向影响面料厂的原料选择,最终为坯布厂提供大量优质面料的订单资源。

方君芳补充说道:"这并不只是说说,我们已经在做一些布局工作。在化纤材料方面,我们已经与浙江理工大学达成战略合作协议,通过共建实验室的方式开展化纤新材料的研发工作,比如防水、防晒、隔热、防皱新材料等。在线上直播方面,大家如果关注我们的 App,应该也看到我们其实已经在试水在线直播了,只是我们目前针对的是自营产品,这些经验以及积累的粉丝在后期都可以复制或者转化。"

夕阳西斜,余晖穿过玻璃窗的格栅缝隙,照射在会议室的宽敞桌面上,时间已经来到五点半,一下午的调研接待活动就要结束,方君芳对接待会议作了总结:"我常记起念 EMBA 时,'战略管理'课程老师劝勉同学们的一句话——'诸位做企业,无论走多远,不忘来时路!'我觉得化纤邦就是这样做的,无论是早期的 B2B 交易平台,还是现在的产业互联网平台,抑或是未来的产业生态系统,我们都始终坚守'化纤邦、帮化纤'。"

尽管化纤邦尚未构建起成熟的化纤产业互联网平台,但其无疑为产业互联网平台的构建提供了一条值得借鉴的路径,尤其是对边缘发起者有诸多启示,其对产业互联网平台的探索也将持续下去!

拓展阅读

企业战略更新模式

关于企业战略更新的过程,已有研究区分出了两种模式(如图 10-8 所示):重构式和渐进式。其中重构式战略更新主要源于消费者需求变化、技术变革及原有市场成熟或衰落,这些因素迫使企业采取非连续性战略更新来寻找新的成长机遇。重构式战略更新不仅包括组织流程变革,还包括企业对商业模式、技术基础、组织结构、资源与能力及组织倾向的更新。渐进式战略更新则是指企业采取拓展核心业务、提高研发能力、强化渠道营销等渐进式的策略来保持增长,引导内部资源和外部环境形成动态匹配,使企业更好地发挥其优势,比较适合计划充分且旨在持续发挥核心资源优势的企业。无论是重构式还是渐进式战略,环境压力、高层团队治理导向和组织惯性等都被认为是影响其过程的重要因素。

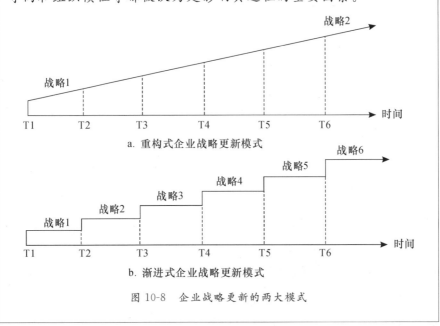

图 10-8　企业战略更新的两大模式

参考文献

[1] 陈虎,孙彦丛.财务共享服务(第二版)[M].北京:中国财政经济出版社,2018.

[2] 龚焱.精益创业方法论[M].北京:机械工业出版社,2015.

[3] 胡宇辰,胡勇浩,李劼.企业数字化能力:研究述评与展望[J].外国经济与管理,2023,45(12):34-51.

[4] 李晶,曹钰华.基于组态视角的制造企业数字化转型驱动模式研究[J].研究与发展管理,2022,34(3):106-122.

[5] 李鹏,胡汉辉.企业到平台生态系统的跃迁:机理与路径[J].科技进步与对策,2016,33(10):1-5.

[6] 林艳,轧俊敏.制造企业数字化转型的驱动力与实现路径——基于 TOE 框架的案例研究[J].管理学刊,2023,36(5):96-113.

[7] 马鸿佳,王亚婧,苏中锋.数字化转型背景下中小制造企业如何编排资源利用数字机会——基于资源编排理论的 fsQCA 研究[J].南开管理评论,2024,27(4):90-100,208.

[8] 玛丽·帕克·福列特.福列特论管理[M].吴晓波,郭京京,詹也,译.北京:机械工业出版社,2013.

[9] 施必翔,唐方成,刘锐剑.平台到生态系统成长的势效应——基于 iOS 移动操作系统的案例研究[J].科技进步与对策,2021,38

(3):1-10.

[10] 宋华,陶铮,杨雨东."制造的制造":供应链金融如何使能数字商业生态的跃迁——基于小米集团供应链金融的案例研究[J].中国工业经济,2022(9):178-196.

[11] 苏钟海,魏江,胡国栋.企业战略更新与组织结构变革协同演化机理研究[J].南开管理评论,2023,26(2):61-72.

[12] 王博文,许占民.文化创意产品的用户体验地图模型构建[J].工业设计,2021(1):67-69.

[13] 王凤彬,王骁鹏,张驰.超模块平台组织结构与客制化创业支持——基于海尔向平台组织转型的嵌入式案例研究[J].管理世界,2019,35(2):121-150,199-200.

[14] 王兴山.数字时代的CFO:新角色与新责任[J].中国管理会计,2019(3):50-61.

[15] 魏江,王颂.企业创新生态系统[M].北京:机械工业出版社,2023.

[16] 魏冉,刘春红,张悦.物流服务生态系统价值共创与数字化能力研究——基于菜鸟网络的案例研究[J].中国软科学,2022(3):154-163.

[17] 邬爱其,刘一蕙,宋迪.跨境数字平台参与、国际化增值行为与企业国际竞争优势[J].管理世界,2021,37(9):214-232.

[18] 吴江,陈婷,龚艺巍,等.企业数字化转型理论框架和研究展望[J].管理学报,2021,18(12):1871-1880.

[19] 武立东,李思嘉,王晗,等.基于"公司治理－组织能力"组态模型的制造业企业数字化转型进阶机制研究[J].南开管理评论,2023,9(11):1-27.

[20] 谢洪明,郭蔓蔓,柳倩,等.网络编排理论研究评述与展望[J].管理学季刊,2023,8(2):36-56,109.

［21］谢康,胡杨颂,刘意,等.数据要素驱动企业高质量数字化转型——索菲亚智能制造纵向案例研究［J］.管理评论,2023,35（2）:328-339.

［22］谢康,肖静华,王刊良,等.企业高质量数字化转型管理:理论前沿［J］.管理学报,2024,21（1）:1-9.

［23］依绍华,梁威.传统商业企业如何创新转型——服务主导逻辑的价值共创平台网络构建［J］.中国工业经济,2023（1）:171-188.

［24］曾德麟,蔡家玮,欧阳桃花.数字化转型研究:整合框架与未来展望［J］.外国经济与管理,2021,43（5）:63-76.

［25］张超,陈凯华,穆荣平.数字创新生态系统:理论构建与未来研究［J］.科研管理,2021,42（3）:1-11.

［26］周冬梅,朱璇玮,陈雪琳,等.数字平台生态系统:概念基础、研究现状与未来展望［J］.科学学研究,2024,42（2）:335-344.

［27］朱丹.以组织创新整体推进企业数字化转型［J］.中国国情国力,2022（10）:39-42.

［28］Adner R. Ecosystem as structure:An actionable construct for strategy［J］. Journal of Management,2017,43（1）:39-58.

［29］Ardolino M,Rapaccini M,Saccani N,et al. The role of digital technologies for the service transformation of industrial companies［J］. International Journal of Production Research,2018,56（6）:2116-2132.

［30］Boudreau K. Open platform strategies and innovation:Granting access vs. devolving control［J］. Management Science,2010,56（10）:1849-1872.

［31］Chandler A D J. Strategy and Structure:Chapters in the History of the Industrial Enterprise［M］. Cambridge:MIT Press,1962.

［32］Constantinides P，Henfridsson O，Parker G. Platforms and infrastructures in the digital age［J］. Information System Research，2018，29（2）：381-400.

［33］Fürstenau D，Cleophas C，Kliewer N. How do market standards inhibit the enactment of digital capabilities? A case study of airline pricing［J］. Business & Information Systems Engineering，2020，62（4）：279-287.

［34］Gilsing V，Cloodt M，Roijakkers N. From birth through transition to maturation：The evolution of technology-based alliance networks［J］. Journal of Product Innovation Management，2016，33（2）：181-200.

［35］Gunther W，Mehrizi M R，Huysman M，et al. Mind your data：An empirical analysis of how data influence value realization［J］. Academy of Management Annual Meeting Proceedings，2018（1）.

［36］Hansen R，Sia S K. Hummel's digital transformation toward omnichannel retailing：Key lessons learned［J］. MIS Quarterly Executive，2015，14（2）：1-2.

［37］Hassenzahl M. The effect of perceived hedonic quality on product appealingness［J］. International Journal of Human-Computer Interaction，2001，13（4）：481-499.

［38］Hassenzahl M，Tractinsky N. User experience-A research agenda［J］. Behaviour & Information Technology，2006，25（2）：91-97.

［39］Jacobides M G，Cennamo C，Gawer A. Towards a theory of ecosystems［J］. Strategic Management Journal，2018，39（8）：2255-2276.

［40］Johnson M W，Christensen C M，Kagermann H.

Reinventing your business model[J]. Harvard Business Review, 2008, 86(12): 50-59.

[41] Li J, Zhou J, Cheng Y. Conceptual method and empirical practice of building digital capability of industrial enterprises in the digital age[J]. IEEE Transactions on Engineering Management, 2022, 69(5): 1902-1916.

[42] Li L, Su F, Zhang W, et al. Digital transformation by SME entrepreneurs: A capability perspective[J]. Information Systems Journal, 2018, 28(6): 1129-1157.

[43] Lu Y, Ramamurthy K. Understanding the link between information technology capability and organizational agility: An empirical examination[J]. MIS Quarterly, 2011, 35(4): 931-954.

[44] McIntyre D P, Srinivasan A. Networks, platforms, and strategy: Emerging views and next steps[J]. Strategic Management Journal, 2017, 38(1): 141-160.

[45] Miller D. The correlates of entrepreneurship in three types of firms[J]. Management Science, 1983, 29(7): 770-791.

[46] Murthy R K, Madhok A. Overcoming the early-stage conundrum of digital platform ecosystem emergence: A problem-solving perspective[J]. Journal of Management Studies, 2021, 58(7): 1899-1932.

[47] Nambisan S. Digital entrepreneurship: Toward a digital technology perspective of entrepreneurship[J]. Entrepreneurship Theory and Practice, 2017, 41(6): 1029-1055.

[48] Nyström A G, Leminen S, Westerlund M, et al. Actor roles and role patterns influencing innovation in living labs[J]. Industrial Marketing Management, 2014, 43(3): 483-495.

[49] Osterwalder A, Pigneur Y. Business Model Generation: A Handbook for Visionaries, Game Changers and Challengers[M]. Hoboken: John Wiley and Sons, 2010.

[50] Ozcan P, Eisenhardt K M. Origin of alliance portfolios: Entrepreneurs, network strategies, and firm performance[J]. The Academy of Management Journal, 2009, 52(2): 246-279.

[51] Pagoropoulos A, Pigosso D C A, McAloone T C. The emergent role of digital technologies in the circular economy: A review[J]. Procedia CIRP, 2017, 64:19-24.

[52] Porter M. What is strategy? [J]. Harvard Business Review,1996,74(6):61-78.

[53] Porter M E. Competitive Strategy[M]. New York: Free Press,1980.

[54] Prahalad C K, Ramaswamy V. Co-creation experiences: The next practice in value creation [J]. Journal of Interactive Marketing, 2004, 18(3): 5-14.

[55] Reypens C, Lievens A, Blazevic V. Hybrid orchestration in multi-stakeholder innovation networks: Practices of mobilizing multiple, diverse stakeholders across organizational boundaries[J]. Organization Studies, 2019, 42(1): 61-83.

[56] Ritter T, Pedersen C L. Digitization capability and the digitalization of business models in business-to-business firms: Past, present, and future[J]. Industrial Marketing Management, 2020, 86: 180-190.

[57] Sousa-Zomer T T, Neely A, Martinez V. Digital transforming capability and performance: A microfoundational perspective[J]. International Journal of Operations & Production

Management，2020，40(7-8)：1095-1128.

[58] Tornatzky L G，Fleischer M. Processes of Technological Innovation[M]. Lexington：Lexington Books，1990.

[59] Tumbas S，Berente N，Vom Brocke J. Three types of chief digital officers and the reasons organizations adopt the role[J]. MIS Quarterly Executive，2017，16(2)：121-134.

[60] Turing A M. Computing machinery and intelligence[J]. Springer Netherlands，2009(3)：23-65.

[61] Vargo S L，Lusch R F. Evolving to a new dominant logic for marketing[J]. Journal of Marketing，2004，68(1)：1-17.

[62] Verhoef P C，Broekhuizen T，Bart Y，et al. Digital transformation：A multidisciplinary reflection and research agenda [J]. Journal of Business Research，2019(1)：1,3-5,7-9,11-33,35-83.

[63] Vissa B. Agency in action：Entrepreneurs' networking style and initiation of economic exchange[J]. Organization Science，2012，23(2)：492-510.

[64] Yoo Y，Boland Jr R J，Lyytinen K，et al. Organizing for innovation in the digitized world[J]. Organization Science，2012，23 (5)：1398-1408.

[65] Zeng J，Tavalaei M M，Khan Z. Sharing economy platform firms and their resource orchestration approaches[J]. Journal of Business Research，2021，136(1)：451-465.

后 记

　　浙江大学管理学院以"培养引领中国发展的健康力量"为使命。本丛书项目从 2024 年 6 月启动,历时半年。在项目执行过程中,感谢浙江大学管理学院院长谢小云、党委书记兼副院长朱原、副院长黄灿、党委副书记潘健等学院领导的指导与支持。感谢浙江大学管理学院教师陈俊、陈学军、董望、黄灿、黄浏英、刘洋、王颂、王世良、王小毅、魏江、邬爱其、徐伟青、许小东、叶春辉、应天煜、张大亮、郑刚、周亚庆、朱茶芬、邹腾剑,学生陈楚楚、何超、黄勤、黄河啸、黄思语、金夏龙、李寄、林锐红、刘国桥、缪沁男、邱元、邱星怡、沙金、尚运娇、沈雪琴、石波、苏钟海、孙旭航、唐婧怡、屠云峰、王丁、王佳、王诗翔、吴琳、吴雨思、杨淦、于娟、余佩瑶、俞成森、张梦、张涵茹、张了丹、张韵竹、赵雪彤、周启璇、朱逗逗、朱庭芝,以及吉利汽车集团财务部高管戴永、西交利物浦大学国际商学院傅瑶、中山大学岭南学院林文丰、欧普照明股份有限公司财务总监王海燕、圣奥集团信息中心 CIO 助理张文文、台州市椒江区经信局副局长郑仁娇、中国计量大学经济与管理学院郑素丽等案例作者的大力支持。

　　感谢浙江大学全球浙商研究院院长魏江的关心和支持,感谢浙江大学管理学院邬爱其、许小东、陈学军等对丛书编写工作的指导,感谢浙江大学管理学院案例工作委员会各位老师的帮助,感谢施杰、徐玲、张胜男的协助,感谢创生文化团队马玥、李晓玲、曾小芮、赵雪梅对丛书完善的支持,感谢浙江大学出版社的编辑。诚挚感谢社会各界对中国企业高质量发展的深切关注,衷心欢迎社会各界群策群力,为培养引领中国发展的健康力量共同努力!

黄 英 吴 东

2024 年 12 月